Soli Deo Gloria

Joachim Kix

Versöhnung ist mehr als ein Wort

Wege zur Vergebung

Unter Mitarbeit von Peter Bettex

Brendow.
VERLAG + MEDIEN

Vielen Dank an meine Helfer, Korrekturleser und „Mitdenker":
Donatha & Alexander Castell, Johanna Hagenauer, Franziska Happel,
Julia Hübner, Eva Kix, Heidi Ruetschi, Christiane Schramm und
Susanne Spielmann.
Vielen Dank an Albrecht Fürst zu Castell-Castell für sein Vorwort.

Die Deutsche Bibliothek – CIP-Einheitsaufnahme
Ein Titeldatensatz für diese Publikation ist bei
der Deutschen Bibliothek erhältlich.

© 2002 by Brendow Verlag, D-47443 Moers
Illustrationen: © Franziska Happel
Hägar-Comic (S. 18) © 2002 KFS/District Bulls
Calvin-Comic (S. 95) © 2002 Watterson/District Bulls
Die Bibelzitate stammen, soweit nicht anders vermerkt,
aus der revidierten Lutherübersetzung 1984
Einbandgestaltung: Georg Design, Münster
Titelfoto: Photonica
Satz: Satz & Medien Wieser, Stolberg
ISBN 3-87067-945-X

Inhalt

Vorwort

Im Dorf Castell, in dem meine Familie schon sehr lange beheimatet ist und ich seit über 76 Jahren lebe, läuten jeden Morgen um sieben Uhr die Kirchenglocken. Ich habe mir angewöhnt – wenn ich sie höre –, laut ein Vaterunser zu beten: „... und vergib uns unsere Schuld ..." Weil ich dieses vertraute und bekannte Gebet ganz langsam spreche, frage ich mich oft: Tue ich es denn auch? „... wie auch wir vergeben ..." – spreche ich das nur und denke den Tag über nicht mehr daran?

Warum ist es eigentlich so schwer, warum mache ich es mir so schwer, für erkannte Fehler – mein Fehlverhalten anderen gegenüber – um Vergebung zu bitten? Und warum vergesse ich dabei immer wieder, denen zu vergeben, über die ich mich ärgere, die mich verletzt haben, die es mir schwer machen, in Liebe an sie zu denken und ihnen ohne Vorbehalte zu begegnen?

Ich glaube, wir vergessen immer wieder, wie gut uns Vergebung tut. Vergebung hat eine Wirkung in meinem Leben, in meinem Tun, in meinem Denken und meinem Empfinden. Wenn ich jemanden um Vergebung gebeten habe und mir verziehen worden ist und wenn ich jemandem vergebe, geht es mir besser, geht es mir gut, das habe ich immer wieder erfahren! Das ist nicht nur schön für mich, sondern entspricht auch dem Willen Gottes. Der Vater im Himmel will, dass es uns gut geht! Und weil Gott weiß, dass wir die Schritte dazu oft nicht aus eigenem Antrieb schaffen, bietet ER uns seine Hilfe an.

Jesus hat für mich das überzeugendste Vorbild am Kreuz gegeben: „Vater, vergib ihnen, denn sie wissen nicht, was sie tun." – So hat er kurz vor seinem Tod gebetet. Sollte ich mir daran nicht ein Beispiel nehmen?

Versöhnung hat eine lebensverändernde Wirkung. Wenn ich um Vergebung bitte und im Glauben mit Vergebung beschenkt werde, ändert sich etwas in mir. Ich spüre Entlastung und Befreiung, erfahre Frieden und Geborgenheit. Und es bleibt nicht nur bei persönlichen Empfindungen. Gestörte, belastete und zerbrochene Beziehungen werden wieder lebendig und vertraut. Freilich – wer sich das wünscht, muss bereit sein, einen Schritt zu wagen.

So war es ein bewegendes Erlebnis, als ich am 20. April 2001 zusammen mit Vertretern deutscher Städte und Gemeinden, in denen jüdische Gemeinden beheimatet waren, ins „Tal der Gemeinden" in Yad Vashem (Jerusalem) reiste. Vor den Schrifttafeln stehend, auf denen über 500 deutsche Ortsnamen daran erinnern, dass sie einmal Heimat jüdischer Familien waren, haben wir die Schuld unserer Väter ausgesprochen und dafür persönlich um Vergebung gebeten. „Versöhnung ist mehr als ein Wort" – ja, das stimmt! Ich erlebe es.

Dieses Buch wird uns helfen, das Geheimnis der Vergebung als Schritt zu Versöhnung zu verstehen und zu lernen, den Auftrag Gottes im persönlichen Leben umzusetzen: Damit es uns gut geht!

Albrecht Fürst zu Castell-Castell

Vorbemerkung

Liebe Leser, liebe Leserinnen!

Ich freue mich, Ihnen in Zusammenarbeit mit dem Brendow Verlag die Frucht meiner Beschäftigung mit Versöhnung und Vergebung nun in diesem Buch vorlegen zu können. Herausgekommen ist weder ein praktischer Ratgeber noch ein klassisches Lehrbuch, weder eine theologische Schrift noch ein persönlicher Bericht. Ausgehend vom Erleben und der Beziehungsrealität in unserer Zeit und Kultur, möchte ich die christliche Botschaft von Vergebung und Versöhnung und die sich daraus ergebenden Lebens-Möglichkeiten ganz neu ins Bewusstsein rücken. Damit Ihnen der Zugang zu diesem Buch und seinem Inhalt erleichtert wird, vorab einige Hinweise.

Dieses Buch ist in Kapitel gegliedert, die Schritte auf einem Weg beschreiben. Inhalt und Abfolge haben sich in Seminaren, Vorträgen und Schulungen als hilfreich herauskristallisiert und bewährt. Ganz bewusst habe ich versucht, so zu schreiben, wie ich spreche, denn ich möchte Sie mit hineinnehmen in die Auseinandersetzung, damit sich Ihnen, so hoffe ich, neue Perspektiven eröffnen. Wiederholungen sind beabsichtigt und sollen helfen, die Inhalte nicht nur zur Kenntnis zu nehmen, sondern im jeweiligen Zusammenhang zu verstehen und davon ergriffen zu werden. Nehmen Sie sich deshalb bitte die nötige Zeit, um beim Lesen innerlich mitgehen zu können.

Immer wieder finden Sie Hintergrundinformationen, meist Worterklärungen, die nicht in den fortlaufenden Text gehören und Einheiten für sich bilden. Sie sollen das Verständnis ergänzen und vertiefen und sind als Nachschlagehilfe und für die eigene, weiterführende Auseinandersetzung gedacht. Immer wieder habe ich Zitate eingestreut, die das von mir Gesagte mit anderen Worten ausdrücken bzw. meine Sicht ergänzen. Die vollständigen Literaturangaben finden Sie am Ende des Buches unter dem Namen des jeweiligen Autors (ab S. 262). Ich würde mich freuen, wenn Sie auf diese Weise auf weitere, für Sie interessante Publikationen stoßen.

Dieses Buch gibt meinen momentanen Erkenntnisstand wieder, der sich weiterentwickeln wird. Mit einem herausfordernden Thema wie diesem ist man nie am Ende. Deshalb ist die hier vorgelegte Auseinandersetzung keinesfalls erschöpfend oder gar abschließend. Ich möchte unseren Blick erweitern, neue Perspektiven eröffnen. Am Horizont berühren sich Himmel und Erde. Deshalb lohnt es sich, ins Weite zu schauen und nicht auf den bisherigen Erfahrungsraum beschränkt zu bleiben. Wir dürfen hoffen, dass es auch dort weitergeht, wo wir bisher keinen Weg sahen. Gerade da, wo wir wagen, ganz Mensch zu sein, lässt sich auch Gott entdecken, gerade da, wo wir das Irdische anzusehen und zu bejahen bereit sind, ist der Himmel nicht weit. Was wir bisher erlebt haben, ist noch nicht alles, hinter unserem bisherigen Horizont ist neues Leben zu finden.

Versöhnung ist mehr als ein Wort – der Titel ist Programm. Ich wünsche mir, dass wir das erfahren, wenn wir uns (neu) öffnen und von ganzem Herzen auf den Weg machen.

Joachim Kix

Kapitel 1

Gibt es überhaupt Versöhnung?

„Ich sehe einen Unterschied zwischen der Bereinigung einer Beziehung und der Versöhnung. Ersteres ist ein Akt, der einseitig geschieht. Zur Versöhnung braucht es beide."

Manfred Engeli*

Das Wort „Versöhnung" kommt einem häufig wie eine leere Worthülse vor, entwertet, weltfremd, unrealistisch. „Versöhnung" – ein gerade auf politischer Ebene oft verwendeter Begriff – ist leider häufig zu einem rein äußerlichen Ritual verkommen. Wir sprechen heute meist nur noch von „Gesten der Versöhnung" und meinen damit einen rein symbolischen Akt. Wir kennen wohl alle Versöhnungsbekundungen, die mit unserem Erleben, dem, was tatsächlich in uns abläuft, wenig zu tun haben. Kann Versöhnung denn darüber hinweggehen, was die Beteiligten empfinden? Der Gedanke daran, dass zwei sich nach einem Streit wieder die Hand reichen, mag attraktiv sein, aber es ist ja doch oft nur Heuchelei – gute Miene zum bösen Spiel, was die Verlogenheit unseres Miteinanders auch nicht überdecken kann.

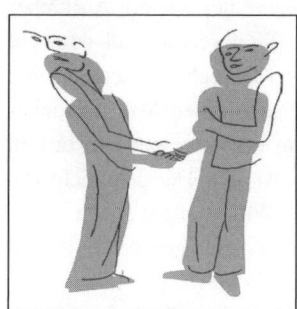

Das sichtbare Verhalten steht manchmal im Widerspruch zur inneren Wirklichkeit.

---

* zit. nach Engeli, S. 31

„Versöhnung" müsste eigentlich „Versühnung" heißen, denn das Wort leitet sich von „Sühne" bzw. „sühnen" her. „Sühnen" heißt „ein Unrecht wieder gutmachen", „Genugtuung geben", „für etwas büßen". Sühne ist der Ausgleich, damit, was durch geschehenes Unrecht aus dem Gleichgewicht geraten ist, wieder ins Lot kommt. Sühne meint dabei einen objektiven, dinghaften Ausgleich – unser Wort „Versöhnung" drückt den sozialen Aspekt aus, bezieht sich auf Personen und ihre Beziehung zueinander (vgl. Duden-Herkunftswörterbuch, S. 728). Das Wort Versöhnung setzt voraus, dass eine Beziehung, in der etwas zwischen die Beteiligten getreten ist, nicht einfach weitergehen kann! Damit man sich wieder auf der gleichen Ebene begegnen kann, muss die „offene Rechnung" beglichen werden. Um wieder „quitt" zu sein, muss auf irgendeine Art ein Ausgleich geschehen. Versöhnung ist somit ein Wort, das sich gerade nicht auf äußerliche Gesten beschränken lässt. Es besagt, dass wir geschehenes Unrecht, zugefügte Verletzungen und auch unsere Empfindungen nicht einfach übergehen können – und auch nicht müssen! Nur wenn ein Ausgleich geschaffen wurde, ist ein herzliches und offenes Miteinander wieder möglich. „Versöhnen" bedeutet, dass das zwischen den Beziehungspartnern Stehende nicht mehr zählt, weil es ausgeglichen (gesühnt) ist. Das Miteinander ist „wieder-gut-gemacht", Frieden ist wiederhergestellt.

Wenn wir die germanische Wortwurzel von sühnen *„swe swo: still machen, schlichten"* (vgl. Melzer, Das Wort in den Wörtern, S. 328) betrachten, dann wird noch deutlicher, worum es geht. Nicht um Waffenstillstand, nicht um einen erklärten Frieden, der wie ein Aufkleber über eine strittige Situation gepappt wird. Wenn etwas still gemacht worden ist, dann ist das, was angesichts von Unrecht, Verletzung und Enttäuschung in uns (auf-)schreit, zur Ruhe gekommen. Was sich angesichts der traurigen Beziehungsrealität mehr oder weniger lautstark in uns meldet, muss erst wieder still (gemacht) werden. Das geht nicht von alleine. Das ist durch bloße Gesten des guten Willens nicht zu erreichen. Das Wort Versöhnung drückt aus, dass ein Ausgleich geschehen ist und so Frieden in die Herzen einkehren konnte.

Wenn wir überzeugt wären, dass es Versöhnung tatsächlich gibt, diesen Zustand von Frieden und echtem Neuanfang, dann hätten wir ein Ziel, auf das wir zusteuern könnten. In unserer Beziehungsrealität von

Konflikt und Distanz sind wir weit davon entfernt, aber wenn ein solches realistisches, d. h. erreichbares Ziel existiert, dann müsste es Wege dorthin geben! Solche Wege wollen wir in diesem Buch aufspüren und Schritt für Schritt für uns entdecken und gehen.

Wir sollten vorsichtig und nicht vorschnell von Versöhnung sprechen. Wir stehen in der Gefahr, den Begriff weiter zu entwerten, wenn wir ihn oberflächlich gebrauchen. Haben wir den Mut, das Echte zu suchen und uns nicht mit Halbheiten zufrieden zu geben! Je tiefer unsere Sehnsucht nach diesem „Stillmachen" bzw. „Stillwerden" ist, nach dem Zustand, in dem bei allen Beteiligten nichts mehr innerlich schreit, desto größer ist die Motivation, sich auf den Weg zu machen, und damit die Chance, an diesem Ziel auch anzukommen.

„Die Weigerung, der oder dem anderen zu vergeben bzw. sich vergeben zu lassen, hat in vielen Fällen diese versteckte Funktion: zu verhindern, dass ein bestimmtes Beziehungsmuster nur oberflächlich repariert, nicht aber aufgelöst und ersetzt wird durch eine reifere Art des Umgangs miteinander" (Donsbach, S. 13).

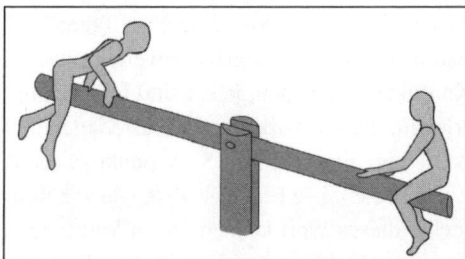

Wir können die Beziehung zweier Menschen mit einer Wippe bzw. Waage vergleichen. Beide sind miteinander verbunden. Was der eine tut, hat Auswirkungen beim anderen. Mal kommt der eine, mal der andere mehr vor; die Wippe ist in Bewegung, es „fließt" hin und her. Beide begegnen sich auf derselben Ebene.

Immer wieder müssen wir scheinbar hilflos mit ansehen, wie Uneinigkeit zwischen uns und Menschen entsteht, die uns am Herzen liegen. Sei es aufgrund von Missverständnissen, Meinungsverschiedenheiten oder Fehlern und Unrecht, immer wieder verlieren wir den guten, herzlichen Draht zu anderen. Aus Lappalien oder handfesten Verletzungen entsteht eine scheinbar unüberwindbare Kluft, die zum Bruch von Bekanntschaften, Freundschaften und Verwandtschaftsverhältnissen führt. Wir schaffen es oft nicht, solche Unstimmigkeiten anzusprechen. Manchmal ist auch gar nicht greifbar, was genau der Grund für die Entfremdung und das Auseinanderleben ist. Und selbst wenn auf der Hand liegt, was in einer Beziehung Schwierigkeiten macht, fällt es uns meist nicht leicht, in geeigneter und konstruktiver Weise darüber zu sprechen. Solche Dinge lassen sich nicht so einfach aus der Welt schaffen. Einfach darüber hinwegzusehen geht aber auch nicht, ohne Ehrlichkeit und Tiefe der Beziehung zu gefährden. Was sollen wir da tun? Können wir überhaupt etwas machen?

Wir können anderen nicht auf Dauer gerecht werden. Wir können unseren Mitmenschen nicht immer so begegnen, wie sie es erwarten oder wie es ihnen entsprechen würde. Entsprechend ist es auch mit dem Verhalten anderer uns gegenüber: Sie behandeln uns nicht in jeder Situation so, wie wir uns das vorstellen oder als richtig empfinden: Wir bleiben einander früher oder später immer etwas schuldig und irgendwann werden auch wir selbst verletzt. Kein Mensch kann sich ständig voll auf sein Gegenüber einstellen oder sich jederzeit richtig verhalten. Das Risiko, einander zu enttäuschen oder aneinander schuldig zu werden, besteht besonders in verbindlichen und auf Dauer angelegten Gemeinschaften wie z. B. der Ehe („in guten wie in schlechten Tagen").

Konflikte sind erst einmal nichts, das wir negativ bewerten müssen. Es ist ganz normal, dass Konflikte auftauchen, ja sie sind folgerichtig, wenn wir uns als die einbringen, die wir wirklich sind: als Gegenüber für andere Menschen. Es ist richtig, einen eigenen Standpunkt zu etwas zu haben und diesen auch zu vertreten. Die Frage ist also, wie wir Konflikte austragen. „Austragen" – dieses Wort kennen wir in Verbindung mit einer Schwangerschaft – wo es bedeutet, etwas zu seinem Ende, zu seinem Ziel, zu bringen. Genau darum geht es auch bei Konflikten.

Konflikte werden meist als Bedrohung empfunden, das ist verständlich. Wir haben Angst vor Auseinandersetzung, Infragestellung, der Notwendigkeit, uns behaupten zu müssen ... Menschen mit Harmoniebedürfnis erleben Konflikte als Störung ihres Wohlbefindens. Wo Konflikte nicht ausgetragen, nicht gelöst werden, richten sie großen Schaden an. Die Chancen zur Reifung, die in ihnen liegen werden verpasst. Viele Menschen sehen die ideale Konfliktlösung in der Konfliktvermeidung. Sie haben Angst vor Auseinandersetzung, vor der Reaktion des anderen. Vermeiden bedeutet aber, dass man seine eigene Sicht – und damit sich selbst – nicht einbringt. Damit entzieht man sich der Gemeinschaft. Weil wir Spannungen nicht auszuhalten bereit sind, schlucken wir lieber alles und verlagern die Spannungen damit nach innen. So aber ist der Konflikt weder gelöst noch aus der Welt geschafft (überwunden).

Die Verdrängung führt in der Regel (wenn auch nicht gleich, so doch irgendwann) zu einer Verschlechterung der Beziehung. Man kann sich selbst auf Dauer nicht übergehen, ohne bitter zu werden. Man kann Konflikte nur so lange verdrängen und das „Austragen" vor sich herschieben, bis sie unüberbrückbar werden, weil sich ja ständig neuer Konfliktstoff ansammelt. Dann bleibt oft nur noch eine Trennung übrig. Kündigungen, Ehescheidungen, Zerbrechen langjähriger Freundschaften sind häufig die letzte Konsequenz, die zu verhindern gewesen wäre, wenn man die Konflikte anders bearbeitet hätte.

Die Chance von Konflikten

Herkömmliche Verhaltensweisen werden durch Konflikte infrage gestellt. Die Beziehung läuft nicht mehr automatisch, also müssen wir neue Wege finden. Wir müssen über Dinge nachdenken, die bisher gar nicht zur Diskussion standen. So können gut und fair ausgetragene Konflikte zu neuen Ideen, Vorschlägen und kreativen Veränderungen führen. Konflikte bedeuten Veränderung und Entwicklung. Der Mut, sie auszutragen, macht uns reifer. Wir können unseren Kontrahenten schätzen lernen, er kann vom Gegner zum Partner werden. Wir können vom Schwarz-Weiß-Denken („Ich habe Recht, der andere hat Unrecht") wegkommen und lernen, differenzierter zu denken. Ein Konflikt kann unsere Kreativität anregen.

Durch Unrecht, Verrat, Betrug, Unverständnis, Meinungsverschiedenheiten, Fehler oder Missverständnisse geraten unsere Beziehungen aus dem Gleichgewicht. Harmonie und Leichtigkeit gehen verloren. Wo wir uns mit dem anderen auf derselben Ebene wussten und begegneten, fühlt einer sich nun verletzt, ungerecht behandelt, unverstanden. Dieser erlebt sich als „Opfer", an dem der andere schuldig geworden ist. Jener ist „Täter", einer, dem man nicht mehr ohne weiteres entgegenkommen will und kann. Was vorgefallen ist, steht nun zwischen beiden. Da ist „eine Rechnung offen". Das bisherige Miteinander ist nicht mehr möglich, man kann sich nicht mehr unvoreingenommen begegnen. Beide sind entzweit, kommen nicht mehr zueinander. Was die Beziehung bisher auszeichnete, scheint oder ist verloren.

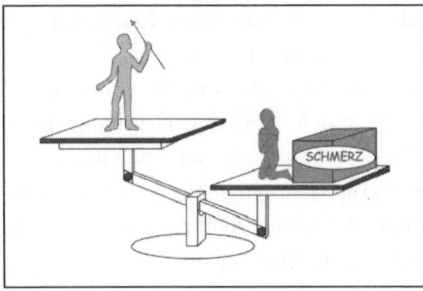

Äußerlich gesehen ist der „Täter" obenauf, der Geschädigte empfindet Schmerz und fühlt sich unterlegen. Die Waage und damit die Beziehung ist aus dem Gleichgewicht geraten und bewegt sich nicht mehr. Beide kommen nicht mehr zueinander, fühlen sich nicht mehr gleichwertig und auf einer Ebene.

Gibt es eine Möglichkeit der Versöhnung? Gibt es einen Weg, was zwischen uns und dem anderen steht, aus der Welt zu schaffen und wieder zusammenzufinden? Was bedeutet Versöhnung? Gibt es eine realistische, eine begründete Hoffnung auf ein neues, gutes Miteinander? Wenn wir Wege suchen, die uns der Versöhnung näher bringen, sollten wir zunächst einmal die Wege betrachten, die wir längst schon gehen oder gegangen sind. Wir re-agieren im Streit oder Konfliktfall auf irgendeine Art und Weise. Welche Wege sind es denn, auf denen wir gewöhnlich versuchen weiterzukommen?

Kapitel 2

Wie wir normalerweise mit Konflikten umgehen ...

„Das Gefährlichste ist also das automatische Nicht-wahr-haben-Wollen, das heuchlerische Verdrängen und Anstauen dessen, was wir übel genommen und ‚geschluckt‘, einfach nur ‚weggesteckt‘ haben. "

Hanne Baar*

Wenn uns Unrecht geschieht, wenn uns jemand übel will bzw. Übles tut, dann werden wir ihm dies in aller Regel auch „übel nehmen". Unsere Sprache sagt, was da geschieht: Wir nehmen das Übel, wir holen es sozusagen in unser Leben hinein. Das Übel, das Böse, kommt in unser Leben hinein und wird dort nichts Gutes hervorbringen.

Was tun wir mit dem Übel, das wir „genommen" haben?

Es bleiben nur zwei Möglichkeiten: Entweder geben wir das Übel zurück an den, der uns übel wollte oder tat. Dann wirkt es weiter und breitet sich aus. Wir tun unsererseits Böses (oft, ohne es zu erkennen), weil wir das Übel ja „nicht auf uns sitzen lassen wollen" oder „können". Wenn wir etwas übel nehmen, dann sind wir dem anderen mindestens übel gesonnen, und dies wird sich irgendwann ihm gegenüber zeigen. Solcher fast automatischen, reflexartig ablaufenden Vorgänge sind wir uns meist nicht oder kaum bewusst. Wir sind scheinbar machtlos gegen das Böse, das sich vervielfältigt und immer weitere Kreise zieht. Irgendwie müssen wir uns doch wehren, denn wir können uns ja nicht alles gefallen lassen!

Wenn wir das Übel, das uns entgegengebracht wird, nicht gleich zurück- bzw. weitergeben („heimzahlen"), dann nehmen und behalten wir es. Wir (be-)ziehen es damit auf uns selbst, schlucken es, nehmen es in

---

* zit. nach Baar, S. 45

17

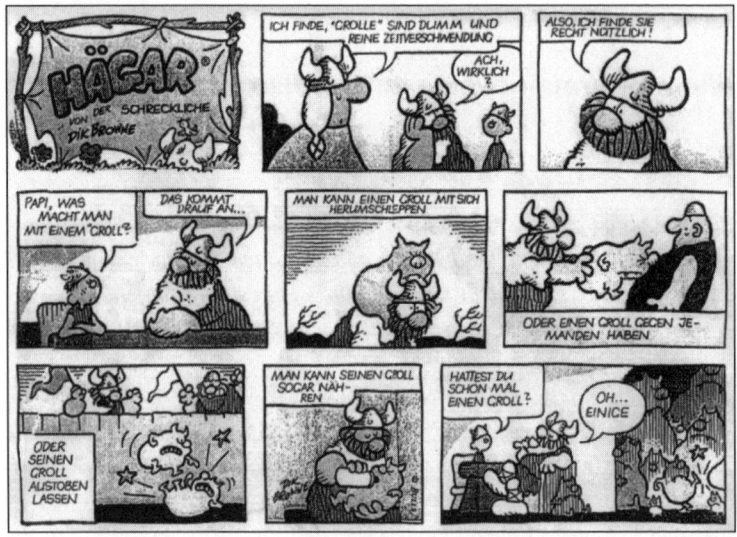

uns auf, ohne zu wissen, wie wir damit fertig werden können. Oft bemerken wir zunächst gar nicht, dass es uns vergiftet, verhärtet, bitter und kaputt macht. Wie bei unsachgemäßer Lagerung von giftigem Sondermüll wird auf diese Weise der ganze Boden nach und nach vergiftet. Das Übel ist nur scheinbar nicht mehr da, es wirkt im Verborgenen, unter der Oberfläche weiter und richtet sich gegen mich: „Ich Armer, ich kann ja gar nichts tun", „Ich hab ja nichts anderes verdient", „Das geschieht mir ganz recht", „Ich bin eben der letzte Dreck". Dieses stille Übelnehmen wird manchmal sogar als „Vergebung" bezeichnet, und dann wundern wir uns, warum wir innerlich nicht frei davon werden. Beziehungen werden auf diese Weise nicht besser. Das Übel wird nicht überwunden bzw. aus der Welt geschafft, sondern zwischengelagert. Damit ist es aber nicht entschärft, sondern wirkt weiter. Es ist, als ob Tretminen gelegt werden, und wehe, jemand tritt einem zu nahe und berührt dieses Gebiet! Dann kommt es irgendwann zu einer völlig überraschenden Explosion negativer Emotionen. Es hat sich so viel Übles angesammelt, dass es nicht mehr unter der Oberfläche gehalten werden kann. Jetzt kann jeder unbedachte Schritt den Zündmechanismus auslösen und wir „gehen hoch" (der berühmte Tropfen, der das ganze Fass zum Überlaufen bringt). Der Anlass mag ganz klein sein und der andere weiß gar nicht, warum wir so überreagieren. Er kann nicht verstehen, womit er uns so in Rage versetzt haben könnte. Nun bekommt er das Übel voll ab. Wir können es nicht länger nur bei uns behalten und geben es auf diese Weise zurück. Dabei trifft es meist einen, der mit der Sache, deretwegen sich unser Zorn aufgestaut hat, gar nichts zu tun hat. So gehen Beziehungen in die Brüche ... Wir können es auf Dauer nicht (er-)tragen,

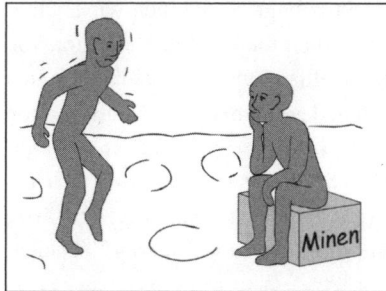 immer wieder „übel zu nehmen". So ähnelt der Boden, auf dem wir mit anderen stehen, immer mehr einem Minenfeld, auf dem wir uns nicht mehr sicher und frei bewegen können. Wir müssen sehr aufpassen, wo wir hintreten. Der sichere Boden ist verloren gegangen. Begegnungen sind wie Eiertänze, weil wir spüren, wie übersensibel und verletzt der andere ist. Wir getrauen uns immer weniger, etwas direkt anzusprechen, und reden um den heißen Brei herum. Es geschieht keine Klärung. Was wir als Versöhnung angestrebt haben, rückt in immer weitere Ferne.

Wir selbst werden mit dem Übel nicht fertig. Deshalb haben wir alle verschiedene Strategien entwickelt, wie wir im Falle des Verletztwerdens reagieren. Dabei sprechen wir vom „Umgang" mit Konflikten. „Umgang" kommt von „umgehen". Meist unbewusst versuchen wir dem eigentlichen Knackpunkt, der Auseinandersetzung mit uns selbst und dem Schmerz über die verlorene Harmonie, aus dem Weg zu gehen. Wir nehmen die Situation, so wie sie ist, gar nicht mehr wahr (sondern falsch). Die Realität zu akzeptieren käme einem Eingeständnis der eigenen Enttäuschung und Verletzung gleich. Also deuten wir um, blenden aus, sehen (über etwas hin-)weg und versuchen so, der Bedrohlichkeit der Situation und der Notwendigkeit einer ehrlichen Auseinandersetzung aus dem Weg zu gehen. Wir wollen uns schützen vor dem, was wehtun könnte.

Unsere gängigen Versuche, den Konflikt „still zu machen"

a) passiv

Bagatellisieren, d. h. herunterspielen: Wir versuchen uns einzureden, dass der Konflikt gar nicht so schlimm ist und es uns gar nicht so viel ausmacht, die Nähe zum anderen verloren zu haben. Wir versuchen, die Ernsthaftigkeit der Situation herunterzuspielen, um nicht so deutlich sehen zu müssen, was uns daran nicht behagt. So können wir leichter mit dem bestehenden Zustand leben. Auch die heutige Definition von entschuldigen ist im Prinzip eine Bagatellisierung, denn es handelt sich um den Versuch, etwas so umzudeuten, dass man um die Konfrontation herumkommt: *„entschuldigen, etwas: einen versehentlichen oder unvermeidlichen Verstoß gegen Regeln und Pflichten im privaten oder geschäftlichen Bereich als geringfügig oder als ausnahmsweise zulässig ansehen und hingehen lassen, ohne ihn übel zu vermerken"* (Duden-Synonymwörterbuch, S. 213).

Leugnen, d. h. nicht wahr haben wollen: Wir versuchen uns einzureden, dass wir eigentlich gar nicht verletzt sind. „Es geht mir doch gut!" Wir streiten vor uns und evtl. dem anderen oder Dritten gegenüber ab, dass die Beziehung an Qualität verloren hat, und tun so, als wenn nichts vorgefallen wäre.

Sich zusammenreißen: Wir versuchen, weiterzumachen wie bisher, mit dem anderen so umzugehen, als ob nichts vorgefallen wäre. So kommen wir darum herum anzusprechen, was uns verletzt hat. Wir wollen unsere Probleme mit einer Sache oder mit dem anderen nicht sichtbar werden lassen. Wir überspielen unsere Enttäuschung. „Augen zu und durch", „Stell dich bloß nicht so an!" Wir machen innerlich dicht, werden hart und versuchen, uns nichts anmerken zu lassen, um immun gegen weitere Verletzungen zu werden.

Aussitzen: Wir geben uns der Illusion hin, dass sich die Sache von allein wieder einrenkt, wenn nur „Gras darüber gewachsen ist". Nach dem Motto „Die Zeit heilt alle Wunden" hoffen wir, dass die problematischen Aspekte der Beziehung in den Hintergrund treten und allmählich in Vergessenheit geraten.

Ablenken: Wir versuchen, ein Gegengewicht zu den Schwierigkeiten zu schaffen. Wir bewerten andere Aspekte höher als bisher. So meinen wir, vom Problem „absehen", d. h. woanders hinsehen zu können. „Damals war er so nett zu mir!"; „Sie kann aber so toll kochen!" Bei diesem Wegsehen stehen die Dinge nicht mehr in einem unseren Empfindungen angemessenen Verhältnis. Wir überhöhen dabei die Bedeutung bisher nebensächlicher Aspekte.

Schuld verschieben: Wir suchen einen Grund für das verletzende Verhalten des anderen, um unsere Emotionen nicht mehr auf ihn, sondern auf andere oder anderes richten zu können. Wir suchen einen „Sündenbock", um unser Gegenüber nicht zur Verantwortung ziehen zu müssen. Wir umgehen ihn und finden woanders die Ursache für die Schwierigkeiten zwischen uns: z. B. „Eigentlich kann er ja nichts dafür, bei dem Elternhaus!"

Vermeidung, Flucht: Wir vermeiden den Kontakt mit dem anderen und gehen ihm bewusst aus dem Weg. Das kann zwar zunächst eine bloße Unterbrechung der Beziehung sein, führt aber häufig zum völligen Beziehungsabbruch. Wir wechseln die Straßenseite, wenn er uns entgegenkommt, oder gehen nicht mehr an Orte, wo wir Gefahr laufen, ihn zu treffen, und verlieren uns so allmählich aus den Augen.

Diese Aufstellung ist ein Ausschnitt aus dem vielfältigen Repertoire an Strategien, die wir mehr oder weniger bewusst anwenden, um mit den Schwierigkeiten fertig zu werden. Ein Problem dabei ist, dass wir übergehen, was wirklich in uns abläuft. Indem wir uns aber etwas vormachen, riskieren wir, innerlich immer härter und lebloser zu werden. Frustration, Enttäuschung und Verletztsein nehmen wir gar nicht richtig wahr. Auf diese Weise entfremden wir uns nicht nur von uns selbst, sondern riskieren auch die Wahrhaftigkeit der Beziehung zu anderen.

All diese Arten, mit Unrecht umzugehen, treten in unserer Kultur (auch unter Christen) recht häufig auf. Sie sind Formen von „Verdrängung". Ärger, Zorn und Wut werden unterdrückt, da wir nicht wissen, wie wir sonst mit diesen „negativen Emotionen" umgehen können. Dabei sind nicht eigentlich die Emotionen das Problem, sondern was wir mit ihnen bzw. sie mit uns machen. Gefühle gehören zu uns. Sie stellen einen Aspekt unserer Realität dar. Sie signalisieren, was in uns abläuft und wo wir innerlich stehen. Sie zeigen unsere Betroffenheit und ermöglichen Kommunikation. Wenn wir etwas empfinden, uns etwas nahe geht, sind wir einbezogen in die menschliche Gemeinschaft und stehen in Verbindung mit anderen. Emotion bedeutet vom Wort her „bewegen, erregen" (vgl. Kluge, S. 220). Emotionen bringen uns in Bewegung, zeigen auf, dass etwas nicht bleiben kann, wie es ist. Diese Bewegung kann in eine Richtung gehen, die uns und unsere Beziehungen weiterbringt, kann uns motivieren, uns auf die Suche nach (Konflikt-)Lösungen zu machen. Emotionen können aber auch in eine Sackgasse münden, in der keine konstruktiven Aspekte sichtbar werden.

Wenn wir Gefühle unterdrücken, besteht wenig Hoffnung, dass sie uns weiterbringen. Wir bleiben in einem unbefriedigenden Zwischenstatus stecken und werden den Weg zur oben beschriebenen Versöhnung nicht finden. Wenn uns Unrecht geschieht und wir unsere „natürliche" Reaktion, z. B. Verletztsein, Resignation, Ärger, Wut ..., nicht wahrnehmen, müssen wir die Situation umdeuten. Sonst kommen wir mit den Gefühlen, die einerseits ausgelöst wurden, die wir andererseits aber nicht (wahr-)haben wollen, nicht zurecht. Nur durch Verdrängungsmechanismen scheint die Bedrohlichkeit unserer inneren und äußeren Situation gemindert werden zu können. Diese funktionieren aber nur für eine gewisse Zeit. Irgendwann werden wir innerlich so hart geworden sein, so mit dem Selbstschutz beschäftigt, dass wir, selbst wenn wir es wollten, gar nicht mehr anders können, als diesen Mustern zu folgen. Die Abwehr ist automatisiert, „die Schotten sind dicht". Oder die angestauten Emotionen brechen sich doch noch Bahn und es kommt zum Ausbruch der Wut, der Enttäuschung, der Frustration oder des Schmerzes. In jedem Fall führt Verdrängung in unehrliche Beziehungen mit Unzufriedenheit, Selbstentfremdung, Einsamkeit ...

b) aktiv

Aggression, Angriff, Rache: Natürlich können wir das uns widerfahrene Unrecht zum Anlass nehmen, selbst gegen den anderen vorzugehen. *„Jetzt zeig ich es ihm aber auch mal!"* *„Ich bin im Recht."* Wenn wir so reagieren, verdrängen wir unsere Emotionen bzw. den Konflikt nicht, sondern handeln aktiv. Wir lassen das, was der andere getan hat, „nicht auf uns sitzen" und richten uns gegen den anderen. Wir wollen die Rechnung, die der andere bei uns offen hat, begleichen, indem wir uns Genugtuung verschaffen. Wir warten nicht auf Wiedergutmachung, die der andere selten genug von sich aus zu leisten bereit ist. Wir wehren uns gegen das Unrecht, indem wir auf irgendeine Weise zurückschlagen. Es führt zu einem Echo bei uns: Wir vergelten mit Gleichem (oder Ähnlichem) nach dem Motto: „Wie du mir, so ich dir." In der Regel geschieht das in unserer Kultur nicht direkt, sondern eher diskret, beispielsweise indem wir den anderen bei Dritten schlecht machen, keine Gelegenheit zu Sticheleien auslassen und ihn seine moralische Unterlegenheit spüren lassen. Einzig diese Rache scheint die Strategie zu sein, bei der wir von Herzen reagieren können! Unsere Vergeltung muss nicht einmal mit dem Motiv geschehen, den anderen fertig zu machen. Es kann der Versuch sein, dem anderen deutlich zu machen, dass er so nicht mit uns umgehen darf. Wir lassen uns von unseren Gefühlen zu einer Gegenreaktion hinreißen. Ein derartiges Verhalten mag zunächst die gewünschte Wirkung zeigen und uns einen gewissen Respekt verschaffen. Den anderen wird es aber ebenfalls zum Gegenschlag provozieren. So kommt ein Kreislauf in Gang, dessen negative Dynamik einen Neuanfang unmöglich macht.

Wir spüren, dass alle beschriebenen Strategien unzureichend sind, um auf dem Weg zur Versöhnung weiterzukommen. Sie sichern lediglich ein Überleben angesichts der Verletzung, angesichts des Bösen, das uns getroffen hat. Sie überwinden das Problem jedoch in keinem Falle. Egal, ob wir das Übel an andere weitergeben oder es bei uns behalten, wir bieten dem Übel einen Nährboden, auf dem es sich weiter negativ ausbreiten kann.

Gibt es einen Weg, Übles zu entkräften und die oben beschriebene Spirale zu stoppen? Gibt es eine Möglichkeit, den Boden zu entminen? Wenn wir übel nehmen, sehen wir nur unsere Seite. Wir schauen nur

darauf, was uns angetan wurde. Alle oben beschriebenen Verdrängungsmechanismen und alle anderen Formen des Übelnehmens, ob nun gegen
andere oder uns selbst gerichtet, sind einseitig. Sie gehen alle von der
Opfersituation aus. Sie geschehen aus der vermeintlich erhöhten (moralischen) Position. Wenn wir beide Seiten in den Blick nehmen würden,
könnten wir weitere Möglichkeiten entdecken. Dabei geht es um mehr,
als die eigenen Interessen zu wahren. Es geht um etwas ganz anderes.

Während von außen gesehen der
Täter obenauf scheint, sieht die
innere, moralische Realität meist
anders aus: Das „Opfer" empfindet den „Täter" als moralisch
weit unter ihm stehend und legt
ihm dessen Unrecht zur Last.

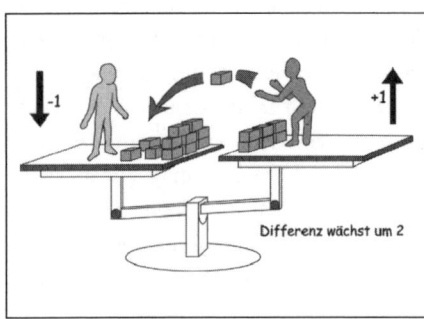

Der Geschädigte wirft dem „Täter" dessen Unrecht vor und verschafft sich dadurch Erleichte-
rung. Das Bild der Waage macht
deutlich, dass dies mehr bewirkt,
als es zunächst den Anschein hat.
Jeder Vorwurf belastet den „Täter" noch zusätzlich und wiegt für
die Beziehung doppelt so schwer.
Somit wird die Distanz zwischen
beiden schnell immer größer.

Zwei Möglichkeiten des Ausgleichs

Wir haben festgestellt, dass etwas geschehen sein muss, damit sich Zer-
strittene die Hand von Herzen reichen können. Eine Art Gegenstück –
ein Ausgleich – zu dem, was vorgefallen ist, muss her. Dieser Ausgleich
kann auf zweierlei Weise geschehen. Die Möglichkeit, an die wir zuerst
denken, besteht darin, dass der, der schuldig geworden ist, etwas zur
Genugtuung bzw. als Wiedergutmachung für den anderen tut. Er kann
versuchen, sich wieder „hochzuarbeiten" auf die Ebene des anderen. Er

muss Bedingungen, die der Geschädigte setzt, erfüllen, damit die Beziehung bzw. er eine neue Chance bekommt. Oft kann ein eingetretener Schaden, gerade wenn er nicht (nur) materiell ist, nicht wieder gutgemacht werden. Wir können das, was vorgefallen ist, nicht ungeschehen machen. Wir können Worte, die gefallen sind, nicht zurücknehmen. Wir können höchstens versuchen, als Ersatz, als Zeichen unseres guten Willens etwas zu tun, was das Vorgefallene zwar nicht direkt ausgleicht, aber wenigstens kompensiert.

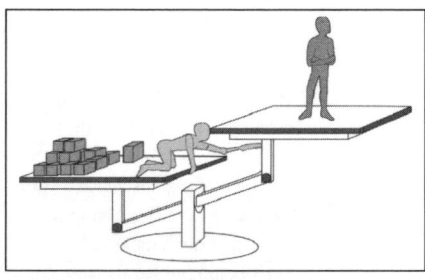

Das „Opfer" drückt den „Täter" durch Anklagen und Vorwürfe immer weiter nach unten. Der „Täter" kann und will sich das irgendwann nicht länger bieten lassen und fühlt sich geradezu herausgefordert, an der Position des moralisch Überlegenen zu sägen.

Die andere Möglichkeit geht vom Geschädigten aus. Auch als „Opfer" müssen wir nicht warten, bis der andere seinen Fehler uns gegenüber einsieht und wieder gutmacht. Wir können von uns aus entgegenkommen. Der Ausgleich kann erfolgen, indem wir auf Begleichung dieser Rechnung verzichten, d. h. ihren Ausgleich nicht zur Bedingung für den anderen machen. Wir können zumindest darauf verzichten, ihn das moralische Gefälle zwischen uns ständig spüren zu lassen. Wir können aufhören, Ersatzleistungen zu fordern, und so unsere Bereitschaft zur Beendigung des entstandenen Missverhältnisses bzw. Ungleichgewichts deutlich machen. Statt zu erwarten, dass der andere unser Niveau (was wir fälschlicherweise die „gemeinsame Basis" nennen) erreicht, indem er sich „hocharbeitet", können wir auf derartige Ansprüche verzichten, den anderen nehmen, wie er ist – uns ihm zuwenden, ohne ihm das Vorgefallene immer wieder zur Last zu legen. Wir können aufgeben, was uns unsere als erhöht empfundene Position an vermeintlichen Rechten, Macht und Genugtuung einbringt. Das werden wir allerdings nur tun, wenn uns der andere und die Beziehung zu ihm nicht weniger wichtig ist als unsere eigene Situation. So wird nur handeln, wer sich mit einer solchen Verhaltensweise nicht ausgeliefert und schutzlos fühlt.

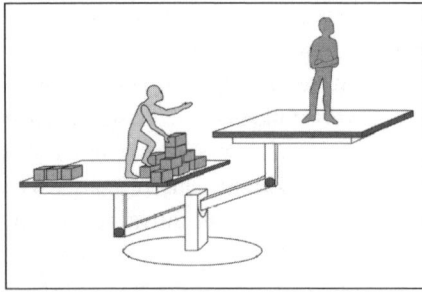

Das „Opfer" erwartet, dass der andere sich wieder „hocharbeitet". Dazu müsste jener aber leichter werden. Sich selbst entlasten, sich selbst entschuldigen geht nicht; seine Schuld steht der Annäherung im Weg. Aus ihr kann er keine Brücke zum „Opfer" bauen.

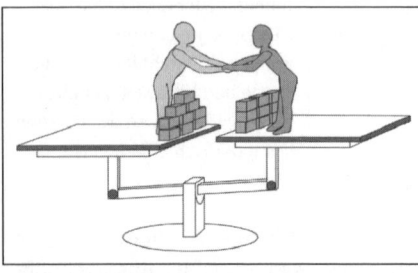

Wie kann ein Gleichgewicht wiederhergestellt werden? Beide wären „quitt", wenn auch das "Opfer" sich etwas zuschulden kommen ließe. Die Beziehung wäre dann aber noch mehr belastet. Oder beide tun so, als wäre gar nichts vorgefallen. Versöhnung wäre dann nichts weiter als eine Geste, denn zwischen den beiden steht noch viel. Sie reichen sich die Hand, obwohl sie innerlich nicht zueinander kommen. Beim „Täter" steht seine Schuld, beim „Opfer" immer noch Schmerz im Weg. Es sieht so aus, als bestünde ein Gleichgewicht, beide sind jedoch hinter Mauern gefangen und nicht von ihrer Last befreit.

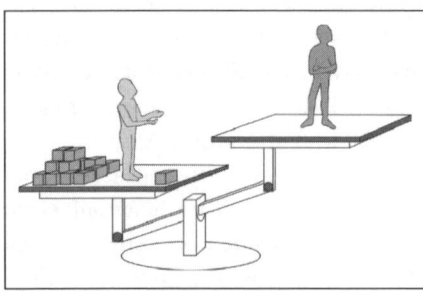

Wenn das „Opfer" seine moralische Überlegenheit nicht aufgibt, hat der „Täter" keine andere Chance, als seine Bedürftigkeit einzugestehen und um Entschuldigung zu bitten.

26

Das „Opfer" ist nicht darauf angewiesen zu warten, bis der „Täter" die Bedingungen erfüllt oder sich wunschgemäß verhält. Das „Opfer" kann aktiv auf Versöhnung hinarbeiten und Versöhnung ermöglichen, auch ohne dass der „Täter" den Ausgleich schaffen muss. Der Geschädigte kann auf die Opferrolle und was sie ihm einbringt verzichten: die Position der moralischen Überlegenheit. Ein solcher Verzicht wäre ein echtes Entgegenkommen. Das ist mehr, als den „Täter" nicht noch weiter zu belasten. Es würde bereits den Ausgleich bewirken und Annäherung ermöglichen. Ob die Versöhnung geschieht, ist jedoch von der Reaktion des „Täters" abhängig.

Das Ungleichgewicht kann also von beiden Seiten her ausgeglichen werden. Von dem Übel-Täter als Wiedergutmachungsversuch und eventuell Schadenersatz oder von dem Geschädigten, indem er dem anderen entgegenkommt (Verzicht auf Opferrolle, Bedingungen und eventuell Wiedergutmachung).

Bisher haben wir es uns recht einfach gemacht. Wir sind von eindeutigen Täter/Opfer-Rollen ausgegangen. Das ist so nur äußerst selten gegeben. Meist haben beide Anteile von Schuld und beide sind verletzt. Außerdem wechseln die Rollen im Verlauf eines Konflikts. Mal ist der eine „Täter", mal der andere. Unsere Reaktion auf Unrecht ist oft wiederum Unrecht.

Zur Versöhnung braucht es beide …!

Damit in einer Beziehung Frieden (wieder)hergestellt werden kann, braucht es beide Seiten. Jeder kann nur seinen Teil dazu beitragen. Zur Versöhnung muss auch der andere bereit sein. Keiner von uns kann Versöhnung von sich aus bewirken, keiner kann den anderen dahin bringen, dass dieser sich mit ihm versöhnt. Versöhnung geschieht nur, wenn beide es wollen. Sie kann nur aus freien Stücken geschehen, andernfalls wäre es kein echter Frieden. Die neue Qualität im Miteinander entsteht nur, wenn beide von Herzen aufeinander zugehen. Alles andere bleiben lediglich Lippenbekenntnisse, die im Widerspruch zur (inneren) Realität stehen.

Wir können Versöhnung nicht erzwingen, aber wir können Versöhnung verhindern. Wir verhindern sie, indem wir nicht bereit sind, dem anderen entgegenzukommen, egal, ob wir uns „oben" oder „unten" sehen. Wir verhindern Versöhnung, wenn wir nur unser „Recht", unsere Verletzung, unsere Erwartungen sehen. Was können wir tun, um zu verhindern, dass wir Versöhnung verhindern?

Damit Vertrauen (wieder) wachsen kann, müssen wir einander Zeit lassen, in der kleine Schritte eine gegenseitige Annäherung bringen können. Der Familientherapeut Manfred Engeli fasst das Ziel Versöhnung folgendermaßen zusammen: *„Versöhnung heißt, dass der Liebe, die eigentlich in uns als Kindern und in uns als Eltern schon da ist, die Realität ist, in der Beziehung aber verschüttet worden ist, wieder Raum gegeben wird. Es ist ein wirkliches Bedürfnis, lieben zu dürfen, nicht nur geliebt zu werden. Wenn diesem Bedürfnis auf beiden Seiten nachgegangen wird, sodass diese Liebe freigesetzt wird, dann kommt es zu wirklicher Versöhnung"* (Engeli, S. 5).

Kapitel 3

Vergeben: Was heißt das?

„Nein, ich vergebe meiner Ex-Frau nicht. Solange ich nicht vergebe, habe ich sie gleichsam in der Hand. Ich kann sie klein halten, ich schütze mich vor ihr. So verhindere ich, dass sie mich ausnutzt oder mir wieder etwas Schlechtes antut. Würde ich vergeben, hätte ich kein Faustpfand mehr. Wir würden gleich miteinander stehen, und es bestünde wieder die Gefahr, dass ich ihr gegenüber untergehen würde." *

Das Wort „vergeben" ist eine Form des Verbs „geben" (austeilen, verschenken). Wir verwenden „vergeben" mit unterschiedlichen Bedeutungen:

A) Verzeihen: Diese Bedeutung scheint für unser Thema die relevanteste zu sein. Beispiele: „Er hat ihm die Kränkung, Schuld, das Unrecht [nicht, längst] vergeben; deine Sünden sind dir vergeben; (...) vergib mir!; (...) die Sache ist vergeben und vergessen" (Duden-Stilwörterbuch, S. 754). Wenn wir verstehen wollen, was vergeben in diesem Sinn genau meint, müssen wir klären, was „verzeihen" bedeutet.

Verzeihen kommt von „zeihen" (sagen, beschuldigen, anschuldigen, anklagen, anzeigen). Das Wort hat nichts mit verdrängen zu tun. Eine heute nicht mehr so gebräuchliche Bedeutung von „verzeihen" lautet: (sich etwas) versagen, verzichten. Verzeihen heißt: Verschuldetes nicht anrechnen. Früher hieß verzeihen „etwas nicht für sich beanspruchen". Das dazugehörige Substantiv ist „Verzicht". Erst seit Ende des 18. Jahrhunderts ist das davon abgeleitete Verb „verzichten" bekannt, das bis heute die Bedeutung „einen Anspruch aufgeben" trägt (vgl. Duden-Herkunftswörterbuch, S. 789, 827; Kluge, S. 863). Dass Verzeihen mit Verzicht zu tun hat, deutet eine erste Erklärung dafür an, warum verzeihen

---

* zit. nach Tausch, S. 22

uns so schwer fällt. Verzichten bedeutet nicht, sich zu fügen und zu resignieren, sondern bezeichnet vielmehr ein aktives und ganz bewusstes Aufgeben: *„Einen bestimmten Plan, ein Vorhaben, eine besondere Haltung oder einen Gedanken aufgeben; etwas nicht weiterverfolgen, weil man sich überzeugt hat oder weil man von außen durch die Umstände und allgemeinen Gegebenheiten zur Einsicht geführt wurde, dass es nicht sinnvoll wäre, weiter mit einer bestimmten Tätigkeit fortzufahren"* (Duden-Synonymwörterbuch, S. 704-705).

Eine weitere Bedeutung von verzeihen ist: „nicht übel nehmen, entschuldigen" (vgl. Duden-Stilwörterbuch, S.784). Es geht also genau um das, was uns im vorherigen Kapitel beschäftigt hat. Das Übel soll nicht „genommen werden", die Schuld nicht die bestimmende Größe sein, an der die ganze Beziehung aufgehängt wird. Mit der Zeit wurde die Bedeutung von „verzeihen" eingeengt auf die heutige Bedeutung: *„jemandem etwas nachsehen"*. Wenn wir das Nachsehen haben, heißt das, dass wir die Benachteiligten, Betrogenen sind (vgl. Duden-Redewendungen, S. 501). Entschuldigen bedeutet somit, das Übel nicht anzusprechen, sondern sich damit abzufinden. Das Übel wird nicht bekämpft oder gar aus der Welt geschafft, sondern es bleibt bestehen. Verzeihen meint ursprünglich mehr, als über etwas hinwegzusehen bzw. etwas nachzusehen. Es bedeutete den Verzicht darauf, dem Übel eine Reflexionsfläche zu geben, indem man selbst Übel tat oder nahm. Es bedeutete, auf das Übelnehmen zu verzichten und so (wieder) davon frei zu werden. Das Böse konnte dann nirgends seinen Hebel ansetzen und lief sich tot.

Vergeben im Sinne von verzeihen geht über den bloßen Verzicht hinaus. Der *„Wortgebrauch im Sinne von ‚verzeihen' geht von der Vorstellung aus, dass man jemandem etwas schenkt, das man von ihm zu beanspruchen hat"* (Duden-Herkunftswörterbuch, S. 221f.). Der Verzicht geschieht um des anderen willen, er wird in einen Beziehungszusammenhang gestellt. Nicht nur das, was ich aufgebe, spielt eine Rolle, sondern wofür ich es aufgebe. Mein Verzicht ist ein Geschenk für den anderen. Nicht nur mein Verlust, sondern der Gewinn für den anderen und somit für die wechselseitige Beziehung werden deutlich.

EXKURS: Um Verzeihung bitten

Heutzutage verwenden wir den Begriff verzeihen fast nur noch als Höflichkeitsformel, im Sinne von „ich bitte um Verzeihung". Sogar das ursprünglich zu dieser Formel gehörige „Sie", mit dem die Bitte zielgerichtet wird, bleibt heute meistens ungesagt. Dabei bringt eine solche Bitte eine innere Einsicht zum Ausdruck: *„ein [schwerwiegendes] fehlerhaftes Verhalten dem Betroffenen als solches zugeben, es bereuen und ihn [inständig] bitten, es zu vergeben und nicht als Schuld anzurechnen"* (Duden-Synonymwörterbuch, S. 213). Um Verzeihung bitten beginnt damit, einen Fehler einzusehen, sich selbst und dem anderen einzugestehen und das Geschehene zu bereuen. Diese innerpsychischen Schritte führen zu der geäußerten Bitte um Verzeihung. Die erkannte und eingestandene Schuld möge einem bitte nicht angerechnet werden.

Auffallend ist, dass wir heute gewöhnlich gar nicht mehr um Verzeihung oder Entschuldigung bitten. Wir sagen einfach „Verzeihung" oder „Entschuldigung", so als könnten wir uns diese selbst gewähren. Verzeihen bzw. Entschuldigen kann aber nur der andere, denn er leistet ja den Verzicht. Wir können lediglich darum bitten und sollten das auch ganz bewusst tun. Nur so zeigen wir, dass wir den anderen und seine Empfindungen achten. Nur so geben wir ihm eine echte Chance, uns mit seiner Verzeihung, einem bewussten und freiwilligen Verzicht, entgegenzukommen.

B) Weggeben: Die zweite Bedeutung von vergeben lautet: übertragen, zuteilen, an jemanden (ab)geben, weitergeben, weggeben, wegschenken, austeilen. Wir begegnen ihr in Aussagen wie: einen Posten vergeben, die Stelle ist schon vergeben; einen Auftrag [an jemanden]vergeben; ein Stipendium [an jemanden] vergeben (gewähren); es waren noch einige Eintrittskarten zu vergeben (übrig); ich habe den Tanz bereits vergeben (jemandem versprochen); er ist für heute schon vergeben (hat heute schon etwas anderes vor); seine Töchter sind alle vergeben (verlobt oder verheiratet)" (Duden-Stilwörterbuch, S. 754). Für viele ist diese zweite Bedeutung bereits Hauptbedeutung geworden. Die Passivform (etwas ist vergeben) heißt soviel wie: Eine Sache oder Person ist nicht mehr verfügbar, nicht mehr zu haben (bis hin zu nicht mehr ledig).

Was vergeben ist, steht nicht mehr zur Verfügung. Wer vergibt, kommt dem anderen zuvor und schafft eine veränderte Realität, in der das Unrecht nicht mehr das ganze Verhältnis bestimmt. Das Wort „vergeben" wird vom Ergebnis her verwendet. *„Die Vorsilbe ver- bedeutet hier ‚fort' im Sinn von ‚weg': Was vergeben ist, das ist nicht mehr da"* (Melzer, Das Wort in den Wörtern, S. 327). Vergeben heißt also, etwas aus der Welt zu schaffen, etwas loszuwerden, von etwas frei zu werden, weil man es weggegeben hat. Die Frage ist nur, wohin. Wenn wir das Böse wirklich weggeben könnten, ergäben sich ganz neue Möglichkeiten für die Heilung von Verletzungen und Beziehungen und deren Wiederaufnahme.

C) Nicht (aus)nutzen: Die dritte Bedeutung von vergeben lautet: etwas nicht nutzen, eine Chance vergeben. Wir kennen sie aus dem Sport: Eine Torchance oder ein Break im Tennis kann vergeben werden (Duden-Stilwörterbuch, S. 754). Auch diese Bedeutung ist in unserem Zusammenhang relevant. Vergeben heißt demnach, das Unrecht des anderen nicht zum eigenen Vorteil auszunutzen; aus der moralischen Unterlegenheit des anderen keinen Gewinn für seine eigene Position herauszuschlagen. Wenn wir jemandem etwas vergeben, lassen wir einen Anlass ungenutzt, uns an ihm zu rächen oder ihn klein zu machen. Wir lassen die Gelegenheit aus, den anderen zu demütigen, uns über ihn zu erheben und unsere Macht zu zeigen.

D) falsch geben: Diese Bedeutung bezieht sich nur auf das Kartenspiel und hat für unseren Zusammenhang keine Bedeutung.

Vergebung steht im Beziehungskontext und heißt, dem anderen etwas zu schenken. Beide Seiten kommen in den Blick. Vergeben ist nur möglich, wenn wir dem anderen und der Beziehung zu ihm einen Stellenwert einräumen. Nur dann macht es Sinn, einen Verzicht zu leisten. Vergeben heißt, sich nicht in Passivität zurückzuziehen und taten- oder hilflos auf dem Scherbenhaufen seiner Beziehungen stehen zu bleiben, sondern in die Beziehung zu investieren und einen Schritt auf den anderen zuzugehen.

Vergeben und Verzeihen – Zusammenfassung der Wortstudien

Vergeben: von *„geben"*: austeilen, verschenken

A. (jemandem etwas) *„verzeihen"*

B. (etwas vergeben) *„übertragen, zuteilen"* (an jemanden abgeben, weitergeben, weggeben)

C. (etwas vergeben) *„nicht nutzen"*

D. (Kartenspiel) [sich vergeben, etwas vergeben] *„falsch geben"*
zugehöriges Substantiv: „Vergebung"

„vergebens: umsonst, ohne Erfolg, ohne Wirkung" von mhd. *„vergeben[e]s: schenkweise, unentgeltlich, umsonst"*, zurückgehend auf *„vergeben: geschenkt"*

Verzeihen:

von **„zeihen":** sagen, beschuldigen, anschuldigen, anklagen, anzeigen
„verzeihen: Verschuldetes nicht anrechnen, einen Anspruch aufgeben, nicht für sich beanspruchen"; die Bedeutung wurde eingeengt auf: *„jemandem etwas nachsehen"*
verzeihen, etwas: *„sich bereit finden, ein Unrecht, eine Kränkung oder eine Störung nicht als Anlass zu Unwillen oder Vergeltung zu nehmen"; „nicht übel nehmen, entschuldigen"*
Heutzutage eher Höflichkeitsformel, im Sinne von: *„Ich bitte um Verzeihung"*
zugehöriges Substantiv: **„Verzicht"**
(vgl. Duden-Stil-, Herkunfts- und Synonymwörterbuch)

Die Relevanz von Vergebung

Die bedeutende Rolle von Vergebung wird längst auch außerhalb christlicher Gemeinden wahrgenommen. Immer mehr beschäftigen sich Psychologen damit, vor allem, weil Menschen darunter leiden, dass in unserer Zeit tragfähige und dauerhafte Beziehungen immer seltener werden. Wenige Kinder erfahren heute noch im Elternhaus, wie man stabile, ehrliche Beziehungen aufbauen und leben kann. Wir erleben eine zunehmende Flucht in Unverbindlichkeit und Alleinsein. Immer populärer werden Kommunikationsformen, die keinen persönlichen Kontakt erfordern, wie Telefax oder Internet. Virtuelle Kommunikation kann als Versuch angesehen werden, Konflikten bzw. Enttäuschungen aus dem Weg zu gehen, die bei persönlichen Begegnungen ausgehalten werden müssten. Der Begriff „Verzeihen" hat gerade in der populärpsychologischen Literatur Eingang gefunden. Dort wird die wichtige Frage gestellt, was Verzeihen überhaupt ist, und vor allem, wie man verzeihen lernen und einüben kann. Wir dürfen nicht nur von einem Vergebungsmoment ausgehen, sondern wollen den Prozess der Vergebung verstehen lernen. Verzeihen ist mehr als die Entscheidung dazu. Neben unserem Willen müssen unser Denken, Fühlen und Handeln einbezogen werden.

Probleme mit dem Begriff „vergeben":

„sich etwas/nichts vergeben: der eigenen Würde, dem eigenen Ansehen schaden/nicht schaden" (Duden-Redewendungen, S. 757), „er hat seiner Ehre nicht vergeben" (jemand war nicht bereit anzuerkennen, dass er nicht so gehandelt hat, wie er es von sich selbst oder andere es von ihm erwartet hätten). Diese Redewendungen stellen das Vergeben in den Kontext von „scheitern", „Verlust von Ehre und Ansehen", „Stolz", „Würde".

„Ich habe mir nichts zu vergeben!" heißt so viel wie: „Ich habe doch nichts falsch gemacht. Ich bin mir selbst und dem anderen nichts schuldig. Ich brauche von niemandem (auch von mir selbst nicht) Vergebung oder Nachsicht." Die Ansicht, wenn uns jemand etwas zu vergeben hätte, würde das unseren Wert oder unsere Würde (zumindest in den eigenen Augen) beschädigen. Das geht hin bis zu: „Das kann ich mir selbst niemals vergeben." Mit dem Annehmen von Vergebung ist häufig die Vorstellung verbunden, sich etwas schenken lassen zu müssen, worum man nicht gebeten hat oder nicht bitten will. Das wird dann zum Problem, wenn wir befürchten, dadurch vom anderen abhängig zu werden oder ihm etwas dafür zurückgeben („zurückzahlen") zu müssen. Wir wollen lieber alleine zurechtkommen und möglichst niemanden brauchen. Unser Stolz verbietet uns, um etwas bitten zu müssen. „Du vergibst dir doch nichts, wenn du dies oder das mal tust." Gemeint ist: „Sei dir doch nicht zu schade dafür, sei nicht zu stolz, etwas zu tun, was du für unter deiner Würde erachtest." Mit solchen oder ähnlichen Konnotationen im Hinterkopf wird es uns nicht leicht fallen, die positiven Seiten am Vergeben zu entdecken und kennen zu lernen.

EXKURS: Vergeben ja, vergessen nie!

„Vergeben ja, vergessen nie!" Dieses geflügelte Wort kennen wir wohl alle. Mir kommt es eher wie eine Drohung vor, nicht wie die Ankündigung eines Neuanfangs: „Ich habe dir zwar dieses eine Mal verziehen, aber jetzt sieh dich vor, denn was gewesen ist, werde ich nicht vergessen. Immer wird das zwischen uns stehen..." In diesem Ausspruch wird deutlich, welche Vorstellung sich von Vergeben bzw. Verzeihen anscheinend herausgebildet hat. Vergeben ist hier gleichbedeutend mit aufgeschobener, zunächst zurückgestellter Rache, die jedoch weiter schlummert. Aus der Welt ist die Sache trotz „Vergebung" noch lange nicht. Der andere muss eigentlich immer in der Furcht leben, dass ihn eines Tages doch noch die Vergeltung trifft.

Ist dies wirklich mit „Vergeben bzw. Verzeihen" gemeint? Das Kriegsbeil wird zunächst einmal begraben, aber es kann ja jederzeit wieder ausgegraben werden. Ein Konflikt wird zunächst beigelegt, jedoch nicht wirklich beendet oder gar überwunden zugunsten eines neuen Miteinanders. Ein anderes Sprichwort, das wir bei Konflikten und Streit aus unserem Zitatenschatz hervorholen oder gesagt bekommen, heißt: „Der Klügere gibt nach." Auch hier kommt zum Ausdruck, welches Bild von Vergebung und Versöhnung im Volksmund und damit im Denken unserer Gesellschaft vorherrscht: Vergeben wird als etwas Passives gesehen, als Nachgeben oder Aufgeben. Vergeben ist so verstanden nur noch Ausdruck von Resignation. Man muss sich mit der Tatsache abfinden und arrangieren, dass man nicht in Frieden und Harmonie mit anderen leben kann. In der Tiefe ehrliche und dauerhafte Beziehungen scheint es leider nicht zu geben. *„Das Wort von der Vergebung erscheint in der heutigen Zeit ausgelaugt. Es wurde zu sehr gebraucht, sodass es viel von seinem silberhellen Klang eingebüßt hat. Man sollte ein neues Wort dafür finden. Gerade das Heiligste ist dem Missbrauch am stärksten ausgesetzt, nichts schadet ihm mehr als eine formelhafte Verwendung"* (Walter Nigg, zit. nach AMD, S. 182).

Im Alltag merken wir wohl alle, dass Vergeben manchmal auch bei bestem Willen nicht geht. Deshalb ist es nötig, dass wir uns neu auf den Weg machen, Vergebung tiefer zu verstehen. Das beinhaltet, mehr darüber zu wissen, aber vor allem Schritte zu gehen, um sie als ver-

35

ändernde Realität zu erfahren. Mit der Wegstrecke, die zwischen „Vorher" und „Nachher" liegt, wollen wir uns im Folgenden beschäftigen. Es geht nicht mehr nur um das „Ob", sondern um das „Wie" der Vergebung.

„Vergeben wurde vor vielen Jahrhunderten für viele Generationen durch die Botschaft Jesu von Nazareth und teilweise durch die Botschaft Buddhas ethisch-religiös begründet. Dieser Prozess des Vergebens, ein komplexer kognitiv-emotionaler Vorgang, ist der empirischen psychologischen Forschung und Darstellung zugänglich. Wir erhalten einen tieferen Einblick in die Auswirkungen des Vergebens, in die erschwerenden und erleichternden Bedingungen im Alltag. Es ist hierdurch möglich, das Vergeben im Alltagsleben, in Lebensberatung und Psychotherapie deutlich zu fördern" (R. Tausch, Gesprächspsychotherapeut, zit. nach Herzfeld, S. 6).

Bisher haben wir gesehen, dass Schwierigkeiten und Probleme in zwischenmenschlichen Beziehungen auch bei bestem Vorsatz und Bemühen auftreten können. Wir haben dann die Frage gestellt, ob es möglich ist, trotz dieser ernüchternden Tatsache dauerhafte und ehrliche Beziehungen zu haben. Der Begriff Versöhnung hat uns gezeigt, dass angesichts von Unrecht und Verletzung ein Ausgleich geschehen muss, damit eine Beziehung wieder ins Gleichgewicht kommen kann. Wir haben dann die Strategien betrachtet, die wir normalerweise an den Tag legen, um mit Konflikten umzugehen. Es wurde deutlich, dass diese nicht zum Ziel – Versöhnung – führen. Wir haben gefragt, was Vergeben und Verzeihen eigentlich beinhalten. Dabei kam heraus, dass es um Verzicht, um Weggeben bzw. Verschenken geht. Aber wer kann das schon? Menschlich gesehen kommen wir nicht weiter, weil wir selbst sowohl an die Grenzen unserer Möglichkeiten kommen als auch den anderen nicht ändern können.

„Wenn die Vergebung von Herzen kommen und zu Herzen gehen, also eine Versöhnung daraus werden soll, dann müssen wir auf beiden Seiten zunächst den eigenen Herzschlag spüren: spüren, was wehtut und wie sich die Beziehung zwischen uns verändert hat" (Donsbach, S. 10).

Kapitel 4

Wie oft muss ich vergeben?

„Es ist einfach eine innere Strapaze, dauernd diesem Anspruch ausgesetzt zu sein und niemals mehr so von ganzem Herzen und mit allen Kräften des Gemütes aus der Haut fahren zu dürfen. Irgendwann muss doch einmal Schluss mit dieser ewigen Nachsicht und mit dieser permanenten Freundlichkeit sein. Irgendwann muss man doch auch Gelegenheit haben, auf die Pauke schlagen zu dürfen."

Helmut Thielicke*

Wie oft muss ich vergeben? Diese Frage ist nicht neu. Sie wird jedoch nur von Menschen gestellt, die vergeben als ein „Muss", als ihre Pflicht, empfinden. Vergebung gehört zu den zentralen inhaltlichen und ethischen Prinzipien des christlichen Glaubens. Können wir sie deshalb aber als eingeforderte Verhaltensweise ansehen? Die Frage „Wie oft muss ich vergeben?" brannte schon einem der Jünger Jesu auf den Nägeln: Simon Petrus, der Sprecher der zwölf engsten Schüler und Vertrauten Jesu, stellt sie einmal. Durch seine Frage wird seine Herzenseinstellung deutlich, Jesus ergreift die Gelegenheit, ausführlich Stellung dazu zu beziehen. Seine Botschaft geht nicht über die Köpfe der Menschen hinweg, sie reicht mitten in ihre (und unsere) Alltagsfragen hinein.

„Da trat Petrus zu ihm [Jesus] und fragte: Herr, wie oft muss ich denn meinem Bruder, der an mir sündigt, vergeben? Genügt es [bis zu] siebenmal? Jesus sprach zu ihm: Ich sage dir: nicht [bis zu] siebenmal, sondern [bis zu] siebzigmal siebenmal" (Matthäus 18,21+22).

---

* zit. nach Thielicke, S. 181

Wie oft?

Wie wir im vorherigen Kapitel gesehen haben, hat Petrus schon einiges über Vergebung gehört. So mag ihm z. B. die Bitte im Vaterunser, dem Gebet, das Jesus ihm selbst beigebracht hat, im Ohr geklungen haben: *„Vergib uns unsere Schuld(en), wie auch wir vergeben (haben) unseren Schuldigern"* (Matthäus 6,12). Ihm war bewusst, dass nach Ansicht seines Lehrers Jesus derjenige, der dieses Gebet spricht, dem, der ihn gekränkt hat, schon verziehen haben sollte. Vergebung scheint für die Anhänger Jesu eine Selbstverständlichkeit gewesen zu sein. Auch im Evangelium des Lukas ist uns das Vaterunser überliefert, dort lautet die vierte Bitte: *„Vergib uns unsere Sünden, denn auch wir vergeben allen, die an uns schuldig werden"* (Lukas 11,4). Die Verzeihung, die der Betende dem anderen gewährt, soll keine Ausnahme machen, sondern allen Mitmenschen gelten. Das erscheint Petrus wohl recht hart, beinahe unmenschlich. Wie soll denn das gehen? Ihm bleibt nichts anderes übrig, als seinen Meister Jesus direkt danach zu fragen. Wahrscheinlich hatte nicht nur er Probleme mit dem Gebot der Vergebung, aber er ist es, der es wagt, diese Frage zu stellen.

Vielleicht haben wir diese Frage auch? „Jesus, wie oft muss ich denn eigentlich vergeben?" Wenn man den Willen Jesu achten und befolgen will, stellt sich die Frage nach der Vergebung und ihren Grenzen. „Wie oft muss ich das tun, Jesus, was du von uns forderst?" Mit der Frage „Wie oft muss ich . . .?" macht Petrus deutlich, dass ihm das, wozu Jesus auffordert, eigentlich fern liegt. Er empfindet dieses Gebot als Last. Wenn ihm jemand Unrecht tut, dann möchte er etwas ganz anderes als verzeihen. Wir wissen ja, dass vergeben mit Verzicht zu tun hat – wer kann das von sich aus schon wollen? Dem anderen etwas schenken, wo man es ihm doch gerne heimzahlen würde! Als Jünger Jesu, als dessen Schüler (griech. Mathetes: (wörtl.) Lernender), ist er dazu angehalten, zu vergeben. Für ihn ist das ein hoher Anspruch. Es scheint ihm wider seine eigene Natur, gegen seine natürlichen Bedürfnisse gerichtet zu sein. Konsequenterweise stellt er deshalb die Frage: „Wie oft muss ich denn so handeln? Ich bin ja grundsätzlich dazu bereit, aber wann ist der Punkt erreicht, an dem damit Schluss sein kann? Irgendwann reicht es doch jedem einmal, irgendwann ist das Maß doch voll. Wie oft muss ich verzichten, bis ich (endlich) zurückschlagen darf? Wie lange müssen meine Kraft und Geduld reichen, bis ich deinen Ansprüchen, Jesus, genüge?" Wie lange muss ich dem anderen sein Unrecht durchgehen lassen, bis er die Konsequenzen dafür von mir zu spüren bekommt?"

Das Wort, das im griechischen Text für „vergeben" steht, heißt „aphiaemi" und bedeutet wörtlich „(Schuld) erlassen, wegschicken".

Vergeben: aphiaemie

Bedeutungen von aphiaemie sind: loslassen, freilassen, entlassen, fortlassen, verlassen, zurücklassen, preisgeben, aufgeben, in Ruhe lassen, gestatten, erlauben, vergeben, erlassen.

Ursprünglich heißt aphiaemie: wegschicken, wegsenden, wegschleudern; im übertragenen Sinn auch gewähren lassen, gestatten, aufgeben, außer Acht lassen. Das zugehörige Substantiv aphesis heißt ursprünglich: Entlassung, Entsendung und wird im Neuen Testament überwiegend mit Vergebung übersetzt. aphesis taucht schon in der griechischen Übersetzung des Alten Testaments für das Erlassjahr [hebr.: jobel] auf und bedeutet auch Amnestie, Steuererlass (vgl. Theologisches Begriffslexikon, S. 1263 u. 1265; Kittel, Bd. I, S. 506-509).

Siebenmal, das ist ja schon eine ganze Menge. Wir an Petrus' Stelle könnten uns gedacht haben: Geben wir lieber eine höhere Zahl vor und lassen uns dann auf ein vernünftiges Maß herunterhandeln. Sicher genügen zwei, drei Mal, bei denen ich nachgeben und den Kürzeren ziehen muss. Für damalige Verhältnisse hatte er schon sehr großzügig gerechnet, denn für die Rabbiner war eine dreimalige Vergebung schon das Maximum (vgl. Yancey, S. 56). *„Vielleicht hat Petrus aber mit seiner Frage auch etwas ganz anderes gewollt. Vielleicht hat er gedacht: Wenn ich Jesus anbiete, siebenmal zu vergeben, dann ist das ein ganz nettes Quantum an Herzensgüte. Daran muss er eigentlich seine helle Freude haben. Vermutlich widerspricht er mir sogar und antwortet: Treibe es nicht zu toll mit dem Vergeben, Petrus! Du darfst auch nicht pflaumenweich gegenüber deinen Schuldigern werden. Sonst nehmen sie die Schuld schließlich nicht mehr ernst. Siebenmal vergeben ist eigentlich zu viel. Nur keinen christlichen Übereifer, Petrus! Das ist unpädagogisch"* (Thielicke, S. 181).

39

Für mich ist die Frage des Petrus doppeldeutig: Einmal geht es ihm offensichtlich um eine zahlenmäßige Begrenzung der Aufforderung Jesu, anderen zu vergeben. Selbst die christliche Nächstenliebe muss doch irgendwo ein Ende haben. Es wäre doch sehr beruhigend zu wissen, wann und wo man mit dieser Pflicht guten Gewissens aufhören darf. Es wäre angenehm zu wissen, wann wir unser Soll an Liebe und Nachsicht erfüllt haben und Gott mit uns zufrieden ist. Wir sagen manchmal: „Ich bin doch auch nur ein Mensch" und meinen damit: Ich möchte schließlich genauso reagieren, wie mir der andere entgegengetreten ist. Ich bin eben auch nur das Echo auf meine Umgebung und kann nicht alles in mich hineinfressen, was andere mir antun! Wie jemand in den Wald hineinruft, so schallt es heraus; das ist doch normal! Zum anderen benutzt Petrus die Zahl, die mehr ist als lediglich eine numerische Angabe. Sieben ist eine Zahl mit symbolischer Bedeutung. Im Alten Testament, das Petrus gut kannte, finden wir im Buch der Sprüche folgende Aussage: „*... ein Gerechter fällt siebenmal und steht wieder auf, aber die Gottlosen versinken im Unglück"* (Sprüche 24,16). Siebenmal, das besagt nicht, dass einer beim achten Hinfallen nicht wieder aufstehen könnte oder dürfte. Es geht gar nicht darum, wie oft jemand zu Fall kommt. Es soll zum Ausdruck kommen, dass ein Gerechter immer wieder fallen wird, aber jedes Mal wieder aufstehen kann. Siebenmal heißt so viel wie jedes Mal, jeden Tag neu. Klar, dass Petrus eine solche Vorstellung außerhalb seiner Möglichkeiten und Vorstellungen ansiedelt. „Es kann doch nicht sein, dass ich jedes Mal, wenn mein Bruder mir Unrecht tut, vergeben soll? So etwas kann man doch von niemandem verlangen!?"

Ist Vergebung lediglich Reaktion?
Hinter dieser Frage steckt die Vorstellung, Vergebung sei lediglich eine Reaktion, die auf Unrecht zu folgen habe, weil man als Jünger Jesu dessen Ansprüchen zu genügen hat.

Solange einem keiner etwas antut, ist Vergebung kein Thema. Alles ist in Ordnung, das Leben geht seinen guten Gang. Man lebt auf null Prozent Vergebungsniveau, denn Vergebung braucht einen ja gar nicht zu interessieren, wieso auch? Nun tritt der Fall X ein: Jemand tut uns

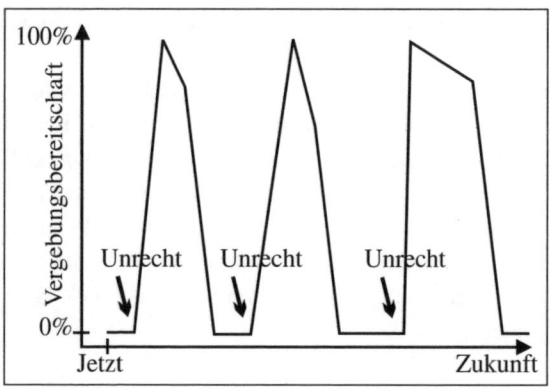

Unrecht und zwingt uns dadurch, zu reagieren. Wir wollen möglichst keinen Fehler machen. Wir haben gehört, dass für Christen jetzt Vergebung angesagt ist. Wir sollen die Schuld des anderen erlassen, sie wegschieben, wo sie zwischen uns und dem anderen steht. Das sollen wir tun, egal, ob uns danach ist oder nicht. Wir sollen in einem solchen Fall auf 100 % Vergebungsniveau gehen. Dann haben wir uns christlich verhalten. Dann hätten wir unsere Pflicht und Schuldigkeit getan und können wieder zurückkehren zur Ausgangsbasis, wo wir mit Vergebung zum Glück nichts mehr zu tun haben müssen; wir können uns auf 0 % Vergebungsniveau ausruhen und am Leben freuen, so lange, bis erneut einer unserer Mitmenschen unseren Frieden stört. Dann heißt es wiederum mit 100 % Vergebung zu reagieren, und schon hätten wir es wieder mal geschafft. So kann es einige Male gehen, aber wie lange? Es ist anstrengend, immer wieder die Kraft aufbringen zu müssen, das Unrecht, das andere mir antun, so einfach aus dem Weg zu räumen. Ist damit gemeint, dass wir es übergehen oder übersehen sollen? Wer kann immer wieder gegen seine eigentlichen Bedürfnisse handeln und auf sein (vermeintliches) Recht verzichten? Wann ist Schluss mit diesem anstrengenden von null auf hundert und wieder auf null und wieder auf hundert ...?

Ist es das, was Jesus mit Vergebung meint? Geht es darum, uns immer wieder als Helden des Verzichts und der Selbstüberwindung beweisen und präsentieren zu müssen? Müssten wir nicht alle längst schon leuchtende Beispiele von Großmut und Seelengröße sein? Können wir „einfach so" vergeben, immer und immer wieder? Ist dieses Auf und Ab mit „Lebensstil der Vergebung" gemeint? Es tut doch weh, Unrecht erleiden zu müssen. Wie werden wir damit fertig, verletzt, verhöhnt, übergangen, betrogen zu werden? Wann dürfen wir unserem Bedürfnis nach Selbstbehauptung, Ausgleich oder Rache Rechnung tragen? Wann gibt sich Gott mit unseren Vergebungsanstrengungen zufrieden? Vielleicht stellen wir uns diese Fragen schon länger. In der Frage des Petrus schwingen sie im Hintergrund mit. Geht es um die „zähneknirschende Vergebung" gegen den eigenen „inneren Schweinehund" oder ist etwas anderes gemeint?

Kapitel 5

Unser Herz müsste verändert werden . . .

„Wer also gute Werke tun will, muss nicht bei den Werken anfangen, sondern bei der Person, welche Werke tun soll. Die Person macht aber niemand gut als allein der Glaube, und niemand macht sie böse als allein der Unglaube."   Martin Luther*

Jesus antwortet Petrus: *„Ich sage dir: nicht siebenmal, sondern siebzigmal siebenmal"* (Matthäus 18,22). Jesus überbietet Petrus' Vorschlag himmelhoch. Er setzt eine Zahl an, die die einstellige, an den Fingern abzählbare Dimension verlässt und ins Dreistellige (70 x 7 = 490) geht. Der Bereich des unmittelbar Überschaubaren wird verlassen. Sicherlich will Jesus nicht sagen: 489 ist zu wenig und 491 mehr als genug. Wieder geht es gar nicht um die Zahl selbst. Jesus zielt auf die Grundhaltung gegenüber den Mitmenschen. Er spricht nicht über eine Begrenzung von Vergebungshandlungen. Seine Antwort geht sogar noch über das „Jedes-Mal-Vergeben" hinaus. Einige Manuskripte schreiben hier 77-mal, aber es macht keinen Unterschied, ob Jesus hier die Zahl 77 oder 490 nennt. Was er meinte, war: Vergebung kann man rechnerisch nicht bestimmen.

Petrus kann erst einmal gar nicht fassen, was Jesus meint. Kann man denn mehr als jedes einzelne Mal vergeben? Gibt es etwas Höheres, als sich immer wieder neu dazu durchzuringen, obwohl man eigentlich nicht vergeben will? Jesus scheint keine Vergebungsstrichlisten zu führen, Vergebung scheint für ihn nicht jedes Mal neu erkämpft werden zu müssen. Sie ist für ihn nicht die Ausnahme. Seine Antwort deutet das an: nicht begrenzt, sondern unbegrenzt; nicht zählbar, sondern ohne Maß. Er scheint eine Vergebungsbereitschaft zu kennen, die gar nicht mehr zählt und nach dem „Wie oft?" fragt. Jesu Zuhörer, die ihre Bibel,

---

*   aus: Von der Freiheit eines Christen(menschen), zit. nach Bezzenberger, S. 62

unser heutiges Altes Testament, gut kannten, wurden durch seine Antwort auch an den Satz in 1. Mose 4,24 erinnert. Dort heißt es: *„Denn wird Kain siebenmal gerächt, so Lamech siebenundsiebzigmal."* Was im Alten Testament von der Blutrache unter denen galt, die sich von Gott abgewandt hatten, das gilt für jetzt für die Vergebung bei denen, die sich zu Gott halten.

Jesus macht deutlich, dass es ihm um eine andere Ebene geht als seinem Jünger Petrus. Für ihn ist Vergeben nicht in erster Linie eine Frage der Disziplin oder der Selbstüberwindung. Von Anstrengung und eigener Willenskraft ist wenig zu spüren. Petrus meint, Vergebung sei eine Sache, die aus eigener Kraft geschehen müsse. Sie kommt bei ihm nicht aus dem Herzen und muss deshalb immer wieder mühsam abgerungen werden. Jesus spricht von Vergebungsbereitschaft, die zum Wesen eines Menschen gehört, die als „Normalzustand" im Herzen schon da ist, bevor einem Unrecht geschieht. Diese muss ins Herz hineingekommen sein. Stellen wir uns das einmal vor! Vergebung, die bereits in uns lebendig ist, als ganz natürlicher Ausdruck des Herzens, – nicht aufgesetztes oder antrainiertes Reaktionsmuster. Dazu muss unser Herz, unsere ganze Persönlichkeit, unser inneres Wesen verändert werden.

„Jesus weist diese scheinbare Gutmütigkeit und Hochherzigkeit und Bereitschaft zum siebenmaligen Vergeben als ein menschlich enges und begrenztes Verhalten ab. Christus sprengt mit einem gewaltigen Wort auch dieses menschliche Maß. Nicht siebenmal, sondern siebzigmal siebenmal. Das heißt: Unbegrenzt ist das Maß des Vergebens!" (Rienecker, S. 258).

Frei übertragen antwortet Jesus: Petrus, es geht nicht darum, dass du immer wieder vor der Frage stehst, ob du noch einmal vergeben musst. Du kannst dich nicht immer wieder dazu zwingen, wenn jemand dir Unrecht tut. Mir geht es gar nicht um ein Prinzip Vergebung, sondern um die Beziehungen unter Menschen und um dich, um dein Herz. Du kannst vergebungsbereit werden. Das soll und kann dein Wesen kennzeichnen. Dein Herz kann weiter werden, so voller Liebe, dass du die Frage „Wie oft ...?" gar nicht mehr stellen musst. Deine Frage geht an dem vorbei, worum es mir (und meinem Vater im Himmel) geht; sie zeigt, wie wenig du bisher davon verstanden hast, worauf es in meinen und Gottes Augen ankommt.

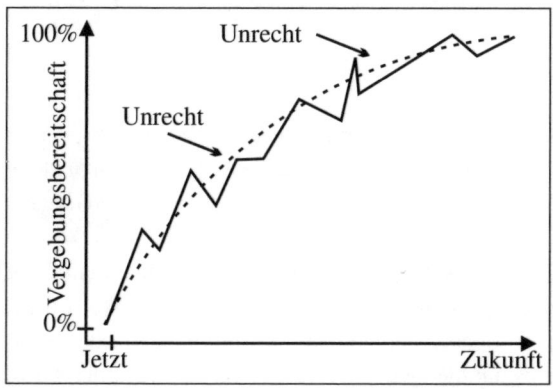

Die Frage nach dem „Wie"

Es geht nicht um Quantität, sondern um Qualität. Wir werden aufgefordert, uns nicht nur ein bestimmtes Verhaltensmuster anzueignen, sondern unsere Grundeinstellung zu überprüfen und zu verändern bzw. verändern zu lassen. Wir meinen oft, wir hätten bereits verstanden, was mit bestimmten Worten der Bibel gemeint ist. An der Frage des Petrus sehen wir vielleicht, wie viel auch wir beim Thema Vergebung noch lernen und entdecken können. Petrus hatte den Mut, eine Frage zu stellen, und Jesus so die Gelegenheit, das Verständnis der Jünger (und das unsrige als Leser seiner Worte) zu wecken und seine Hörer mit hineinzunehmen in seine Art von Vergebung. Wenn er von Vergebungsbereitschaft spricht, dann nicht, um seine Jünger und uns zu frustrieren. Er kennt uns Menschen. Er fordert nichts, was unmöglich wäre. Wenn er von 70 x 7, von einer aus dem Herzen kommenden und nicht begrenzten Vergebungsbereitschaft, spricht, dann dürfen wir das als Verheißung, als Ankündigung neuer, ungeahnter Möglichkeiten verstehen. Er stellt uns ein Ziel vor Augen und weist dann auch den Weg, wie wir dahin kommen können. Jesus beendet sein Gespräch mit Petrus nicht nach diesem Satz, so viel auch darin steckt. Er spricht weiter.

Kapitel 6

Die Lage ist ernst (aber nicht hoffnungslos?)

„Zornloses Übersehen der Sünde würde nicht Liebe, sondern nur die gleichmütige Erhabenheit des unendlich Überlegenen bedeuten."

G. Lanczkowski*

Jesus fügt seiner Antwort an Petrus eine Erzählung, ein Gleichnis, an. Darin bezieht er sich nicht mehr auf die Frage „Wie oft müssen wir vergeben?", sondern verdeutlicht, wie Vergebung überhaupt aussieht. Jetzt geht es um die Qualität. Diese Rede Jesu (Matthäus 18,23-35) ist unter dem Titel „Der Schalksknecht" bekannt. Eigentlich sollte sie besser „Gleichnis vom barmherzigen König" oder „Gleichnis von der Herzensvergebung" genannt werden. Im letzten Satz dieser Erzählung sagt Jesus, dass wir „von Herzen" vergeben sollen. Die Vergebung, die nicht aufgesetzt oder nur aus Pflichterfüllung geschieht, um diese geht es hier. Das Gleichnis hat zwei Teile. Zuerst schildert Jesus seinen Jüngern, wie Gott uns Menschen vergibt (Verse 23-27). In der zweiten Hälfte beschreibt er, wie zwischenmenschliche Vergebung nicht aussehen soll (Verse 28-35). Mit diesem Gleichnis wird uns der Weg hin zur Vergebungsbereitschaft gewiesen. Die Schritte auf diesem Weg wollen wir uns im Folgenden ansehen:

„Darum gleicht das Himmelreich einem König, der mit seinen Knechten abrechnen wollte. Und als er anfing abzurechnen wurde einer vor ihn gebracht, der war ihm 10 000 Zentner Silber schuldig. Da er's nun nicht bezahlen konnte, befahl der Herr, ihn und seine Frau und seine Kinder und alles, was er hatte, zu verkaufen und damit zu bezahlen. Da fiel ihm der Knecht zu Füßen und flehte ihn an und sprach: Hab Geduld mit mir; ich will dir's alles bezahlen" (Matthäus 18,23-26).

---

* zit. nach Lanczkowski, Sp. 1378

Das erste Wort in diesem Gleichnis ist *„Darum . . . "* Jesus gibt Petrus nun die Begründung für seine Antwort an ihn: „nicht siebenmal, sondern 70 mal siebenmal". Er macht deutlich, warum die unbegrenzte Bereitschaft möglich werden kann. Er zeigt, dass er seine Anhänger nicht mit einer unerreichbaren Forderung „erschlagen" möchte. Er macht die Basis dafür deutlich, die das erst ermöglicht. Die Aufforderung Jesu ist deshalb eine Verheißung denn das 70 mal 7 mal kann auch bei uns möglich werden.

„Darum gleicht das Himmelreich einem König . . ."

Das Himmelreich, damit meint er die Herrschaft Gottes, seines himmlischen Vaters. Er spricht hier darüber, wie es aussieht und zugeht, wenn Gott regiert und als König anerkannt ist. Paulus schreibt über dieses Reich Gottes: *„Denn das Reich Gottes ist nicht Essen und Trinken, sondern Gerechtigkeit und Friede und Freude in dem heiligen Geist "* (Römer 14,17). Beziehungen und ihre Qualität (Gerechtigkeit, Friede, Freude) sind es, die das Reich Gottes kennzeichnen. Wesentlich ist ein gottgemäßes Miteinander derer, die in diesem Reich leben. Gott ist ein Gott der Beziehung(en). Er lebt Beziehung in sich selbst (Vater-Sohn-Heiliger Geist) und zu seinen Geschöpfen in der sichtbaren und unsichtbaren Welt.

Jesus stellt die Vergebung in den Kontext des Reiches Gottes, sie wird hier als ein Wesensmerkmal desselben verdeutlicht. Diese Vergebung müssen wir erst (kennen)lernen, sonst wissen wir gar nicht, was mit vergeben gemeint ist. Nun wollen wir den Fortgang dieses Gleichnisses betrachten und uns dabei die einzelnen Abschnitte genauer ansehen.

„. . . der mit seinen Knechten abrechnen wollte."

Ein König, der im weiteren Verlauf des Gleichnisses Herr genannt wird, hat einem seiner Untertanen einen Teil seines Vermögens anvertraut. Dieser macht damit Verlustgeschäfte, die seine Schuld in unvorstellbare Höhen treiben. Der König will dieser Schuldenpolitik seines Verwalters nicht länger zusehen. Er will abrechnen und sehen, was mit seinem

Eigentum geschehen ist. „Knechte" sind diejenigen, denen der König etwas anvertraut hat. Darüber schulden sie ihm Rechenschaft. Wenn wir das Gleichnis auf uns übertragen, dann sind mit den Knechten wir Menschen gemeint. Gott ist der König, der uns unser Leben und alles, was wir haben, gegeben hat. Gott ist es nicht egal, wie wir leben. Ihm ist es wichtig, was wir mit der uns anvertrauten Zeit, unseren Gaben, unserem Besitz und unseren Möglichkeiten machen. Wörtlich übersetzt heißt es hier: *„Deswegen gleicht das Reich der Himmel einem Mann, einem König, der wollte halten Abrechnung – mit seinen Knechten"* (Dietzfelbinger, S. 80).

Das griechische Wort für Abrechnung heißt „logos" und bezeichnet auch das göttliche Schöpfungs-, Verheißungs- und Heilswort. Dieser im Neuen Testament zentrale Begriff kann auch Wahrheit bedeuten. Es geht dem König darum, zu sehen, wie es bei seinen Bürgern aussieht. Er will sich nichts vormachen lassen und auch seine Verwalter sollen sich, ihm und anderen nichts vormachen. Das Leben ist kein Spiel, bei dem letztlich egal ist, was dabei herauskommt. Gott will nicht, dass wir Menschen einfach so dahinleben. Wir und unser Leben sind ihm nicht gleichgültig. Er hat uns beständig vor Augen. Am Anfang seiner Vergebung steht sein Wille, dass wir uns nicht um die Wahrheit herumdrücken. Vergebung beginnt damit, dass aufgedeckt wird, wie es wirklich in unserem Leben aussieht. Gottes Vergebung ist keine halbe Sache, sondern bezieht sich ganz auf uns. Alles wird mit eingeschlossen. Wir können und brauchen vor ihm nichts zu verbergen, wir müssen nichts umgehen oder verdrängen. Wollen wir zulassen, dass Gott in unserem Leben abrechnet? Wollen wir uns zeigen lassen, wo wir schuldig geworden sind? Wollen wir Gott und der Wahrheit ausweichen oder ihm begegnen, so wie wir wirklich sind? Gott will abrechnen, weil er damit ein Ziel hat: Vergebung. Mit der ehrlichen Bestandsaufnahme beginnt der Weg, auf dem Schuld aus der Welt geschafft werden kann.

Abrechnen: logos

Der griechische Begriff logos bedeutet ursprünglich „Wort, Erwägung, Rechnung, Ausspruch, Sinn" und stammt aus der Wurzel leg: „sammeln, auflesen, erzählen, reden". Später kommen die Bedeutungen „Rede, belehrende Rede, Lehre, Wort, Sinn, gemeinsames Weltgesetz, Ruhm, Verhältnis, Proportion, Wahrheit" hinzu. Vor allem als „Wort Gottes", z. B. als Schöpfungswort, prophetisches Wort, Verheißungswort, Heilswort, ist logos zentral in der ganzen Bibel. Logos kommt im Neuen Testament 331-mal vor und hat dort z. B. folgende Bedeutungen: „Ausspruch, Aussage, Frage, Befehl, Bericht, Geschichte, Gerücht, Rede, Wortlaut, Sache, Schriftwort, Ermahnungswort, Beweggrund, Verkündigung, Belehrung, Unterricht, Wort Gottes, Wort der Wahrheit, Wort des Lebens, das Wort Jesu, das Wort von Jesus Christus, das Wort vom Kreuz, Wort von der Versöhnung ..."

Herausragend ist die Bedeutung „Jesus als das Wort" (Johannes 1,1+14). Im Johannesevangelium wird die Predigt Jesu als Verkündigung des Wortes Gottes bezeichnet, seine Worte sind die Worte seines himmlischen Vaters, in denen der Vater wirkt. Darüber hinaus wird Jesus selbst als das Wort Gottes bezeichnet. In ihm wurde das Wort Gottes Fleisch. Das Wort [logos] ist Person! Gott redet nicht nur durch die Worte Jesu zu uns, sondern ist selbst in der Person Jesu gegenwärtig. Im Zusammenhang mit dem Gleichnis vom Schalksknecht sind zwei weitere Bibelstellen aufschlussreich: logos als Rechenschaft (z. B. Römer 14,12; Hebräer 4,13) und logos als Abrechnung [Geben und Nehmen] (Philipper 4,15) (vgl. Theologisches Begriffslexikon, S. 1409-1440; Baader, Bd. 2, S. 974).

„Als er anfing abzurechnen, wurde einer vor ihn gebracht, der war ihm 10 000 Zentner Silber schuldig"

Ab jetzt geht es nicht mehr nur um das Verhältnis zwischen Gott und Menschen im Allgemeinen, sondern zwischen Gott und dem Einzelnen – also jedem von uns persönlich! Jesus geht ganz selbstverständlich davon aus, dass wir aneinander und an Gott schuldig sind. Wenn Gott abrechnet, dann findet er immer Schuld. Bin mit dem „einen" auch ich gemeint? Will ich mich mit dem identifizieren, der nicht mit einer weißen Weste vor Gott erscheinen kann? Wenn Gott Rechenschaft fordert, wird dann bei mir herauskommen, dass ich immer alles richtig gemacht habe? Will ich auf Gottes Abrechnung bis ans Ende unseres Lebens warten, bis ich nichts mehr ändern kann?

„Er [der Knecht] *muss seine Schuld ansehen und zu ihr stehen. Aber das ist keine Schikane, gerade darin zeigt es sich, wie sehr ihm* [Gott] *an diesem Menschen liegt. Würde er ihm nur einfach einen Brief schicken: ,Deine Schuld ist dir erlassen, alles ist o. k., dein König', dann würde dieser nie dahin kommen, sich selber realistischer zu sehen und zugleich ihn, den König, kennen zu lernen, der seinen Knecht auch dann noch annimmt, wenn er mit leeren Händen und lauter Schulden vor ihm steht"* (v. Ungern-Sternberg, S. 13).

Das Abrechnen, von dem Jesus hier spricht, wird immer wieder geschehen (müssen), wenn wir mit Gott in Verbindung kommen und bleiben wollen. Abrechnen, meist ein Begriff mit negativem Beigeschmack, ist hier Ausdruck von Beziehung. Im Verhältnis zu Gott wird deutlich: Jeder von uns ist vor ihm schuldig (mehr dazu in Kapitel 12 dieses Buches). Die Höhe der Schuld, die hier finanziell ausgedrückt wird, beträgt „10 000 Zentner [Talente] Silber". Erneut geht es bei der Zahlenangabe nicht um die Höhe selbst. Zum Ausdruck kommen soll die immense Größe der Schuld, die aus eigenen Mitteln nicht beglichen werden kann.

Übertragen auf uns, sagt Jesus, dass keiner von sich aus mit Gott ins Reine kommen kann. Wir können unsere Fehler nicht rückgängig machen. Wir können allenfalls einen Bruchteil dessen wieder gutmachen, was wir anderen angetan haben. Gott können wir sowieso nichts erstatten. So braucht uns der nächste Satz im Gleichnis nicht zu wundern: *„Da er's nun nicht bezahlen konnte, befahl der Herr, ihn und seine Frau und seine Kinder und alles, was er hatte, zu verkaufen und damit zu bezahlen"* (Matthäus 18,25).

Zunächst erscheint das Vorgehen des Königs wenig sinnvoll, denn der Preis, den er für den Verkauf des Knechtes und seiner Familie erzielen würde, wäre bei weitem nicht so hoch wie die geschuldete Summe. Für die Rückzahlung der Schulden wäre das nur ein Tropfen auf den heißen Stein. Es geht aber nicht darum, dass der König wieder an sein Geld kommen will. Jesus geht es um die Ernsthaftigkeit, mit der der

Die Höhe der Schuld(en)

„Zehntausend ist die größte Zahl, mit der man rechnet, das Talent die größte Geldeinheit im ganzen vorderasiatischen Raum" (Jeremias, S. 139). 10 000 Talente entsprechen bis zu 100 Millionen Denaren [Silbergroschen bei Luther] (vgl. Jeremias, S. 138), wobei der durchschnittliche Tagesverdienst eines damaligen Knechts bzw. Tagelöhners gerade einen Denar betrug (vgl. Matthäus 20,1-16). Das entspräche bei sechs Arbeitstagen pro Woche fast 320 000 Jahren, die er arbeiten müsste, um diese Schuldsumme abzutragen. Verschiedentlich wurde versucht, diesen Geldbetrag in heutige Verhältnisse umzurechnen. Die Angaben schwanken zwischen 20 und 40 Millionen Euro (vgl. Thielicke, S. 183, Rienecker, S. 258, Theologisches Begriffslexikon, S. 981). Der genaue Betrag ist nicht ausschlaggebend. Er ist als Kontrast zu den 100 Denaren zu sehen, die in der zweiten Hälfte des Gleichnisses als Beschreibung zwischenmenschlicher Schuld verwendet werden. Der Knecht schuldet dem König das 600 000fache dessen, was ihm sein Mitknecht schuldig geblieben ist (vgl. Kittel, Bd. 4, S. 382).

König auf die Misswirtschaft seines Untergebenen reagiert. Er kann die Sache nicht einfach weiterlaufen lassen, es müssen Konsequenzen folgen. Gott kann und will nicht Fünfe gerade sein lassen, er nimmt Schuld ernst. Bis jetzt durfte der Knecht in seinem Königreich leben, nun wird ihm dieses Privileg abgesprochen. Das Urteil lautet: Er muss das Reich verlassen und wird als Sklave an einen anderen Herrn verkauft. Alles, was er noch hat, Frau und Kinder sollen ihm genommen werden. Seine Schuld hat nicht nur sein Leben, sondern auch das seiner Lieben zerstört. Ihm bleibt nichts mehr. Er ist am Ende. Was ihn erwartet, kommt beinahe einem Todesurteil gleich: lebenslänglich in Schuldsklaverei gefangen, ohne irgendetwas, das ihm selbst gehört. Ihm bleibt keine Möglichkeit der Mitbestimmung, und diejenigen, die zu ihm gehören, sind mitbetroffen. So drastisch malt Jesus die Konsequenzen menschlicher Schuld aus. Die erste Konsequenz ist, dass ein weiteres Zusammenleben mit Gott unmöglich wird. Weil Gott heilig und gerecht ist, weil er nicht mit egoistischen Geschäften und Interessen, mit Misswirtschaft und

Ausbeutung gemeinsame Sache macht, kann der, der solches tut, nicht in Gottes Reich mitarbeiten. Unsere Schuld trennt und entfernt uns von Gott. Alles, was wir nicht im Einklang mit dem Willen Gottes tun, ist Schuld vor und an ihm. Wenn unser Leben den Ordnungen Gottes nicht entspricht, sondern seinem Willen zuwiderläuft, können wir in seinem Reich nicht leben. Er kann keine Kompromisse mit dem Übel, mit dem Bösen, eingehen, denn er ist „pur". Kein Mensch kann diese Nähe zu Gott, dem Absoluten, aushalten, weil er eben schuldig ist.

Zutritt zu Gott im Alten Testament

Die strengen Bestimmungen im Alten Testament für den Dienst an der Stiftshütte und später im Tempel illustrieren die Heiligkeit Gottes: Der Tempel Gottes war untergliedert in mehrere Abschnitte. Dem Heiligtum waren zwei Vorhöfe vorgelagert, die um den ganzen Tempel reichten und beide von Mauern umgeben waren. Der äußere oder große Vorhof stand jedem jederzeit offen. Der innere oder obere Vorhof war für die Priester bestimmt (vgl. 2. Chronik 4,9). Hier standen der Brandopferaltar, das eherne Meer (ein riesiges Wasserbecken, vgl. 1. Könige 7,23-26) und zehn fahrbare Wasserkessel. Beim Darbringen der Opfer hatten die Männer aus dem Volk Israel wahrscheinlich auch hier Zutritt. Der Tempel selbst war unterteilt in die Vorhalle, das durch eine Flügel-tür zu betretende Heiligtum (mit Rauchopferaltar, Leuchtern, Schaubrottischen) und das durch eine Wand aus Zedernholz und einen doppelten Vorhang davon abgetrennte Allerheiligste, in dem die Bundeslade als Zeichen der Gegenwart Gottes im Tempel stand. Auch wenn der Tempel kein Ort war, an dem man Gott hätte einschließen können, den „der Himmel und aller Himmel Himmel nicht fassen können" (vgl. 1. Könige 8,14-53), ist er doch der Platz, „wo seine Ehre wohnt" (Psalm 26,8). Die Gegenwart Gottes war so präsent, dass nur der Hohepriester nach einer umständlichen und genau festgelegten Reinigungszeremonie einmal im Jahr, am Versöhnungstag [neuhebr.: jom kippur], Zutritt hatte (vgl. Hebräer 9,7.25). An diesem Tag erwirkte der Hohepriester völlige Vergebung für seine eigenen Sünden und die des gesamten Volkes. An den Hohenpriester bestanden besonders strenge Forderungen an kultischer Reinheit (vgl. 3. Mose 21,10-15). Wenn er auch nur ein Detail der

Reinigungsriten vergessen oder missachtet hatte, riskierte er seinen Tod. Daran sollte ihn auch die eigens für ihn geltende Kleiderordnung erinnern, zu der auch ein Schurz mit Borte und Granatäpfeln, sowie goldenen Schellen (Glöckchen) gehörten: *„Und Aaron soll ihn anhaben, wenn er dient, dass man seinen Klang höre, wenn er hineingeht ins Heiligtum vor den Herrn und wieder herauskommt; so wird er nicht sterben. (...) Und Aaron und seine Söhne sollen sie [die Priesterkleider] anhaben, wenn sie in die Stiftshütte gehen oder hinzutreten zum Altar, um im Heiligtum zu dienen, damit sie keine Schuld auf sich laden und sterben müssen. Das soll für ihn und sein Geschlecht nach ihm eine ewige Ordnung sein"* (2. Mose 28,35.42). Der Klang der Schellen sollte eine ständige Erinnerung daran sein, dass der Hohepriester sich dem lebendigen Gott nur dann ohne Lebensgefahr nahen konnte, wenn er nach Vorschrift gekleidet war, d. h. nur in Erfüllung seines Amtes, nicht als Privatperson. Es gibt keinen biblischen Beleg dafür, dass ein Hohepriester jemals im Amt zu Tode gekommen ist. Eine Überlieferung berichtet, dass sein Gürtel besonders lang war, sodass er aus dem Allerheiligsten bis nach draußen, vor den dicken Vorhang, reichte. Im Falle seines Todes hätte er daran aus der heiligen Zone herausgezogen werden können. Diese Vorschriften machen deutlich, dass kein Mensch von sich aus Gottes unmittelbare Gegenwart aufsuchen und aushalten kann. Deshalb muss der Schreiber des Hebräerbriefes seine Leser, Menschen mit jüdischem (alttestamentlichem) Hintergrund, so bewusst und eindringlich dazu auffordern und einladen, mit Zuversicht [griech: parresia: Freimut (vgl. Baader, Bd. 2, S. 918)] zu dem (Gnaden-)Thron Gottes zu treten (Hebräer 4,16) (vgl. Lexikon zur Bibel, S. 624-625, 1375; Jerusalemer Bibellexikon, S. 863ff).

Ist Gott zornig?

Der König kann Schuldenwirtschaft in seinem Reich nicht dulden. *Wenn wir uns vor Augen halten, dass Gott Leben für uns bereit hat, können wir besser verstehen, warum er so zornig über alles ist, was diesem Leben im Wege steht.* Immer wieder stehen unser Denken, Reden und Tun seinen liebevollen Absichten entgegen. Wenn wir daran denken, wie sehr das Böse uns Menschen beraubt und zerstört, dann wird

Gottes Zorn verständlich. Wir erleben immer wieder, wie menschliche Schuld das Leben kaputtmacht. Sie bringt Leid mit sich, raubt Lebensfreude und Lebensraum und kann bis in die innersten Empfindungen hinein ein Menschenleben belasten und zerstören. Oft möchte man selbst dem Übel Einhalt gebieten, damit wenigstens das von Menschen verursachte Leid aufhört. Wir stehen jedoch meist machtlos davor.

Durch die Eigenmächtigkeit von uns Menschen konnte das Böse erst in Gottes gute Schöpfung hineinkommen. Alles Leid, alle Ungerechtigkeit, Krankheit, Bosheit und Tod haben ihren Ursprung in der Abwendung von Gott. Die Bibel nennt das „Sünde". Wenn wir dem Übel Raum geben, wenn wir uns von Gott abwenden, fügen wir Gottes Schöpfung Schaden zu. Wer nicht in Gottes Sinne lebt, wer nicht aus Liebe zu ihm und seinen Geschöpfen, ja der ganzen Schöpfung handelt, der arbeitet gegen ihn. Letztlich hat er die Trennung von Gott dadurch schon selbst vollzogen. Schuld trennt von Gott, das macht Jesus hier in einem drastischen Bild klar. Diese Trennung ist das Resultat der Abkehr von Gott, deshalb spricht die Bibel nicht nur von Schuld, sondern von Sünde. Die Begriffe Schuld und Sünde werden im Kapitel 15 genauer betrachtet.

Der Zorn Gottes in der Bibel
Für den Zorn Gottes werden im Neuen Testament vor allem zwei Begriffe verwendet:

1. thymos: Zorn, Unmut. Dieser Begriff bezeichnet ursprünglich das in Bewegung, in Wallung Befindliche. Dabei kann es sich um eine äußere oder auch innere Bewegung (des Gemütes, des Herzens) handeln. thymos bezeichnet den göttlichen Zorn, der hauptsächlich auf bestimmte Verhaltensweisen des Menschen bezogen ist (Römer 2,8; Offenbarung 15,1+7; 16,1). Hier ist auch vom Zornwein, dem Zorneskelter und den Zornschalen Gottes im Zusammenhang mit seinem Gericht die Rede.

2. orgae: Zorn, Unwille, Wut; manchmal auch Ahndung, Strafe. Dieser Begriff ist verwandt mit orgao: strotzen, schwellen, heftig verlangen. Er bezieht sich mehr auf das künftige Zorngericht Gottes. Der Zorn Gottes (orgae theou) richtet sich zum einen gegen die Ungerechtigkeit (adikia) als konkrete Gesetzesübertretung sowie gegen Ehr-

furchtslosigkeit und Gottlosigkeit als Verachtung des Schöpfers (asebeia).

Paulus geht so weit, die These aufzustellen: „... das Gesetz richtet nur Zorn an" (Römer 4,15), denn die Übertretung desselben begründet den gerechten Zorn Gottes.

Im Alten Testament ist viel vom Zorn Gottes die Rede. Dabei finden vor allem folgende Vokabeln Verwendung. Sie entsprechen dem griechischen thymos und orgae: 'aph: Nase, Beben, Schnauben, Zorn; chemah: (feurige, giftige) Glut, Wut, Zorn; charon: Glut; 'aebrah: Zorn als Ereiferung; qaesaeph: Zorn aus Enttäuschung und Verdrossenheit; za'am: Zorn Gottes; rogaez: Zorn Gottes. Jahwe ist ein eifernder Gott, der immer wieder auch als zornig beschrieben wird (z. B. Jesaja 30,27f.; Jeremia 30,23f.; Psalm 2,5).

Der Zorn Gottes ist als Ausdruck seiner Heiligkeit und Gerechtigkeit, aber auch seines Bundeswillens zu verstehen. Die Abtrünnigkeit und Verletzung des Gottesrechtes durch sein Bundesvolk Israel fordern immer wieder den Zorn Gottes heraus. Bei Propheten wie Amos, Hosea, Jesaja und Micha sind soziales und wirtschaftliches Gebaren ihrer Zeitgenossen und vor allem deren Kulthandlungen Gegenstand des göttlichen Zorns. *„Immer ist sein Zorn eine gesetzmäßige Reaktion auf die Verletzung eines Gebotes oder den Widerstand gegen sein geschichtsbestimmtes Handeln, mit der er nicht nur die Verletzung oder den Widerstand ahndet, sondern zugleich die Wiederherstellung und Aufrechterhaltung einer zwischen ihm und den Menschen gesetzten Ordnung bewirken will."* Man kann den Zorn Gottes auch als Äußerung zurückgewiesener und verletzter Liebe begreifen. Er ereilt Menschen nie ohne vorherige Warnung und muss nicht ewig währen. Immer wieder wird vom „Augenblick" des Zorns gesprochen (z. B. Psalm 30,6; Jesaja 54,7). Hinter dem göttlichen Zorn leuchtet schon seine Barmherzigkeit auf, die Hoffnung begründet. Wenn man die Geschichte Gottes mit den Menschen betrachtet, sieht man, dass sich immer wieder sein Heilswille Bahn bricht. Ziel des Gotteszornes ist es, Umkehr zu wirken. *„Vielleicht werden sie sich mit Beten vor dem Herrn demütigen und sich bekehren, ein jeder von seinem bösen Wege; denn der Zorn und Grimm ist groß, den der Herr diesem Volk angedroht hat"* (Jeremia 36,7). (Vgl. Theologisches Begriffslexikon, S. 1497-1503.)

Kommen wir zurück zu unserem Gleichnis: Seine Schuld führt dazu, dass den Knecht ein hartes Urteil trifft – Landesverweis und Verlust der Freiheit. Ist der König über den Knecht so zornig, dass er nichts mehr mit ihm zu tun haben will? Wird der Knecht mit seinem fehlerhaften Verhalten ganz gleichgesetzt?

„*Da fiel ihm der Knecht zu Füßen und flehte ihn an und sprach: Hab Geduld mit mir …*"

Der Knecht hat nun nichts mehr zu verlieren, und in seiner Verzweiflung macht er einen Versuch, die totale Katastrophe abzuwenden. Im griechischen Text finden wir das Verb makrothymeo (Geduld haben). Das dazugehörige Adjektiv heißt makrothymos: langmütig, geduldig (wörtlich: weit weg vom Zorn). Das Substantiv makrothymia bezeichnet ursprünglich das lange Zurückhalten des Zornes, der Erregung, also die Langmut, die Geduld, die Ausdauer (im Gegensatz zu oxthymia: Jähzorn). Das hier verwendete Wort makrothymeo ist aus zwei Teilen zusammengesetzt. Die Vorsilbe „makro" heißt so viel wie „weit weg, fern". thymos heißt Zorn, Unmut. makrothymeo heißt wörtlich übersetzt so viel wie: den Zorn weit weg sein lassen (vgl. Theologisches Begriffslexikon, S. 402ff., Kittel, Bd. 4, S. 377-390). Ein wörtlicher Übersetzungsversuch der Bitte des Knechts lautet: „Werde grimmfern aufgrund von mir …" (Baader, Bd. 2, S. 446). Der Knecht nimmt Zorn und Unmut [griech.: thymos] beim König wahr. Ihm drohen die schärfsten Konsequenzen wegen seiner Misswirtschaft. Nun bittet er, dass dieser Zorn, den er nicht für unberechtigt hält, sich nicht nah, sondern „weit weg von ihm" [griech.: makro] entladen möge. Wir können dieses „makro" zeitlich verstehen, dann heißt das: Lass deinen Zorn nicht jetzt sofort an mir aus, sondern später, irgendwann einmal. Lass dir Zeit und gib mir dadurch die Chance, wenigstens einen Teil meiner Schuld abtragen zu können. Vielleicht mindert sich mit der Zeit dein Zorn und verraucht. Vielleicht kann ich dir auf irgendeine Weise nützlich sein. Er bittet um Aufschub, er will die Konsequenz nicht jetzt gleich zu spüren bekommen.

Wir können das „makro" aber auch räumlich verstehen, dann bäte der Knecht etwa um Folgendes: Lass deinen Zorn nicht (hier) an mir aus, sondern irgendwo anders, weit weg. Lass nicht mich selbst deinen Zorn abbekommen, suche einen anderen Ort, wo er sich entladen kann. Vielleicht gibt es ja einen, auf den du deinen Zorn richten, der deinen Zorn auf sich lenken kann. Der Knecht bittet darum, nicht gleich und am eigenen Leib und Leben die Konsequenz aus seinem Verhalten spüren zu müssen.

„... ich will dir's alles bezahlen"

Auf den ersten Blick erscheint seine Bitte lächerlich. Der König müsste ewig warten, weil diese Schulden niemals zu begleichen sind. Der Knecht würde die Schuld gerne aus eigener Kraft abtragen (können). Was kann er auch anderes anbieten? Er nimmt den Zorn des Königs wahr und kommt gar nicht darauf, um Vergebung, um Schulderlass, zu bitten. Aber er bekennt sich zu seiner Schuld. Er leugnet sie weder ab, noch versucht er über die Höhe der Schuld zu verhandeln. Er erkennt das Urteil des Königs ohne Wenn und Aber an. Obwohl es unmöglich ist, das Geld jemals zurückzuzahlen, geht er doch nicht so weit, zu kapitulieren und seine Ohnmacht einzugestehen. Er verspricht, den Schaden zu ersetzen. Dabei überschätzt er sich selbst und seine Möglichkeiten maßlos.

Handeln wir in solchen Situationen nicht ganz ähnlich? Kennen wir dieses Verhaltensmuster nicht alle? Es fällt uns schwer zuzugeben, dass wir nichts mehr retten oder „wieder hinbiegen" können, wenn wir schuldig geworden sind. Gegenüber Menschen ist das so, Gott gegenüber oft auch. Wir wollen unsere absolute Ohnmacht nicht eingestehen. Wir wollen nicht auf Gnade angewiesen sein, wir möchten am liebsten nicht um Vergebung bitten müssen. Wer gibt schon gerne eine Bankrotterklärung ab? Wer gibt schon gerne zu, dass er mit seinen Möglichkeiten am Ende ist und sich nur noch etwas schenken lassen kann? Wie der König auf die Bitte um Aufschub und das Angebot der Rückzahlung reagiert, werden wir anhand der weiteren Schilderung Jesu im folgenden Kapitel betrachten.

Kapitel 7

Die Wende

*„Christus ist vom Himmel herabgestiegen und hat von Gott alles Gute,
alles Süße, alle Barmherzigkeit gesagt, nämlich: dass der Vater unsere
Sünde vergeben habe; danach ist er wieder aufgestiegen zu Gott und hat
Gott wiederum alles Gute von uns gesagt, nämlich: Vater, sie haben
keine Sünde mehr, ich habe sie auf mich geladen und weggenommen."*

Martin Luther*

Bisher war in diesem Gleichnis vom Evangelium (griech.: euangelion =
gute Nachricht) wenig zu spüren. Im Gegenteil: Gottes Zorn über unsere
Schuld ist so real, er geht so konsequent gegen das Übel und unsere
Schuld vor, dass es schlecht für uns aussieht. Im nächsten Vers kommt
aber die große Wende: *„Da hatte der Herr Erbarmen mit diesem Knecht
und ließ ihn frei, und die Schuld erließ er ihm auch"* (Matthäus 18,27).

In der ausweglosen Situation, in der sich der Knecht befindet, geschieht nun etwas Unerwartetes, völlig Neues. Er hat für sich und die
Seinen indirekt darum gebeten, das Reich des Königs, seines Herrn,
nicht verlassen zu müssen. Bisher hat sich der König lediglich mit der
Schuld seines Knechts befasst. Dabei ist er nach seinem Recht verfahren, das auch dem Knecht bekannt war. Nun wechselt er die Ebene. Er
wendet seine Aufmerksamkeit ab von der Schuld und sich dem Knecht
zu. Jetzt geht es nicht mehr um dessen Vergehen, sondern um ihn selbst.
Dieser Vers eröffnet uns in seinen drei Aussagen das ganze Universum
des Wesens Gottes:

„Da hatte der Herr Erbarmen mit diesem Knecht ..."

Erbarmen ist ein Begriff, mit dem wir heute nicht mehr viel anfangen
können. Der griechische Begriff an dieser Stelle ist das Verb splangchni-

---

* zit. nach Kaißling, S. 26

zomai. Der Wortstamm splangchna bedeutet ursprünglich Innereien, Eingeweide, Gedärme. Wörtlich steht hier: „Da gedärmte es den König"; „Da ging es ihm an die Eingeweide". Mit „splangchna" ist das Zentrum des Fühlens und Empfindens gemeint, in unserem Sprachgebrauch eher mit Herz bezeichnet. „Da ging es dem Herrn zu Herzen" oder „Da ging es ihm an die Nieren". Ausgedrückt werden soll, dass es dem König innerlich nahe geht. Die Situation des Knechtes lässt ihn nicht unbeteiligt, sondern bewegt ihn, (be)trifft ihn persönlich.

Erbarmen: splangchna

Das griechische splangchna bedeutet ursprünglich Innereien, speziell die edleren Eingeweide wie Herz, Leber, Lunge, Nieren, die beim Opfertier zurückgelegt wurden. Schon das korrespondierende hebräische Wort im Alten Testament: rächäm bedeutet neben Mitgefühl, Erbarmen auch Mutterleib. Es ist ein besonders kräftiger Ausdruck für den menschlichen Unterleib [Inneres], speziell den Mutterleib, und für die Lenden als Sitz der Zeugungs- und Gebärkraft.

Will man das göttliche Erbarmen im Alten Testament charakterisieren, könnte man von ‚Mutterschößigkeit' sprechen. Mit diesem Begriff werden Liebe, Geborgenheit, Wärme und Schutz assoziiert. In der ursprünglichen Bedeutung Eingeweide taucht splangchna nur noch in Apg 1,18 auf. Den Begriff splangchna *„speziell als Sitz einer von Herzen kommenden Barmherzigkeit aufzufassen, wie es in der spätjüdischen und urchristlichen Literatur der Fall ist, liegt dem griechischen Sprachgebrauch jedenfalls in vorchristlicher Zeit fern. (...) So scheint dieser manchmal etwas derbe Ausdruck wenig geeignet zu sein, zum Inbegriff christlicher Tugend oder göttlichen Tuns zu werden"* (Kittel, Bd. 7, S. 549).

Das Verb zu dem aus der Gossensprache stammenden Begriff splangchna wird im Neuen Testament ausschließlich für das Verhalten Jesu angewendet (und charakterisiert die Göttlichkeit seines Tuns) oder dient zur Charakterisierung von Gott selbst. Damit ist splangchnizomai *„schließlich ganz zum Attribut des göttlichen Handelns geworden"*.

Es spielt außer im ‚Schalksknecht' noch in zwei weiteren Gleichnissen eine entscheidende Rolle: im Gleichnis vom verlorenen Sohn [bzw.

vom barmherzigen Vater] (Lukas 15,11-32) und im Gleichnis vom barmherzigen Samariter (Lukas 10,33) [hier auf einen in Gottes Sinn handelnden Menschen (als Bild für Jesus selbst) angewandt]. *„Es sind die stärksten Ausdrücke menschlicher Gefühlsempfindung, mit denen die Personen der Parabeln Jesu hier beschrieben sind, um die Totalität des Erbarmens oder des Zornes zu kennzeichnen, mit der Gott in seinem Heilshandeln den Menschen beansprucht"* (Kittel, Bd. 7, S. 554). (Vgl. Theologisches Begriffslexikon, S. 56-59; Kittel, Bd. 7, S. 548-558.)

In althochdeutscher Zeit wurde zu arm das Zeitwort armen gebildet. Dieses bedeutet aber arm sein. Um Missverständnissen vorzubeugen wurde – so vermutet man – die Vorsilbe ab- vor armen gesetzt: abarmen hieß von der Armut befreien. Der erste Buchstabe a wurde nicht betont, so entstand daraus barmen. Die verstärkende Vorsilbe ir- wurde dazugesetzt, um dem Wort mehr Nachdruck zu geben, und so entstand irbarmen – heute erbarmen. Das abgeleitete Eigenschaftswort erbärmlich meinte ursprünglich des Erbarmens wert, erbarmungswürdig. Es hat aber viel von seinem Gehalt verloren und bedeutet heute nur noch so viel wie schlecht, elend. In Ausdrücken wie „erbärmlich schreien" dient es nur noch zur Verstärkung (vgl. Melzer, Der christliche Wortschatz, S. 69, 159-161, Duden-Herkunftswörterbuch, S. 64; Kluge, S. 82).

Es lässt den König nicht kalt, wie es seinem Knecht geht. Im Gegenteil: Es geht ihm nahe. Die Elberfelder Übersetzung lautet: *„Da wurde der Herr innerlich bewegt."* Er hat ja nicht nur den finanziellen Schaden, ihm droht der Verlust eines seiner Untertanen. Genau das aber möchte er nicht (wohl auch, weil er weiß, dass es jenem bei jedem anderen König schlecht(er) gehen wird). Die Wende ist an dieser Stelle schon vollzogen. Nicht länger mehr geht es um die Schuld, nicht länger mehr steht der Zorn über das Böse und den Verlust im Vordergrund. Statt weiter die rechtmäßigen Konsequenzen einzuleiten, wendet sich der König dem Knecht selbst und dessen Situation zu. Er ist innerlich berührt von dessen Los.

Uns wird mit diesem Vers gesagt, dass Gott sich auch unser Leben nahe gehen lässt. Angesichts unserer Fehler und Schuld wird er innerlich bewegt. Er wendet sich uns zu. Trotz bestehender Schuld gibt er die Beziehung zu uns, seinen geliebten Geschöpfen, nicht auf.

„Aber dies ist nun das Wunderbare: Gott sucht dich und mich mit so unendlicher Liebe, dass er bei allem Rechnen und inmitten aller Sachlichkeit nicht nur die „Sache", sondern dass er hinter der Sache sein unglückliches „Kind", dass er nicht nur die Werte, sondern auch die Person sieht, und dass er uns nicht mitverdammt, wenn er die Schuld verdammt, dass er wohl meine Schuld beim Namen nennt, dass er aber gleichzeitig auch mich bei meinem Namen, bei meinem Kindesnamen, ruft" (Thielicke, S. 185).

Gott macht keine Abstriche an seiner Heiligkeit, wenn er sich uns nun, trotz unserer Schuld, zuwendet. Er setzt den Maßstab dessen, was gut und richtig ist, nicht herab. Zwischen den Versen 25 und 27 erleben wir die Spannweite des makrothymos: *„Zorn und Gnade Gottes sind nun die beiden Pole, die die Spannweite seiner ,Langmut' ausmachen"* (Kittel, Bd. 4, S. 378).

Gottes Wesen ist umfassender, als wir jemals begreifen können. Er ist zornig über die Sünde, er kann sie nicht gutheißen, sondern geht dagegen an, hat nichts mit dem Bösen gemein. Wir erinnern uns an den starken Begriff thymos theou, den Zorn Gottes. Jetzt wird ein noch stärkerer Begriff verwendet, um das eigentliche, das dahinterstehende Motiv, nämlich seine Liebe, sein Erbarmen, zum Ausdruck zu bringen. Er sucht die Beziehung zu uns. Er hat sich von seinen Geschöpfen nicht abgewandt, trotz allem, was wir gegen seinen Willen tun. Wenn er sich innerlich nahe gehen lässt, in welche Lage wir uns hineinmanövriert haben, dann ist das nicht nur passives Mitgefühl. Sein Erbarmen treibt Gott zum Handeln. Der Prophet Micha schildert Gott als einen, *„der an seinem Zorn nicht ewig festhält, denn er ist barmherzig!"* (Micha 7,18). In der ganzen Geschichte Gottes mit uns Menschen (wie sie uns in der Bibel berichtet wird) sehen wir immer wieder, wie Gott auf die Menschen zugeht. Er schafft immer wieder Möglichkeiten, mit Menschen zusammenzukommen, obwohl sie sich bei ihrem Verrat im Garten Eden („Sündenfall") von ihm abgewandt hatten. Seinen Fluch nach dem Sündenfall und die Vertreibung aus dem Paradies können wir als ,Notordnungen' verstehen. Sie sind Maßnahmen zur Schadensbegrenzung und zeigen beides: Gottes Zorn und auch seine Liebe. In verschiedenen Bundesschlüssen geschieht eine schrittweise Annäherung zwischen Gott und den Menschen. Seine Versöhnungsangebote werden immer konkreter. Im Rahmen seines Bundes mit dem Volk Israel wird das künftige Neue bereits angekündigt: Er wird den Messias, seinen „Gesalbten", schicken. Der wird die Herrschaft Gottes auf Erden sichtbar machen, er wird die Menschen in Gottes Sinne regieren, führen und ihnen beistehen. Das damals Verheißene ist nun geschehen, weltweit ist dieses Ereignis zur Zeitenwende geworden: Gott hat seinen Sohn Jesus Christus in unsere Wirklichkeit geschickt. Jesus hat unter uns gelebt und uns verkündet und gezeigt, wie Gott ist. Er hat aber nicht nur von Gott berichtet. Er kam, um mit seinem Tod die Schuld(en) aller Menschen zu begleichen. Er starb zur Sühne für jedes Vergehen. Jesus, der selbst ohne Schuld war, bezahlte den Preis – eben jene 10 000 Zentner Silber. *„Daher musste er* [Jesus] *in allem seinen Brüdern gleich werden, damit er barmherzig würde und ein treuer Hoherpriester* [Mittler] *vor Gott, zu sühnen die Sünden des Volkes"* (Hebräer 2,17).

Jedem, der Jesu Tod als Sühne für seine Schuld annimmt und darauf vertraut, dass er dadurch frei wird, begegnen die Liebe und das Erbarmen Gottes. Nur er selbst konnte den Ausgleich schaffen. Kein Mensch hätte die Schuld tilgen können. In Jesu Leiden und Sterben für uns wird Gottes Erbarmen sichtbar als *„eine totale Bereitschaft zur rettenden existentiellen Hinwendung, die alle Mittel, Zeit, Kraft und Leben einsetzt"* (Theologisches Begriffslexikon, S. 57). Jesus ist nicht nur gekommen, um vom Erbarmen Gottes zu erzählen, sondern um es mit seinem eigenen Leben zum Ausdruck zu bringen.

EXKURS: Das Kreuz Jesu

In der Kreuzigung Jesu sehen wir beide Seiten von Gottes Wesen: Das Kreuz ist einerseits Ausdruck von Gottes Zorn über die Sünde, andererseits ein Zeichen seiner Liebe und seines Erbarmens mit uns Menschen. Das Kreuz Jesu ist der Blitzableiter für den Zorn Gottes über das Böse, dem wir Menschen so viel Raum geben. Gott hat seinen ganzen Zorn auf Jesus geladen. Stärker jedoch als sein Zorn über die Sünde ist sein Erbarmen mit uns Menschen. Hinter seinem Zorn darüber, was zerstört, beraubt und unfrei macht, steckt seine Liebe. Sie ist das eigentliche, das grundlegende Motiv. *Der Jünger Johannes kann es nicht anders ausdrücken, als Gott mit seiner Liebe gleichsetzen: „Gott ist die Liebe"* (1. Johannes 4,8b.16). Weil diese Liebe ihn antreibt, hat er seinen Zorn statt gegen uns gegen Jesus und damit gegen sich selbst gerichtet. Am Kreuz von Golgatha ist er eingeschlagen. Jesu Bereitschaft, unsere Schuld und die Strafe Gottes dafür auf sich zu nehmen, hat den Zorn gestillt. Aus Liebe zu uns ließ Gott seinen eigenen Sohn brutal hinrichten. Er musste sich von Jesus abwenden, da Jesus die Sünde aller auf sich nahm. Er musste Jesus allein lassen auf dem Weg durch Schmerzen und Qualen in den Tod. Gott musste mit ansehen, wie sein Sohn unsäglich litt, damit der Preis für die Schuld unseres Lebens, die Schuld jedes Einzelnen von uns bezahlt würde. Denn: „. . . *ohne Blutvergießen geschieht keine Vergebung"* (Hebräer 9,22). Das Liebste, was er hatte, gab er als Ausgleich für all die Bosheit, die durch die Wegwendung von ihm entstanden ist. Dies war der einzige Weg, auf dem Gott, ohne Abstriche an seiner Heiligkeit, uns wieder die Verbindung und Nähe zu sich ermöglichen konnte. So hat er die Möglichkeit zur Versöhnung geschaffen. So radikal ist sein Versöhnungsangebot! So weit geht Gott aus Liebe zu jedem von uns! *„Wenn sein Sohn am Kreuz stirbt, dann gibt uns das eine Ahnung davon, was es ihn kostet, die Logik seiner heiligen Gerechtigkeit niederzuringen und unser Vater zu bleiben. Wahrlich, hier ist kein ‚lieber Gott', der mit dem Mantel der Liebe alles zudeckte; hier ist keine metaphysische Harmlosigkeit, sondern hier ist der heilige, bannende Gott, der den Bann bricht und uns das Wunder der Kindschaft schenkt"* (Thielicke, S. 185).

Jesus war am Kreuz vollkommen abgeschnitten von seinem Vater im Himmel (eine Situation, die er bisher nicht gekannt hatte, denn er war immer in Verbindung mit ihm, vgl. z. B. Johannes 8,29; 16,32). Im Garten Gethsemane, als die Sünde der Menschheit auf ihn gelegt wurde, kam wohl zum ersten Mal Angst in sein Leben. Angst aufgrund seines Getrenntseins von Gott. Plötzlich war er ungeborgen, war nicht mehr in der Gegenwart seines himmlischen Vaters. Das Ganze gipfelt in dem markerschütternden Schrei am Kreuz: *„Mein Gott, mein Gott, warum hast du mich verlassen?"* (Psalm 22,2). In diesem Moment hat er mit seinem Leben diese 10.000 Talente, die Summe, die wir nie hätten aufbringen können, bezahlt. *„Es ist vollbracht!"* (Johannes 19,30). Dieses Opfer war genug, um die Schuld jedes Menschen zu bezahlen (vgl. auch Hebräer 7,27).

Dieses tiefe Erbarmen Gottes gilt uns auch heute. Kennen wir es, haben wir es uns schon einmal bewusst gemacht? Wollen wir uns nahe gehen lassen, wie Gott zu uns steht und was ihn seine Liebe zu uns gekostet hat? Wollen wir seine Liebe annehmen? Haben wir Angst davor? Ich weiß, wenn mir jetzt Gottes Liebe in vollem Umfang begegnen würde, dann könnte ich das nicht aushalten. Aber Gott kennt mich, er gibt gerade so viel von seiner Liebe, wie ich ertragen kann.

Gott wünscht sich nichts mehr, als dass unser Herz von seinem Erbarmen erreicht wird. Das ist der Weg, auf dem sich unser Herz weiten und voller Erbarmen werden kann. Wir können nur weitergeben, was wir (bekommen) haben. Nur wenn wir Gottes Liebe erfahren, werden wir liebe-voll. Gottes Erbarmen ist der Mittelpunkt seiner Vergebung. Erbarmen ist sein innerstes Wesen; er kann gar nicht anders, als Wege zur Versöhnung zu schaffen. Das ist es, was seine Vergebung ausmacht. Das ist der Kern des Evangeliums, das „Gute" an der „guten Nachricht"! *„Und er ist die Versöhnung für unsre Sünden, nicht allein aber für die unseren, sondern auch für die der ganzen Welt"* (1. Johannes 2,2).

„… er ließ ihn frei …"

Vier unscheinbare Worte, die eine ungeheure Tragweite haben. Im griechischen Text steht hier apolyo, das so viel heißt, wie jemanden aus einer Bindung oder einem Vertrag zu entlassen. Was bedeutet es, wenn ein Herr seinen Knecht frei lässt? Wir wissen gar nicht, was es heißt, wenn aus einem Knecht ein freier Bürger wird. Wer sich einmal mit der Abschaffung der Sklaverei beschäftigt hat, der kann die Tragweite dieser Veränderung ermessen. Das Leben, das bisher festgelegt war auf den ausschließlichen Dienst für den Herrn, bekommt völlig neue Möglichkeiten. Eine ganz andere Perspektive tut sich für ihn auf! Ihm steht nun offen, wovon er nicht zu träumen wagte. Plötzlich wird er zu einem vollwertigen Gegenüber, zählt zur Gesellschaft. Er kann anfangen, ein Leben in Freiheit, basierend auf eigenen Entscheidungen und in Selbstverantwortung, zu führen. Damit hat er wohl nicht gerechnet. Um Freilassung hatte er gar nicht gebeten. Er wäre schon dankbar dafür gewesen, weiterhin als Knecht arbeiten und im Land bleiben zu dürfen und wenigstens einen Teil seiner Schulden abtragen zu können. Der König jedoch lässt ihn frei. Dem König ist seine Lage so zu Herzen gegangen, dass er gar nicht anders kann, als ihn zu einem freien Bürger seines Reiches zu machen. Er darf nicht nur bleiben, geduldet und als Knecht, sondern bekommt eine ganz neue Position, Würde, neue Möglichkeiten. Auch für uns bedeutet das, dass wir nicht von Schuld, Verhaltens- und Denkmustern abhängig bleiben müssen. Auch wir können frei werden.

freilassen: apolyo
Das griechische Wort apolyo bedeutet: freigeben, entlassen, loslassen, frei machen und meint „ein Lösen aus einer Verbindung oder Bindung" (Baader, Bd. 2, S. 931). Homer verwendet apolyo im Sinne von loslassen, einen Gefangenen freigeben. Diese Bedeutung finden wir auch im Neuen Testament, z. B. als Pilatus fragt, welchen Gefangenen er freilassen solle, Jesus oder Barrabas (Matthäus 27,15 ff). Apolyo heißt auch entlassen: die Frau aus der Ehe entlassen (Matthäus 5,32) oder aus dem Leben abberufen (Lukas 2,29). Das Grundwort dazu ist lyo: lösen, losmachen, befreien (z. B. Offenbarung 5,2; Apostelgeschichte 22,30). lyo kann auch heißen: etwas in seine Bestandteile auflösen, zerstören, ein Bauwerk einreißen, abbrechen.

Eine Ableitung von lyo ist lytron: Lösegeld, Lösemittel. Lösegeld ist Sühne und dient zur Deckung der Schuld, durch die das Leben des Schuldners ansonsten verwirkt wäre (vgl. Theologisches Begriffslexikon, S. 258f, Kittel, Bd. 4, S. 329-359).

Wenn Jesus im Gleichnis von freilassen spricht, greift er vorweg, denn er selbst wird es sein, der das Lösegeld (den Loskaufpreis) bezahlen wird, damit wir Freiheit erfahren können. Später wird er zu seinen Jüngern sagen: *„Denn auch der Menschensohn ist nicht gekommen, dass er sich dienen lasse, sondern dass er diene und sein Leben gebe als Lösegeld für viele"* (Markus 10,45; vgl. auch Matthäus 20,28). Jesus starb freiwillig – an unser aller Statt, die wir unser Leben in den Augen Gottes verwirkt hätten. Er trat freiwillig an unsere Stelle, und ihm geschah, was wir als Konsequenz erfahren hätten: Tod, Trennung von Gott. Er durchlebte das Sterben wie einer, der dem Verderben verfallen war. Er, der geliebte Sohn, ist hier nicht der von wunderbarem Schutz getragene, sondern der von Gott geschlagene Hirte der Herde (vgl. Sacharja 13,7; Matthäus 26,31; Markus 14,27). *„Schuld kann und muss nicht wegge-*

wischt, sondern ausgehalten und er-tragen werden. Das ist es, was der gekreuzigte Jesus im Namen Gottes tut" (Donsbach, S. 21).

Der Empfänger des Lösegeldes ist Gott, nicht der Teufel. Jesus kauft uns Menschen los von unserer Schuld vor Gott. Das Sterben Jesu ist der schlüssige Beweis, dass sein Gehorsam gegenüber Gott keine Grenzen hat. Nichts hätte in höherem Maße offenbaren können, dass seine Worte Taten waren. *„Seht, welch eine Liebe hat uns der Vater erwiesen, dass wir Gottes Kinder heißen sollen; und wir sind es auch!"* (1. Johannes 3,1). Das war das Ziel Jesu: alle, die sich und ihr Leben ihm anvertrauen, zu Kindern seines himmlischen Vaters zu machen: *„Wie viele ihn aber aufnahmen, denen gab er Macht, Gottes Kinder zu werden, denen, die an seinen Namen glauben ..."* (Johannes 1,12.) Er sagt es seinen Jüngern noch direkter: *„Ich sage hinfort nicht, dass ihr Knechte seid; denn ein Knecht weiß nicht, was sein Herr tut. Euch aber habe ich gesagt, dass ihr Freunde seid; denn alles was ich von meinem Vater gehört habe, habe ich euch kundgetan"* (Johannes 15,15).

Damit erhebt er uns in einen anderen Stand. Er bezieht uns ein in seine Pläne und seinen Auftrag, das Reich Gottes zu bauen. Als freie Bürger des Reiches Gottes dürfen und sollen wir dessen Wesensmerkmale (z. B. Barmherzigkeit, Freiheit und Vergebung) vertreten und vorleben. Jesus lehrt nicht religiöse Zwänge, sondern er will uns die *„herrliche Freiheit der Kinder Gottes"* (Römer 8,21) schenken.

> *„Logisch ist das ja alles nicht. (...) Schuld und Sühne gehören zusammen. Das ist logisch. Und nun geschieht das Wunder, dass Gott uns aus dieser schrecklichen Logik herausreißt und dass er einfach sagt: „Du sollst wieder mein liebes Kind sein"* (Thielicke, S. 184-185).

Gottes Vergebung ist gewaltig: Sie enthält unsere Freilassung. Gott schenkt uns einen neuen Anfang und nie gekannte Möglichkeiten. Er öffnet unsere Begrenzungen, die wir selbst immer wieder erleben. Wir sind keine hoffnungslosen Fälle für ihn. Auch wenn wir es – im wahrsten Sinne des Wortes – nicht verdient haben, bekommen wir neues Leben, Leben mit ihm. Sünde bleibt Sünde, gut bleibt gut und böse bleibt böse. Aber wir werden herausgerissen aus diesem Spannungsfeld, wir brauchen nicht länger auf uns selbst gestellt herauszufinden, was richtig und falsch ist. Wir müssen nicht länger an uns selbst (ver)zweifeln und (Ideal-)Vorstellungen oder eingefahrenen Mustern dienen. Wir können die eingefahrenen Bahnen verlassen und in Verbindung mit Jesus und seinem himmlischen Vater kommen. Das macht uns frei für neues Leben: „... *das Alte ist vergangen, siehe, Neues ist geworden"* (2. Korinther 5,17). Wenn wir Jesu Opfer als Ausgleich für unsere Schuld vor Gott anerkennen, ist er selbst in unser Leben hineingekommen, um an und in uns zu wirken. Das wird als „von neuem geboren werden" (vgl. Johannes 3,3.5) bezeichnet.

„Aus dem Leben Gottes bist du zu einem neuen Dasein gezeugt worden: dem der Kinder Gottes. In diesem Dasein bist du du selbst; aber so, dass du es bist in Christus. Er lebt in dir; eben dadurch aber gelangst du in dein eigenstes Bestehen" (Guardini, Der Herr, S. 528).

Das Freilassen bedeutet aber auch ein Risiko für den König. Der Knecht kann als freier Mann nun gehen, wohin er will, und tun, was er möchte, der König macht keine Auflagen. Der Begnadigte kann seine Freiheit auch missbrauchen.

EXKURS: Der neue Mensch

In der Bibel werden die zum Glauben an Jesus Christus Gekommenen, als diejenigen bezeichnet, die *„den neuen Menschen"* angezogen haben (Epheser 4,24). Das heißt, dass für sie etwas völlig Neues beginnt. *„Denn die Erlösung und Wiedergeburt bedeuten nicht, dass der Mensch umgezaubert, sondern dass in ihm ein neuer Anfang gesetzt wird"* (Guardini, Der Herr, S. 534). Dieses Neue ist die Verbindung zu Gott. Angeschlossen an seine Liebe, können wir frei, heil und neu werden. Mit ihr können wir zur Ehre Gottes und zum Segen anderer zu leben beginnen. Für den neuen Menschen wird die Liebe Jesu zur Kraft [griechisch: dynamis], die ihn verändert. Wie das Reich Gottes selbst ist der neue Mensch einerseits schon Realität und doch erst im Werden. Wir dürfen ihn „anziehen", d. h. diese Realität entdecken und mehr und mehr kennen lernen, annehmen und umsetzen. In der Liebe Gottes begegnen wir ihm selbst. Er, der uns frei gemacht hat, will uns immer mehr in die Freiheit seiner Kinder hineinführen. Gerade an den Punkten, an denen wir selbst nicht weiterkommen, uns vielleicht schon aufgegeben haben, lässt er uns sagen: „Neues ist geworden." Mit Jesus als unserem neuen Herrn haben wir Möglichkeiten, die wir meist nicht einmal ahnen. Er lädt uns ein, seine Jünger, seine Schüler, zu sein, von ihm zu lernen und ihm so Schritt für Schritt ähnlicher zu werden. *„Der Christ ist kein Naturwesen, sondern ein Geheimnis; ein Entwurf von Kommendem. An das, was wir eigentlich sind, müssen wir glauben, trotz aller Einwände aus dem, was wir sichtbar sind. Im ,Trotzdem' gegen das, was wir an uns erfahren, glauben wir, dass wir wieder geboren sind, Christus in uns tragen und damit eine werdende Herrlichkeit, die einst offenbar werden soll, wie der Römerbrief im achten Kapitel sagt"* (Guardini, Der Herr, S. 534).

Wir haben oft ein festes Bild von dem, wie ein „guter Christ" zu sein hat. Darum geht es aber gar nicht, denn Christsein heißt, in Beziehung zu Christus zu leben, von ihm her das Leben neu zu entdecken. Das ist persönlich und individuell. Wir müssen nicht alle in ein Muster passen, sondern dürfen unser Leben finden. Der Ausgangspunkt dafür ist, dass wir von ihm angenommen sind. Wie ein Vater zu seinen Kindern steht und für sie eintritt, so ist uns Gott, der Allmächtige, zugewandt, wenn wir seine Kinder sein wollen, d. h. uns an seinen Sohn Jesus halten. Es geht nicht um einen Ist-Soll-Vergleich, der uns unter Erfolgsdruck bringt. Viele Christen leben mit Vorstellungen wie: „Bei mir sollte eigentlich längst schon der ,neue Mensch' sichtbar sein. Leider ist da noch so viel vom ,alten Menschen', ich schaffe es nicht, die Vorstellungen Gottes zu erfüllen, so vieles ist bei mir immer noch nicht in Ordnung. Ich müsste längst …" Diese Sicht entspricht nicht dem Evangelium. Dort wird uns gesagt: Wir sind von Gott angenommen, wie wir sind. Wir müssen uns nicht selbst neu machen – und können das ja auch gar nicht. In Beziehung mit ihm zu leben wird uns verändern. Seine Liebe immer mehr zu erfahren, das schafft das Neue in unserem Leben. Unsere einzige Aufgabe ist, ihm dahin zu folgen, wohin er uns führen will; auf ihn und sein Wort zu hören und ihm zu vertrauen. Nicht: „Du sollst so und so sein!", sondern: „Du darfst an der Hand Jesu, der dir den Weg und das richtige Tempo weisen wird, neu werden, ihm ähnlicher." Das zu lernen und zu erleben hat Gott uns Christen zusammengestellt. Wir dürfen aufeinander achten, dass wir dieses „Neue" nicht verlieren. Und er selbst hat versprochen, uns nicht aus den Augen zu lassen und uns zu bewahren, damit wir keinen Schaden nehmen. Diese Freiheit von äußeren und inneren Ansprüchen dürfen wir uns nicht wieder rauben lassen oder selbst aufgeben. Bereits der Apostel Paulus kannte das Problem, dass wir uns wieder „ein Joch der Knechtschaft auflegen lassen" und uns selbst wieder zu Knechten machen (vgl. Galater 5,1ff). Diese Freiheit der Kinder Gottes wird nur real bleiben, wenn wir Gott als ersten und wichtigsten Ansprechpartner behalten. Sobald etwas oder jemand zwischen Gott und uns tritt und somit wichtiger wird, geht diese Freiheit verloren . . .

„. . . und die Schuld erließ er ihm auch"

Am Ende geht es im Vers 27 doch noch einmal um die Schuld. Es wirkt fast wie ein Appendix, ein Anhängsel. Sie wird zum Schluss noch einmal erwähnt, jedoch nicht mehr als Hauptsache. Für den König ist die Person des Knechtes und seine Beziehung zu ihm in den Vordergrund getreten. Nachdem die Beziehungsebene hergestellt ist und sich sein Blick weg von der Schuld gerichtet hat, ist das Vergeben der Schuld scheinbar ganz selbstverständlich. Gott trennt zwischen Schuld und Schuldner. Indem er sich der Person zugewendet hat, erscheint es als ganz natürliche Konsequenz, die Schuld zu erlassen. Der Knecht muss nichts zurückzahlen, der König behält gegen ihn nichts in der Hand: keine Rückzahlung in Raten, keinen Schuldschein, nichts.

Hier taucht im griechischen Text erneut das Wort aphiaemie (erlassen) auf, welches uns bereits in der Frage des Petrus begegnet ist (vgl. Kap 4). Wir haben gesehen, dass das Erlassen der Schuld nicht alles, ja nicht einmal das Entscheidende an der Vergebung Gottes ist. Es ist nur die Folge des Eigentlichen, ein von außen sichtbarer Schritt aufgrund einer inneren Haltung und Motivation. Wo Schuld und Person, Sünde und Sünder voneinander getrennt werden, da scheint Vergebung von Herzen möglich zu sein.

Gottes Vergebung ist endgültig

Die Bibel sagt, dass Gott die Sünden der Menschen im Meer versenkt: *„Wo ist solch ein Gott, wie du bist, der die Sünde vergibt und erlässt die Schuld denen, die übrig geblieben sind von seinem Erbteil; der an seinem Zorn nicht ewig festhält, denn er ist barmherzig! Er wird sich unser* *wieder erbarmen, unsere Schuld unter seine Füße treten und alle unsere Sünden in die Tiefen des Meeres werfen"* (Micha 7,18.19). Aus diesem Meer werden sie nie wieder hervorgeholt. Auch wir selbst sollten dort nicht angeln! Im letzten Buch der Bibel, der Offenbarung des Johannes, wird über die neue Schöpfung Gottes gesagt: *„Und ich sah einen neuen Himmel und eine neue Erde; denn der erste Himmel und die erste Erde sind vergangen, und das Meer ist nicht mehr"* (Offenbarung 21,1). Das Meer mitsamt der in ihm versenkten Sünden der Menschen wird es unter der sichtbaren Anwesenheit und Herrschaft Gottes nicht mehr geben. Es braucht gar kein solches „Endlager", denn alte Schuld ist getilgt, und in seinem Reich wird es keine neue Sünde mehr geben. Ist das nicht großartig?!

Der Sündenbock

aphiaemie, das Erlassen bzw. Wegschicken der Schuld, erinnert an eine Zeremonie aus dem Alten Testament (vgl. 3. Mose 16,20-22): Am Versöhnungstag warf der Hohepriester über zwei Böcken das Los. Einer wurde bestimmt zur Opferung (Schlachtung) für die Sünden des ganzen Volkes. *„War der Bock ‚für den Herrn' geschlachtet und sein Blut im Heiligtum und Allerheiligsten versprengt worden, so ‚stemmte' der Hohepriester dem Bock ‚für A. [Asasel]' beide Hände auf den Kopf, sprach für das versammelte Volk das Sündenbekenntnis und ließ ihn durch einen gelosten Mann hinaus in die Wüste führen, damit er die Sünde des Volkes hinwegtrage"* (Lexikon zur Bibel, S. 122). Der Bock wird, als eine Art Zwischenträger der Sünde der Menschen, zum Sündenbock und dann in die Wüste gejagt: *„... so werden die Sünden zu einem fernen, einsamen Ort weggetragen"* (Jerusalemer Bibellexikon, S. 75). Zu diesem Sündenbock wurde Jesus für uns. Er ließ sich die Sünden aufladen und trug sie aus unserem Leben und der Welt hinaus, indem er sie mit sich in den Tod nahm. Dadurch wurde die Schuld getilgt. *„Siehe, das ist Gottes Lamm, das der Welt Sünde trägt!"* (Johannes 1,29b).

Kapitel 8

Wie Gott uns vergibt

„Schuld war gar nicht so sehr das Problem für mich. Aber ich glaubte, auf irgendeine Art nicht würdig zu sein, die ich gar nicht auf irgendeine konkrete Sünde zurückführen konnte. Und mehr als Vergebung brauchte ich die Gewissheit, von Gott angenommen zu sein, zu ihm zu gehören, und dass er mich nie wieder loslassen würde, auch wenn er von mir nicht allzu sehr beeindruckt sein könnte."   Lewis Smedes*

Vergebung beginnt damit, dass Gott uns vergibt. Dies können wir erfahren. Die Vergebung Gottes an sich selbst zu erleben ist der Schlüssel dazu, Vergebung kennen und weitergeben zu lernen. Deshalb begann Jesus sein Gleichnis mit der Vergebung Gottes den Menschen gegenüber. Er spricht nicht nur von zwischenmenschlicher Vergebung, von einer Forderung an uns Menschen, sondern vielmehr davon, was uns geschenkt wird. Die Reaktion des Königs ist in der Tiefe und in der Weite seiner persönlichen Betroffenheit und deren Auswirkungen überwältigend. Hier bekommen wir eine Ahnung vom Universum der Liebe Gottes. Wir dürfen beim Thema Vergebung nicht nur unseren Teil sehen. Gott ist es, der uns führen möchte. Gott handelt oft ganz anders, als wir erwarten. Vergebung ist mehr als aphiaemie. Nicht der äußere Schritt des Schulderlasses, sein sich erbarmendes Herz ist das Entscheidende an der Vergebung Gottes.

Dieser Prozess, die Vergebung Gottes kennen zu lernen und sich zu Herzen zu nehmen, sie tatsächlich anzunehmen, ist wesentlich leichter zu gehen, wenn wir dabei von jemandem begleitet werden, der diesen Weg bereits beschritten hat (vgl. dazu auch Soldan, S. 35 u. 37). In der Seelsorge und Beichte können wir Hilfe und Begleitung dabei erfahren (mehr dazu in Kapitel 14).

---

*   zit. Nach Yancey, S. 29

Eine Gegenüberstellung soll zeigen, wie Gott uns vergibt und wie wir als seine Geschöpfe dieses Geschenk annehmen können.

Wie vergibt Gott uns?

In dem Gleichnis vom barmherzigen König (Matthäus 18,23-35) können wir Schritte der Vergebung Gottes erkennen:

a) Gott rechnet mit uns ab (logos: Wahrheit):

Gott ist es nicht egal, was wir mit unserem von ihm geschenkten Leben machen. Durch den Heiligen Geist überführt er uns unserer Sünde, damit uns vergeben werden kann (damit wir die Vergebung suchen).

b) Gott trennt zwischen uns und unserer Schuld und wendet sich uns zu (splangchnizomai: Eingeweide):

Er lässt sich unsere Situation innerlich nahe gehen. Er wendet seinen Blick vom Unrecht weg. Er sieht uns und unsere Not. Er verzichtet darauf, ausschließlich nach Recht und Gesetz vorzugehen. Er bietet uns Beziehung – Liebe – an.

c) Gott lässt uns frei (apolyo: freilassen, freigeben):

Er nimmt uns als einzigartige Person, als Gegenüber ernst. Dabei legt er uns nicht darauf fest, wie wir gerade sind oder bisher waren. Wir dürfen neu anfangen – mit ihm. Er eröffnet uns Möglichkeiten der Veränderung und der Weiterentwicklung. Er befreit uns aus der Macht und dem Zwang unserer Schuld.

d) Gott erlässt uns unsere Schuld (aphiaemie: wegschicken):

Er vergibt uns die Schuld so, dass es ist, als habe sie nie existiert. Gott schenkt uns vollkommene Freiheit von unserer Schuld der Vergangenheit. So brauchen wir uns auch selbst nicht mehr dafür zu verdammen.

Gottes Vergebung ist Ausdruck seines liebenden, sich erbarmenden Wesens.

Wie können wir Gottes Vergebung (von Herzen) annehmen?

Für uns persönlich ergeben sich vier, zu Gottes Handeln korrespondierende Schritte:

a) Die Bereitschaft, Gott mit mir abrechnen zu lassen:

Ich beschließe, dass Gott und andere mir meine Schuld genau und umfassend aufzeigen dürfen. Ich versuche nicht länger, dem Anerkenntnis der Schuld auszuweichen, sie zu verdrängen oder zu verharmlosen. Ich bin bereit, mich überführen zu lassen, und akzeptiere den Schuldspruch. Ich verzichte auf Ent-Schuldigungen, ich kapituliere vor Gott und gebe zu, dass ich nicht wieder gutmachen kann. Ich bitte Gott, sich meiner anzunehmen.

An dieser Stelle oftmals auftretende Gefühle (z. B. Unbehagen, Trauer, Schmerz, Ekel, Angst . . .) sollten wir nicht übergehen, sondern wahrnehmen (wahr sein lassen), denn sie sagen etwas über unsere Beziehung zu uns selbst und zu Gott. Emotionen können uns hinbewegen zu Gott, sie helfen uns, ihn „von ganzem Herzen" zu suchen.

b) Gottes Erbarmen suchen und mich ihm aussetzen:

Ich lasse Gottes Liebe, Schmerz über meine Schuld und seine Liebe zu mir an mich heran. Ich weiche nicht aus, sondern suche seine Gegenwart. In seiner liebenden Zuwendung liegt der Grund seiner Vergebung. Seine Liebe ist es, die mein Herz verändert.

c) Das Annehmen der Freiheit, die Gott mir schenkt:

Ich vertraue, dass Gott mich frei machen will von dem, was mich bindet und meine Möglichkeiten einengt. Gott kann mich durch seine Liebe verändern – und er will es auch! Statt: „Ich darf nicht so sein" oder: „Als Christ müsste ich doch eigentlich . . .", kann ich sagen: „Es ist im Moment so." Ich danke Gott dafür, dass ich als neuer Mensch neue Lebens-Möglichkeiten habe.

d) Versöhnt sein mit Gott:

Weil die Schuld vergeben und die Beziehung zu Gott gereinigt ist, bin ich mit Gott versöhnt und frei zu einem Neuanfang. Ich danke Jesus, dass er das Lösegeld bezahlt hat. Nun kann ich mich getrennt von der Sünde sehen. Gottes „Ja" zu mir, das in seiner Vergebung deutlich erkennbar wird, kann mir innere Festigkeit geben, die Bereitschaft, den Kampf gegen das, was Gottes Willen und Wesen widerspricht, zu führen.

Kapitel 9

Wollen wir anderen vergeben?

„Du bist an mir schuldig geworden, also treibe ich ein. Das ist menschlich und rechtlich. (. . .) Im Echo leben wir immer, fragt sich nur, auf was wir Echo sind."

Helmut Thielicke*

Zurück zum Gleichnis vom Schalksknecht: Der Knecht, soeben freigelassen und nun freier Bürger im Reich seines Königs, kehrt nach Hause zurück. Wie mag es ihm nach dieser Begnadigung gehen? Vorher hatte er immer in der Angst leben müssen, seine Misswirtschaft werde eines Tages auffliegen. Er lebte mit dem beklemmenden Wissen, dass eines Tages die Abrechnung kommt. Nun ist das alles wie weggeblasen. Er hat die Güte seines Königs erfahren, ihm wurde die ganze Schuld vergeben. Damit hatte er nicht gerechnet. *„Was Lebensgenuss und was Freude ist, das weiß nur der, dem einmal alle Lasten des Gewissens abgenommen worden sind"* (Thielicke, S. 186).

„Da ging dieser Knecht hinaus und traf einen seiner Mitknechte, der war ihm hundert Silbergroschen schuldig; und er packte und würgte ihn und sprach: Bezahle, was du mir schuldig bist! Da fiel sein Mitknecht nieder und bat ihn und sprach: Hab Geduld mit mir; ich will dir's bezahlen. Er wollte aber nicht, sondern ging hin und warf ihn ins Gefängnis, bis er bezahlt hätte, was er schuldig war" (Matthäus 18,28-30).

---

*   zit. nach Thielicke, S. 187

Die Reaktion des ehemaligen Knechtes

Auf dem Weg nach Hause trifft er einen, der ihm Geld schuldet. Einhundert Tagelöhne – das ist nicht wenig – im Gegensatz aber zu seiner alten, erlassenen Schuld eine durchaus rückzahlbare Summe. Ohne zu zögern wird er handgreiflich, würgt ihn sogar und verlangt die sofortige Rückzahlung der Schulden. Der Bedrängte streitet seine Schuld und deren Höhe nicht ab. Er fällt vor seinem Gläubiger nieder und bittet um genau dasselbe, worum dieser zuvor den König gebeten hatte: Lass deinen Zorn jetzt nicht an mir aus. Hier in Vers 29 werden im griechischen Text genau dieselben Worte wie in Vers 26 verwendet. Der Mitknecht ist also willens, das Geld zurückzuzahlen, und bittet um eine Frist, dies auch tun zu können. Er braucht eigentlich nur etwas Zeit, in der er durch seine Arbeit das Geld erwirtschaften kann. Die Reaktion des freigelassenen Knechtes auf die Bitte um Geduld, um momentane Verschonung und Zahlungsaufschub können wir, ebenso wie die Reaktion des Königs ihm selbst gegenüber, in drei Teile gliedern:

„Er wollte aber nicht …"

Obwohl er soeben erlebt hat, wie der König sich auf seine Situation ein*gelassen* und sich seine Sache zu Herzen genommen hatte, erbarmt er sich nicht. Obwohl der König auf sein Recht verzichtet hat, will der Knecht seine eigene Forderung nun nicht zurückstellen. Obwohl ihn der König begnadigte und so reich beschenkte, verschließt er sein Herz vor seinem Mitmenschen, der in Not ist. Damit handelt er entgegengesetzt, wie es der König in seinem Königreich sehen möchte und wie er es an sich selbst erfahren hat. Das Gleichnis stellt an uns die Frage, wie wir, die wir Gottes Vergebung für uns angenommen haben, denen gegenüber eingestellt sind, die an uns schuldig wurden. Sind wir, die wir Gottes Erbarmen und Gnade für uns erbitten, auch bereit, sie weiterzugeben? Im Gleichnis wird deutlich gesagt, dass der Knecht nicht wollte. Er hätte sich erbarmen können. Er hatte erlebt, was Erbarmen ist und was es bewirkt. Nach jener Begegnung mit seinem König hätte ihm bewusst sein können, wie gut es tut und wie viel Gutes daraus folgt, wenn man nicht nur an sich und sein Recht denkt.

Auch wir können barmherzig und gnädig sein, weil Gott gnädig und voller Erbarmen zu uns ist: *„Gott aber erweist seine Liebe zu uns darin,* *dass Christus für uns gestorben ist, als wir noch Sünder waren"* (Römer 5,8). Auffallend an dieser Aussage des Paulus ist die Gegenwartsform: Jeden Tag neu können wir Vergebung empfangen und erleben, wie Gott sich über uns erbarmt und uns wieder annimmt. Er schickte Jesus auch für uns in die Welt, um uns durch seinen Tod von unserer Schuld zu erlösen. Das geschah lange, bevor wir etwas von ihm wissen wollten, und trotzdem geschah es für uns. Täglich, in jedem Moment, jetzt, während Sie diesen Satz lesen, erweist sich Gottes Liebe an Ihnen! Wenn wir in solchem Maße von der „makrothymia", der Langmut und Barmherzigkeit Gottes leben, warum sollten wir dann gegenüber unseren Mitmenschen unseren Zorn nicht fern sein lassen? Wir können die empfangene Liebe und Gnade weitergeben und sind sogar ausdrücklich dazu aufgefordert. Daran hindern wir uns höchstens selbst, wenn wir uns Gottes guten Absichten verschließen und unsere Interessen an die erste Stelle setzen.

„Eine Frau namens Marie Rubens schrieb 1571 ihrem Ehemann ins Gefängnis folgenden Brief. Er war in Antwerpen wegen Ehebruchs zu Tode verurteilt worden. ‚Mein lieber und sehr geliebter Mann. Ich vergebe Euch jetzt und immer. Ihr seid in so großem Kampf und Angst. Daraus ich Euch gern mit meinem Blut errettet würde. Könnte da überhaupt Hass sein, dass ich eine so kleine Sünde gegen mich nicht vergeben könnte, verglichen mit so vielen großen Sünden, wofür ich alle Tage Vergebung bei meinem himmlischen Vater erfahre? Ich werde mit ganzer Kraft Gott für euch bitten mit unseren Kindern, die Euch grüßen lassen und so sehr verlangen, Euch zu sehen, das weiß Gott. Geschrieben zu Köln, 1. April, nachts zwischen 12 und 1 Uhr. Und schreib doch nicht mehr: ich unwürdiger Mensch. Es ist doch vergeben. Eure treue Ehefrau Marie Rubens.'
Kraft ihrer Fürbitte kam der Mann nach zwei Jahren frei. Sie siedelten sich in Siegen wieder an; und eine Frucht dieser Vergebung ist der dann geborene weltberühmte Maler Peter Paul Rubens" (zit. nach Spieß, S. 9).

„... und warf ihn ins Gefängnis ...":

Der freigelassene Knecht sorgt dafür, dass sein Mitknecht in den Schuldturm geworfen wird. Auf diese Weise macht er es seinem Schuldner unmöglich, die 100 Silbergroschen zurückzuzahlen. Und schlimmer noch: Nun droht jenem, was ihm selbst gerade noch bevorstand: seine Familie sowie seinen ganzen Besitz zu verlieren. Wiederum ist das Verhalten des Begnadigten das Gegenteil davon, was ihm selbst widerfahren ist. Der König schenkte ihm Freiheit und Möglichkeiten, weit über das hinaus, was er erbeten hatte. Er jedoch verschärft die Abhängigkeit seines Mitknechts noch und verhindert absichtlich, dass die Schuld ausgeglichen werden und zwischen beiden Frieden werden kann.

Wie reagieren wir, wenn jemand an uns schuldig geworden ist? Werfen wir ihn nicht auch häufig in ein Gefängnis, das ihn jeder Chance auf einen Ausgleich, auf Versöhnung beraubt? Unsere Gefängnisse sind unsichtbar, aber der andere spürt sie dennoch. Wir legen ihn fest mit unseren vorgefassten Meinungen und negativen Gedanken und erwarten meist noch mehr Schlechtes. Wenn wir mit unseren schlechten Erfahrungen auf einen Menschen zugehen, dann bleibt das nicht ohne Wirkung auf ihn. Wir nehmen ihn dadurch nur einseitig wahr und nehmen uns die Möglichkeit, ihn von einer anderen Seite kennen zu lernen. Wir gestehen ihm nicht zu, dass er Fehler machen darf – uns gegenüber schon gar nicht. Wir trauen ihm (und Gott) nicht zu, dass er sich verändern und aus Fehlern lernen kann. Selbst wenn er uns um Vergebung bittet, genügt uns das oft noch nicht, um innerlich loszulassen. Wir wollen doch gar nicht, dass es aus der Welt geschafft wird, oder? Wir behalten lieber etwas gegen ihn in der Hand und stellen Bedingungen. Wir wollen doch gar nicht, dass er uns als gleichwertiger Partner, als echtes Gegenüber, begegnet, sondern genießen es, ihn klein und unten – in einer Art Gefängnis – zu halten. Wir sind nicht bereit, auf die Macht zu verzichten, die uns das Unrecht des anderen scheinbar verleiht. Wir wollen, dass die Rechnung weiter offen bleibt. Wir wollen die Opferrolle nicht aufgeben und sind erst recht nicht bereit zu verzeihen.

Wenn wir so denken und handeln, stehen wir nicht im Einklang mit unserem König: Gott. Wir lassen uns von unserer Angst leiten, zu kurz zu kommen und machen unsere Befürchtungen zum Gradmesser unseres Handelns. Wir sind dann Gott nicht nur ungehorsam, sondern vertrauen ihm nicht. Er könnte segnen, d. h. Gutes entstehen lassen, wenn wir unseren Teil beitragen würden. Er könnte beiden helfen, damit Veränderung und Versöhnung geschehen. Wenn wir jedoch nicht bereit sind, unser Bild vom anderen zu korrigieren, engen wir ihn ein. Wir setzen ihn gleich mit seinem Verhalten in der Situation, in der er uns Unrecht getan und verletzt hat und legen ihn dadurch bzw. darauf fest. Wir handeln nicht als Menschen der Hoffnung, die mit Gottes Möglichkeiten und mit Gutem rechnen. Dies ist eine lebensfeindliche Haltung, sie gefällt Gott nicht.

Wenn wir unsere Forderungen nicht aufgeben und selbst Richter sein wollen, halten wir Gott aus unserem Leben heraus. Vergeben heißt auch: abgeben. Für Christen bedeutet loslassen nicht, etwas ins Nichts wegzugeben. Wir können alles, was uns verletzt hat und an Übel widerfahren ist, an Gott abgeben. Das bedeutet, nicht selbst zu richten, sondern Gott sein Urteil zu seiner Zeit treffen zu lassen (mehr dazu in Kapitel 21 bis 24). Gott soll über den anderen bestimmen und seine guten Absichten auch in dessen Leben verwirklichen. Wenn wir dem entgegenstehen oder nicht bereit sind, dies aktiv zu unterstützen, arbeiten wir gegen Gott und seine Ziele.

„Ich richte dich nicht, weil Gott allein Richter ist (vgl. Röm. 14,10-13); ich richte dich nicht, denn Jesus hat für mich und dich bereits das Gericht auf sich genommen und den Tod erlitten" (v. Ungern, S. 9).

Was wir für uns selbst in Anspruch nehmen – Freiheit und Raum zu persönlicher Reifung und Entwicklung –, sollten wir auch keinem anderen vorenthalten: *„Alles nun, was ihr wollt, dass euch die Leute tun sollen, das tut ihnen auch! Das ist das Gesetz und die Propheten"* (Matthäus 7,12). Um mehr geht es gar nicht! Müssen wir es dem anderen besonders schwer machen, seinen Part zur Versöhnung zu leisten?

„Herr, da ist der andere, mit dem ich mich nicht verstehe. Er gehört dir, du hast ihn geschaffen, du hast, wenn nicht so gewollt, ihn so gelassen, wie er eben ist. Wenn du ihn trägst, mein Gott, will ich ihn auch tragen und ertragen, wie du mich trägst und erträgst" (Karl Rahner, o. A.).

„In den ersten Ehejahren ging es in unseren ehelichen Auseinanderset-zungen meist um das Eine: das liebe Geld. Es läutete unsere Wort-gefechte jedes Mal ein, aber im weiteren Verlauf der Streitereien kamen alle möglichen unbereinigten Themen auf den Tisch. Da wir uns sehr selten stritten, hatte sich mit der Zeit einiges angesammelt. Ich ging aus unseren Gefechten oft recht siegreich hervor. Ich hatte für alle Fälle immer eine besondere Trumpfkarte in Reserve, die ich regelmäßig bis zum Schluss aufsparte, um sie meinem Mann vorzuhalten. Diese Karte hielt ich jahrelang fest. Es dauerte eine ganze Zeit, bis mir endlich klar wurde, dass ich meinem Mann gar keine Chance gab, sein Verhalten zu ändern. Es fiel mir aber sehr schwer, meine Trumpfkarte: „Du bist so und du bleibst so. Punkt" aus der Hand zu geben. Irgendwie sträubte sich alles in mir. Schließlich, so meinte ich, ging es nicht gerade um eine Kleinigkeit. So ein bisschen Rache schien mir eigentlich durchaus angebracht.

In einem seelsorgerlichen Gespräch brachte ich meine Rachegedan-ken zu Jesus. Ich bat Gott dafür um Vergebung. Ich vergab meinem Mann sein verletzendes Verhalten mir gegenüber. Meine damalige Seel-sorgerin und ich beteten dafür, dass Gott meine Verletzungen heilen möge. Ich merkte schon während des Gesprächs, dass Gott an meinem Herzen arbeitete. Ich versuchte aber immer wieder, die ganze Angele-genheit zu verstehen und in Worte zu fassen. Das, so meinte ich, würde mir helfen, meinen Mann endlich freizugeben. Doch irgendwann merkte ich, dass ich ständig am Wiederkäuen war. Ich selbst war eine ganz schön harte Nuss. Ich bat auch dafür nochmals um Vergebung. Endlich war ich frei. – Endlich waren wir frei." (A. V.)

„... bis er bezahlt hätte, was er schuldig war.":
Unser Schalksknecht ist nicht bereit, auf die Zahlung zu verzichten. Ihm wurde zwar eine vieltausendfach höhere Summe erlassen, er aber will die Geldschuld zwischen sich und seinem Mitknecht bestehen lassen. Nur so hat er ihn in der Hand. Es scheint ihm wichtiger zu sein, das Geld zu bekommen, als dem anderen eine Chance zur Wiedergutmachung zu geben. Bevor die Schuld nicht in voller Höhe zurückgezahlt ist, braucht der andere ihm nicht unter die Augen zu treten. Statt sie zu erlassen,

wird die Schuld festgeschrieben und jede Möglichkeit auf Rückzahlung in Freiheit vereitelt.

Sind wir bereit, anderen die Schuld zu erlassen und zu verzeihen? Auf eine Wiedergutmachung zu verzichten, sie zumindest nicht zur Bedingung für die Wiederaufnahme der Beziehung zu machen? Wollen wir durch einen Schuldschein wirklich den anderen dauerhaft in unsere Hand und unter unsere Kontrolle bekommen? Gott hat den Schuldschein, der gegen uns gerichtet war, ans Kreuz geheftet. Dort wurde er getilgt (vgl. Kolosser 2,13-15). *„Und er hat euch mit ihm lebendig gemacht, die ihr tot wart in den Sünden und in der Unbeschnittenheit eures Fleisches, und hat uns vergeben alle Sünden. Er hat den Schuldbrief getilgt, der mit seinen Forderungen gegen uns war, und hat ihn weggetan und an das Kreuz geheftet.“* Wie gehen wir mit den Schuldscheinen anderer um?

Der Knecht reagiert absolut nicht wie einer, der soeben wider Erwarten begnadigt wurde. Das Verhalten des Königs ihm gegenüber hat sein eigenes Verhalten gegenüber seinem Schuldner in keiner Weise verwandelt. Im Gegenteil! Das Unglaubliche, das ihm widerfahren ist, hat sein Herz nicht berührt. Er bleibt hart und verschlossen. Er gibt den Schuldschein gegen seinen Mitmenschen ganz bewusst nicht aus der Hand. Wie wird nun der König angesichts dieser unbarmherzigen Haltung reagieren?

Fasten im Sinne Gottes

Fasten bedeutet ursprünglich Verzicht auf Nahrung (vgl. Kluge, S. 251). Solange wir nicht verzeihen, nähren wir uns von dem, was wir gegen den anderen haben. Es gibt uns etwas, wir verschaffen uns durch das Festhalten der Schuld scheinbar Überlegenheit bzw. Macht über den anderen. Vergeben heißt, darauf zu verzichten, ihn „in der Hand zu haben“, die vermeintliche Position der Stärke aufzugeben und den anderen (innerlich und äußerlich) freizugeben. Genau dies wird in Jesaja 58,6 als ein Fasten bezeichnet, das Gott gefällt: *„Das aber ist ein Fasten, an dem ich Gefallen habe: Lass los, die du mit Unrecht gebunden hast. Lass ledig, auf die du das Joch gelegt hast! Gib frei, die du bedrückst, reiß jedes Joch weg!“*

Kapitel 10

Wie auch wir ...

„Vergib uns unsere Schuld, wie auch wir vergeben unseren Schuldnern." Nur unter dieser Bedingung wird uns Vergebung angeboten. Sie ablehnen heißt Gottes Barmherzigkeit für uns ablehnen. Ausnahmen werden keine angedeutet, und Gott meint, was er sagt.

C. S. Lewis*

„Als aber seine Mitknechte das sahen, wurden sie sehr betrübt und kamen und brachten bei ihrem Herrn alles vor, was sich begeben hatte. Da forderte ihn sein Herr vor sich und sprach zu ihm: Du böser Knecht! Deine ganze Schuld habe ich dir erlassen, weil du mich gebeten hast; hättest du dich da nicht auch erbarmen sollen über deinen Mitknecht, wie ich mich über dich erbarmt habe? Und sein Herr wurde zornig und überantwortete ihn den Peinigern, bis er alles bezahlt hätte, was er ihm schuldig war. So wird auch mein himmlischer Vater an euch tun, wenn ihr einander nicht von Herzen vergebt, ein jeder seinem Bruder" (Matthäus 18,31-35).

Im Reich des Königs gibt es Menschen, die es nicht unberührt lässt, was hier passiert ist. Ihr Kollege wurde in den Schuldturm geworfen. Die Mitknechte werden zu Zeugen, wie sich der Begnadigte völlig im Gegensatz zum Wesen seines Königs verhält, und es stimmt sie traurig. Sie decken auf, was sich abgespielt hat, weil sie erwarten, dass der König für Gerechtigkeit sorgen wird. *„Der Herr schafft Gerechtigkeit und Recht allen, die Unrecht leiden"* (Psalm 103,6). Sie wollen den Unbarmherzigen nicht an den Pranger stellen, sondern wenden sich an den, dem die Zustände in seinem Reich am meisten am Herzen liegen, den König selbst.

---

* zit. nach Lewis, S. 418

„Da forderte ihn sein Herr vor sich und sprach zu ihm: Du böser Knecht! Deine ganze Schuld habe ich dir erlassen, weil du mich gebeten hast ..."

Nachdem der König gehört hat, was geschehen ist, ruft er den begnadigten Knecht noch einmal zu sich. Er bezeichnet seinen Untertanen jetzt als „böse". Das Attribut „böse" wird in der Bibel äußerst selten auf Menschen angewandt. Wenn Gott jemanden „böse" nennt, dann wird es ganz ernst. Es zeigt, wie sehr das unbarmherzige Verhalten dem König zuwider ist. Der Knecht hat das Gute, das ihm widerfahren ist, nicht weitergegeben. Im Gegenteil: Durch ihn ist Böses in das Königreich und in die Gemeinschaft der Untertanen gekommen. Solches Verhalten passt nicht in das Reich eines Königs der Barmherzigkeit. Dort haben Unfreiheit und Versklavung nichts zu suchen. Der Knecht hat nach dem Grundsatz gehandelt: Du bist mir etwas schuldig, also treibe ich unter Ausnutzung aller Möglichkeiten ein. Er reagiert nur auf die Schuld, obwohl er kurz zuvor eine überwältigende Erfahrung von Barmherzigkeit machen durfte. Wir haben gesehen, dass der König bereit war, den Schuldner wichtiger zu nehmen als die Schuld: Er hat sich persönlich ansprechen lassen, als er gebeten wurde, sich angesichts der aussichtslosen Lage nicht von seinem Zorn leiten zu lassen. Er war bereit, seine Bitte nicht nur anzuhören, sondern aufzunehmen.

> *„Wir messen dauernd mit zweierlei Maß. Dass uns vergeben wird und dass wir aus dem Zusammenhang von Schuld und Sünde herausgerissen werden, dass wir eine neue Chance von Gott geschenkt bekommen, das ist nur recht und billig. Das ist ja beinahe die „Branche" Gottes. Aber wir machen unseren Schuldigern gegenüber genauso weiter wie bisher. Das ist unsere Branche, das ist das Menschliche, Allzumenschliche an uns, mit dem wir so gern kokettieren. So geht das eben in der Welt zu"* (Thielicke, S. 188).

„... hättest du dich da nicht auch erbarmen sollen über deinen Mitknecht, wie ich mich über dich erbarmt habe?"

Der König fordert von seinem Untertan nicht den Erlass der Schuld, nicht den Verzicht auf das Geld, das ihm zusteht. Er will Barmherzigkeit. Barmherzigkeit wird Gutes bewirken. Vergebung muss gar nicht heißen, auf das zu verzichten, was einem zusteht. Vergebung heißt hier, den Menschen zu sehen und ihm das nicht zu verweigern und vorzuenthalten, was man selbst geschenkt bekommen hat.

Der König möchte, dass sein eigenes Handeln von seinen Untertanen nachgeahmt wird. Dabei geht es nicht um einen bloßen Gefallen, den wir dem König damit erweisen. An dieser Stelle entscheidet es sich, ob wir Jünger Jesu sind. Eine andere Übersetzung lautet: *„war es nicht bindend, dass auch du ..."* (Baader, S. 446) oder: *„wäre es nicht nötig gewesen, (dass) auch du dich erbarmtest deines Mitknechts ..."* (Dietzfelbinger, S. 81). Die Vergebung, die Gott uns schenkt, und die Art, wie wir auf das Unrecht anderer an uns reagieren, sollten sich entsprechen. Sonst ist die Bitte „Und vergib uns unsere Schuld, wie auch wir vergeben unseren Schuldigern" gefährlich für uns. Wollen wir, dass Gott uns nur begrenzt, nur zum Teil und erst nach Erfüllung bestimmter Vorstellungen vergibt? Ein wesentliches Kennzeichen von Gottes Herrschaft ist seine Vergebung. Jeder, der Jesus nachfolgt, wird Gottes Vergebung erfahren. Wir können sie weitergeben. So kann durch uns etwas von Gottes Wesen in die Welt hineinkommen. Es geht gar nicht anders. Wenn wir Gemeinschaft mit Gott haben, prägt uns das und strahlt von uns aus: *„Wer an mich glaubt, wie die Schrift sagt, von dessen Leib werden Ströme lebendigen Wassers fließen"* (Johannes 7,38). Das Leben, das uns von Gott her zufließt, wird uns verwandeln und von uns aus weiterfließen. Es macht einen Unterschied nicht nur in uns, sondern wird auch unsere Mitmenschen erreichen. Mit der Annahme der Vergebung Gottes werden wir zu seinen Kindern. Damit verpflichten wir uns, bereit zu sein, anderen zu vergeben.

Das Wesen des Königs ist Barmherzigkeit. Diese erwartet er auch von seinen Untertanen. Der griechische Text unterscheidet zwischen dem Erbarmen des Königs (splangchnizomai) und dem, was hier von seinem Bürger gefordert wird (eleos: Mitleid, Erbarmen). Die Forderung nach Erbarmen mit dem Mitmenschen gründet jedoch im vorausgehenden grenzenlosen Erbarmen des Königs. Hier begegnen wir wieder dem Dreh- und Angelpunkt von Vergebung: Barmherzigkeit.

Mitleid: eleos

Der griechische Begriff eleos heißt Mitleid, Barmherzigkeit, Güte, Gnade und meint ursprünglich den Affekt der Rührung, die jemanden angesichts eines Übels, das einen anderen (unverschuldet) betroffen hat, ergreift. Besonders charakteristisch ist, dass bei den Griechen dieser Affekt in der Gerichtspraxis eine Rolle spielte. Der Angeklagte will und soll das eleos des Richters erwecken.

Im Neuen Testament wird durch eleos mehrfach ein vor Gott gefordertes Verhalten von Mensch zu Mensch bezeichnet. Dabei hat der Begriff in einigen Fällen den ursprünglich alttestamentlichen Sinn von Güte, zu der einer dem andern im Miteinander verpflichtet ist. eleos meint den Erweis der Liebe, die Tat der Barmherzigkeit. Die Forderung danach wird durch den Hinweis auf Gottes Barmherzigkeit motiviert. Gottes eleos jedoch kommt dem Erbarmen des Menschen zuvor. In diesem Erbarmen, nicht in menschlichem Tun, gründet die Errettung der Menschen, die zum Glauben gekommen und vom Heiligen Geist erneuert sind (vgl. z. B. Epheser 2,4-10).

Im ersten Petrusbrief, Kapitel 3, finden wir einen Lobgesang auf Gottes eleos. Sowohl beim Handeln Gottes als auch beim entsprechenden Tun des Menschen liegt der Akzent nicht auf der Gesinnung, sondern auf dem tätigen Erweis. Wir finden den Begriff in den Evangelien hauptsächlich bei den Tatberichten. Jesus preist den selig, der eleos hat, und verheißt ihm Gottes eleos (Matthäus 5,7).

Gottes eleos ist oft seine Treue, was auch dem alttestamentlichen Sinn entspricht. Das eleos Gottes ist heilsgeschichtliche Tat in Jesus Christus (z. B. Titus 3,5) und reicht hinein bis in das künftige Gericht. Von Gottes Güte und Gnade wird auch in Bezug auf einzelne konkrete Fälle der Not oder auf einzelne Personen gesprochen. Hier ist seine gütige Zuwendung gemeint. Der Ruf der Kranken an Jesus lautet: „eleaeson me" [erbarme dich meiner] (z. B. Markus 10,47).

Das Verb dazu lautet eleeo: Mitleid haben, sich erbarmen. Eine Ableitung ist elesemon: Mitleid. Es kann auch Gutes tun, Wohltätigkeit, Gerechtigkeit und Almosen bedeuten. Stets geht es um Wohltätigkeit an Armen (vgl. Kittel, Bd. 2, S. 474-483; Theologisches Begriffslexikon, S. 52-55).

„Eigentlich müsste man Mitleiden von Mitleid unterscheiden: Wir bemitleiden einen Bettler, aber wir leiden mit einem Märtyrer. Im Mitleid lassen wir den Leidenden seine Hilflosigkeit fühlen und sind, vielleicht unbewusst, stolz darauf, vom Schicksal bevorzugt zu sein; leiden wir aber mit einem Menschen, so bewundern wir seine lastentragende Kraft. Wesentlich ist, dass wir im Mitleid, das Passivität zulässt, auf unseren Mitmenschen herabblicken, im Mitleiden dagegen zu ihm emporschauen. Im Deutschen verwischen sich leicht beide Ausdrücke, in anderen Sprachen, im Russischen [zalostj/sostradanije], Französischen [pitié/compassion], Englischen [pity/compassion] und Lettischen [iezela/lidzcietiba] hat jedes dieser Gefühlserlebnisse eine eigene Bezeichnung" (Maurina, S. 239f).

„Und sein Herr wurde zornig und überantwortete ihn den Peinigern, bis er alles bezahlt hätte, was er ihm schuldig war."
Barmherzigkeit ist Jesus so wichtig, dass in seinem Gleichnis der nichtbarmherzige Knecht schlimme Konsequenzen erleiden muss. Der „böse Knecht" wird den „Peinigern" übergeben, die ihn quälen dürfen. Joachim Jeremias, Professor für Neues Testament, schreibt dazu: *„Die Strafe der Folterung gab es nicht in Israel. (...) Die Verwendung außerjüdischer, von den Juden als unmenschlich empfundener Rechtsverhältnisse soll die Furchtbarkeit der Strafe besonders eindringlich machen. ‚Bis dass er ihm bezahlt hätte alles, was er ihm schuldig war', kann angesichts der Höhe der Schuldsumme nur besagen, dass die Strafe kein Ende findet"* (Jeremias, S. 140). Wichtig ist hier nicht, wie die Konsequenzen von Unbarmherzigkeit genau aussehen. Jesus verfolgt mit diesem Gleichnis eine andere Absicht: Er möchte seinen Jüngern zeigen, wie ungeheuer wichtig Vergebung ist. *„Denn es wird ein unbarmherziges Gericht über den ergehen, der nicht Barmherzigkeit getan hat; Barmherzigkeit aber triumphiert über das Gericht"* (Jakobus 2,13).

Spätestens hier sehen wir, dass es sich beim Christsein um eine sehr ernste Sache handelt. Es geht um Leben oder Tod. Wer in Gottes Reich aufgenommen worden ist, geht eine hohe Verpflichtung ein, denn er ist nun nicht mehr „von dieser Welt", auch wenn er noch „in dieser Welt" ist (vgl. Johannes 15,19). Es gibt kein Christsein ohne Nachfolge. Es geht Gott zwar zunächst ganz und gar um mich persönlich, aber dabei sollen wir nicht stehen bleiben. Wir werden eben nicht herausgenommen aus dem Kampf, der sich um unsere Welt abspielt, sondern als Mitarbeiter Gottes, als Streiter für seine Sache, neu in *diese Welt gesandt*. Gott will unser Leben nicht nur segnen, sondern zum Segen werden lassen. Hier wird deutlich, dass Vergebung keine Angelegenheit nach meinem eigenen Gutdünken sein kann. Es gehört zur Normalität des Lebens mit Jesus, anderen von ganzem Herzen vergeben zu wollen. *„Wo Gottes Vergebung echte Vergebungsbereitschaft wirkt, da spricht Gottes Barmherzigkeit frei; den aber, der Gottes Gabe missbraucht, trifft die ganze Schärfe des Gerichts so, als ob er die Vergebung nie empfangen hätte (Mt. 6,14f)"* (Jeremias, S. 141).

„Eine Vergebung, die sich selbst nicht weitergibt, ist ihm [Gott] ein Gräuel. Er nimmt sie zurück" (Thielicke, S. 188).

„So wird auch mein himmlischer Vater an euch tun, wenn ihr einander nicht von Herzen vergebt, ein jeder seinem Bruder."
Dieser letzte Vers des Gleichnisses macht es noch einmal deutlich: Es gibt auch eine Vergebung, die nicht von Herzen kommt. Sie entspricht nicht dem Willen und Wesen des himmlischen Vaters: *„Die Vergebung ‚von den Herzen her' steht im Gegensatz zu einer Vergebung, die nur mit den Lippen geschieht (vgl. Mt. 15,8; Jes. 29,13)."* (Jeremias, S. 140) Um Lippenbekenntnisse geht es Jesus nicht. Er mahnt uns eindringlich, von Herzen vergeben zu lernen, damit beschädigte Beziehungen heilen können. Mit der Vergebung ist es ernst. Wenn wir nicht vergeben *wollen*, werden wir nicht länger in seinem Reich leben. Auch darauf bezieht sich die folgende Bibelstelle, die keiner von uns gerne hört: *„Es werden nicht alle, die zu mir sagen: Herr, Herr!, in das Himmelreich kommen, sondern die den Willen tun meines Vaters im Himmel. Es werden zu mir sagen an jenem Tage: Herr, Herr, haben wir nicht in deinem Namen geweissagt? Haben wir nicht in deinem Namen böse Geister ausgetrieben? Haben wir nicht in deinem Namen viele Wunder getan? Dann werde ich ihnen bekennen: Ich habe euch noch nie gekannt; weicht von mir, ihr Übeltäter!"* (Matthäus 7,21-23)

Gott ist es wichtig, dass wir untereinander und mit ihm in Frieden leben. Er will verherrlicht werden, nicht nur durch Loblieder, sondern indem wir ihm durch unser Leben alle Ehre machen als Botschafter seiner Liebe. Dazu befähigt er uns. Wir werden zum Echo Gottes, indem wir das in der Welt widerhallen lassen, was Gott uns zuruft.

> *„Diese Pforte verfehlen aber heißt nichts anderes, als dass ich auch mich selbst verfehle und dass ich das nicht werde und bin, wozu ich entworfen wurde. Denn ich bin dazu bestimmt, nicht mehr ein Echo auf die Bosheit der Welt und ihrer Exemplare zu sein (die mir manchmal so auf die Nerven gehen!), sondern ein Echo zu sein auf die Liebe ohne Ende, die vom Kreuze kommt!"* (Thielicke, S. 192)

Gottes Zuwendung kann uns im Innersten verändern. Gott möchte, dass wir das Böse durch Gutes überwinden (vgl. Römer 12,21). In dieser Auseinandersetzung stehen wir, ob wir es (wahrhaben) wollen oder nicht.

> *„Wer nicht an Gottes Barmherzigkeit barmherzig wird und durch Gottes Vergebung vergeben lernt, hat die Gnade Gottes verscherzt. Und verscherzte Gnade wirkt Gericht. Gottes Gnade verwandelt sich in Gottes Zorn. Wie ernst, wie ernst ist Jesu Wort vom Vergeben untereinander! Es ist die umgekehrte Formulierung der Vaterunser-Bitte: „Vergib uns unsere Schuld, wie auch wir vergeben unseren Schuldigern ..." Diesmal lautet die Formulierung: Du hast uns unsere Schuld vergeben, so wollen wir auch denen vergeben, die uns schuldig geworden sind"* (Rienecker, S. 259).

Vergeben ist also keine passive Dulderhaltung, sondern heißt, den Kreislauf des Bösen, das immer neues Böses hervorrufen will, ganz bewusst zu durchbrechen. Zu vergeben bedeutet nicht, das Böse in der Welt zu ertragen und ihm nichts entgegenzusetzen. Vergebung ist aktives Tun, ist Investition.

> *„‚Nun gut, wenn der andere in sich geht und mich um Verzeihung bittet, dann will ich ihm vergeben, dann ziehe ich nach.‘ Wir machen die Vergebung zu einem Gesetz der Gegenseitigkeit. Und das klappt nie. Denn nun denkt jeder: ‚Der andere muss anfangen‘ und passt höllisch auf, ob der andere ein kleines Blinksignal mit seinen Augen*

zu mir sendet oder ob zwischen den Zeilen seines Briefes ein ganz kleiner Hinweis zu erkennen ist, dass er bereut. Ich stehe immer auf dem Sprunge zu vergeben, aber ich springe dann doch nie. Ich bin viel zu gerecht" (Thielicke, zit. nach Yancey, S. 83).

Vergeben heißt, das in Beziehungen hineinzubringen, was Gott mir geschenkt hat. So kann ich die Welt in seinem Sinne prägen.

„Alles, was Gott an mir getan hat, wird zu einer Anklage, wenn ich dieses Tun nicht weiterfließen lasse. Dann habe ich die Barmherzigkeit Gottes unterschlagen, dann bin ich plötzlich wieder vierzig Millionen schuldig, dann habe ich Jesus vergeblich sterben lassen. Dann bin ich ein Mörder" (Thielicke, S. 189).

An dieser Stelle muss die Frage gestellt werden, warum unter Christen die Bereitschaft, anderen zu vergeben, so selten angesprochen wird. Wir haben gesehen, dass es eine Voraussetzung gibt, damit Gott uns immer wieder vergeben kann: die Bereitschaft, auch anderen zu vergeben. Wir können unsere Beziehung zu Gott nicht von unseren zwischenmenschlichen Angelegenheiten loslösen. Gottes Vergebung wird uns entzogen, wenn wir anderen nicht vergeben. Dann werden wir hier auf Erden nie erleben, welche Kraft [griech.: dynamis] in dem steckt, was Gott uns anvertraut, dann wird sein Erbarmen nie die Kraft unter Menschen und in unseren Beziehungen entfalten können, die ihm innewohnt. *„Denn wenn ihr den Menschen ihre Verfehlungen vergebt, so wird euch euer himmlischer Vater auch vergeben. Wenn ihr aber den Menschen nicht vergebt, so wird euch euer Vater eure Verfehlungen auch nicht vergeben"* (Matthäus 6,14.15).

Wir wollen bei all diesen Gedanken die Hauptbotschaft nicht vergessen, die Jesus uns mit diesem Gleichnis gibt: 70 mal 7, eine Vergebung von Herzen, bei der nicht mehr mitgezählt wird, ist Realität bei Gott. 70 mal 7, das heißt nicht nur immer wieder Schuld erlassen, sondern barmherzig werden. Weil Gott uns seine Barmherzigkeit zuteil werden lässt, können auch wir barmherzig werden (wenn wir es wollen). Je mehr wir in Gottes Vergebung verwurzelt sind, umso natürlicher und leichter wird es für uns, barmherzig zu unseren Mitmenschen zu sein. Unsere ‚alte

Natur', die eben nicht vergeben will, kann von Gottes Liebe eingenommen werden, und das neue Leben mit Jesus und aus seiner Kraft wird immer mehr zum Vorschein kommen.

„Gott will zuerst, dass wir seine Gnade, also den unverdienten Erlass aller Schuld und Bedrückung, umfassend annehmen und verinnerlichen. Aber seine Vergebung soll nicht beschränkt bleiben auf den einen, der darum gebeten hat. Wir sind aufgefordert, dann das, was wir empfangen und als befreiend erlebt haben, an diejenigen weiterzugeben, die bei uns in Schuld stehen. Und das nicht in jedes Mal aufs Neue hergestellter Überwindung, sondern, seines tiefen Erbarmens über meine eigene und die Schuld meines Bruders gewiss, in der Herzensbereitschaft, auch nicht im Kleinsten nachtragend und verurteilend zu sein (Mt. 18,21-22). So verstanden, kann und muss Vergebung kein Produkt unserer eigenen Großzügigkeit sein, sondern ist Weiterleitung der uns geschenkten Barmherzigkeit. Wir sind gar nicht in der Lage, aus unserem Willen und wankelmütigen Herzen heraus diese zugewandte, mitfühlende Haltung einzunehmen und zu vergeben" (Herzfeld, S. 14).

Kapitel 11

Lernen, von Herzen zu vergeben

*„Einem Menschen vergeben heißt nicht das, was er getan hat, für unge-
schehen erachten, nicht wahrhaben wollen oder schlicht vergessen. Vergeben kann unter Umständen bedeuten, gerade nicht zu vergessen. Vergeben heißt: die Vergangenheit eines anderen keinen Einwand dagegen
sein zu lassen, dass ich ihn annehme. Vergebung heißt nicht das Ja zu
einer vergangenen Schuld, wohl aber das Ja zu einem Menschen mit
seiner vergangenen Schuld.“*

Otto Hermann Pesch*

Das Gleichnis erzählte die Geschichte eines Menschen, dessen unbarmherziges Handeln gegenüber einem Mitmenschen in krassem Gegensatz
zu dem steht, was ihm selber von seinem Herrn widerfahren ist. Was der
Knecht in der Geschichte hätte begreifen sollen, ist die Tiefe und Größe
von Gottes Vergebung. Sie überstrahlt alles menschliche Rechten und
Vergleichen und zeigt die großartige Freiheit, in die wir als Kinder Gottes eintreten können. Deutlich wurde aber auch, wie ernst es Gott mit
dem ist, was er uns anvertraut. Das Gleichnis zeigt, wo die Möglichkeit
der Herzensvergebung unter Menschen ihren Grund hat: in Gottes un-
ermesslicher Barmherzigkeit. Nun hat Petrus also die Antwort auf seine
Frage, wann man guten Gewissens mit dem Vergeben aufhören und
zurückschlagen kann.

Die Frage „Wie oft?" geht am Wesen der Vergebung vorbei
Es geht nicht um Quantität (Wie oft?), sondern um Qualität (Wie kann
Vergebung geschehen?). Gefragt ist nicht unser Maß an Selbstbeherr-
schung und -überwindung. Vergeben ist nicht nur eine Funktion der

---

*   zit. http://members.chello.at/prim/aphorisms.htm

Willenskraft. Gott sieht nicht nur unsere Schuld, ihm geht es um uns. Er möchte uns im Herzen erreichen und heil machen. Er will Beziehung mit uns. Wenn wir diese Qualität von Vergebung kennen lernen wollen, dann müssen wir unseren Blick auf das Kreuz Jesu richten, wo Gottes Barmherzigkeit und Vergebung sichtbar geworden sind. Wenn wir im Herzen begreifen, dass uns selbst eine viel größere Schuld vergeben wurde als die, die andere uns angetan haben, werden wir barmherzig. Vergebung ist kein Akt von Großmut unsererseits, sondern bedeutet, das zu teilen und weiterzugeben, was uns geschenkt wurde. So werden wir erst gar nicht an den Punkt kommen, an dem unser guter Wille erschöpft ist. Paulus schreibt: *„Darum, weil wir dieses Amt* [diesen Dienst] *haben nach der Barmherzigkeit, die uns widerfahren ist, werden wir nicht müde . . .“* (2. Korinther 4,1). Gott ist ja auch nicht müde an uns geworden! Unsere Frage lautet nicht mehr: „Wie oft muss ich vergeben?“ Sondern: „Wie können wir einander *nicht* vergeben angesichts all dessen, was Gott uns bereits vergeben hat?“

„Darum bitte: Wenn dir dein Nächster etwas Böses tut, sag nicht: ‚Als Christ muss ich jetzt gute Miene zum bösen Spiel machen, ich darf jetzt nicht wie ein natürlicher Mensch reagieren, sondern ich habe jetzt zwecks Gewährung von Nachsicht innerlich strammzustehen.‘ Dann bist du als Christenmensch doch wieder auf der moralischen Ebene. Außerdem wirst du dadurch nur verkrampft und bekommst Komplexe, und der andere wird bei dieser Nachsicht auch nicht froh. Nein, das ist ja das Großartige: Bei Jesus sollen wir frei und gelöst und komplexlos werden. Alarmiere in solchen Fällen nicht deine Willenskraft, sondern sprich das schlichte Gebet: „Herr, wie hast du mir immer wieder vergeben, wie hast du mich immer wieder angenommen! Du hast sogar den bitteren Tod gelitten, damit ich ein Kind Gottes werden und bleiben darf. Du wirst mich doch jetzt nicht zu einem Schalksknecht werden lassen gegenüber diesem meinem Nächsten, der mir die paar Lappalien schuldig ist“ (Thielicke, S. 190).

Haben wir selbst Vergebung erfahren?

Wenn wir immer wieder in Ressentiments gegenüber anderen stecken bleiben und es nicht schaffen, von Herzen zu vergeben, dann sollten wir überlegen, ob wir schon Gottes Vergebung „von Herzen" empfangen haben. Nur wer selbst Vergebung erfährt, kann sie auch weitergeben. Wenn ich weiß, dass Gott mich sieht, kann auch ich lernen, den im Blick zu haben, der meine Vergebung braucht. Das wird umso leichter und natürlicher, je öfter und tiefer wir erfahren, wie sehr wir selbst auf Vergebung angewiesen sind – sowohl von unseren Mitmenschen als auch von Gott. Wir machen uns etwas vor, wenn wir uns lediglich als Opfer sehen und meinen, wir allein sind es, die Vergebung zu gewähren haben. Immer brauchen auch wir selbst Vergebung. Niemals können wir von oben herab vergeben, denn wir sind vor Gott keinen Deut besser als irgendjemand anderes. Mit jedem Anflug von Selbstgerechtigkeit betrügen wir uns selbst.

> *„Wir stehen nicht nur einmal mit unserer ganzen Schuld vor Gott und dann einmal in der Situation, wo wir uns nun zu bewähren hätten, sondern immer von neuem. Jeden Tag sind wir herausgefordert, die kleinen oder großen Dinge zu vergeben, die andere uns angetan haben oder schuldig geblieben sind, und jeden Tag sind wir auf Gottes Vergebung zurückgeworfen, wenn es uns nicht gelingt. Und ich glaube, dass wir dabei immer ein bisschen mehr erfahren werden, was vergeben bedeutet"* (v. Ungern-Sternberg, S. 14).

Gottes und zwischenmenschliche Vergebung hängen zusammen

„Im Bereich der Gottesherrschaft gilt die Vergebung; wer nicht in der Vergebung lebt und sie weitergibt, stellt sich außerhalb" (v. Ungern-Sternberg, S. 7). Wenn Gott uns umfassend und endgültig vergeben hat, ist es widersinnig, in der Vergebung gegenüber unseren Mitmenschen Grenzen festlegen zu wollen. Wenn uns die Barmherzigkeit Gottes zu Herzen gegangen ist, werden wir selbst immer barmherziger. Wenn wir Vergebung für uns erbitten, dürfen wir sie anderen nicht verweigern.

*„Wir können die Befreiung der Vergebung nur dann geschenkt be-
kommen, wenn wir sie sofort weitergeben. Diese beiden Dinge ‚Vergib uns unsere Schuld' und ‚wie wir vergeben unseren Schuldigern'
gehören zusammen. Mit der Vergebung ist es wie mit einem Stafet-
tenstab: den muss man weiterreichen; rennt man allein weiter und
hält ihn krampfhaft fest, so bricht man unter Garantie zusammen. Es
ist das Wesen dieses Stabes, zum Weiterreichen da zu sein. Die Torheit des Schalksknechtes ist es, sich gegen diese elementare Regel zu
vergehen und sein Scheitern damit selbst heraufzubeschwören"*
(Thielicke, S. 191).

Anderen Menschen vergeben

Wir können die Schritte, die wir in den Kapiteln 6 bis 8 für Gottes Vergebung abgeleitet haben, auf die zwischenmenschliche Vergebung übertragen. Die Vergebung Gottes gegenüber uns Menschen ist Vorbild und
Grundlage für zwischenmenschliche Vergebung.

a. Die Entscheidung für die Wahrheit und das Abrechnen:
Ich will meine Versuche, das an mir begangene Unrecht zu „entschuldigen", aufgeben. Ich möchte sie nicht (länger) verharmlosen, verleugnen
oder überspielen. Ich lenke (mich) nicht ab. Ich bin zu einer ehrlichen
Bestandsaufnahme der Situation, so wie ich sie empfinde, bereit. Ich
benenne die Schuld, wie ich sie subjektiv erlebe, und suche nach einer
objektiven Bezeichnung. Mit Gottes Hilfe versuche ich zu ergründen,
was wirklich geschehen ist. Wie sieht die Sache vor Gott aus? Was habe
ich falsch gemacht? Was hat der andere falsch gemacht?

Hier kommen häufig Gefühle wie Unbehagen, Scham, Angst,
Schmerz, Zorn, Wut, Ekel, u. a. hoch.

b. Erbarmen:
Ich erfahre Gottes Liebe und Nähe als Trost. Weil ich Gottes Erbarmen
bezüglich meiner Schuld erfahren habe, kann ich auch dem anderen
barmherzig sein. Auch ich bin schuldig und brauche Gottes Vergebung,
genauso wie der andere. Vor Gott bin ich mit dem „Täter" auf derselben
Stufe. Ich habe Gottes Gnade nicht mehr verdient als der andere.

c. Freigeben:
Ich lasse meine Vorstellungen los, wie der andere sich zu verhalten hat, damit ich ihm wieder gut sein kann. Ich verzichte auf meine vermeintlichen Ansprüche ihm gegenüber. Ich höre auf, mich in der Opferrolle über ihn zu stellen und daraus Rechte bzw. Macht abzuleiten. Statt ihn festzulegen: „Er ist so, er wird immer so bleiben", gestehe ich ihm zu, dass er sich verändern kann, bzw. dass Gott ihn verändern kann. Statt weiterhin zu fordern: „Er darf auf keinen Fall so sein", kann ich sagen: „Er ist im Moment so."

d. Schulderlass:
Ich erlasse dem anderen seine Schuld, so wie Gott es mit mir tut. Nun kann ich ihn getrennt von seiner Schuld sehen. Erst jetzt beginnt eine objektive Sicht des anderen, der Situation und meiner selbst. Nun sind Schritte auf den anderen zu, in Richtung Versöhnung, möglich.

Dieser Prozess des Vergebens braucht Zeit. Wir können ihn nicht abkürzen, sondern dürfen lernen, uns von Gott zu dieser herzlichen Versöhnungsbereitschaft führen zu lassen.

„Ich glaube, dass ich deswegen Christ bin, weil ich durch einzelne Christen erfahren habe und noch immer erfahre, was Vergebung ist. In ihr ist mir die schöpferische Herausforderung Jesu konkret begegnet. Vergebung befreit und verändert: mich, den anderen und unsere Beziehung zueinander. Vergebung setzt frei, wo Gefangenschaft war. Sie schafft eine Solidarität, die auch unsere dunklen, gefährlichen Seiten mitträgt. Dadurch wird sie zu einer Quelle von Freundschaft und Liebe" (Kurt Marti, EKG, S. 287).

Kapitel 12

Sind wir überhaupt verantwortlich?

„Die Bereitschaft und Fähigkeit, Schuld einzugestehen, wurzelt im grundlegenden Angenommensein, im Bewusstsein, dass man trotz aller Schuld akzeptiert ist. Die Möglichkeit, dass der andere das Schuldgeständnis als Schwäche auslegen wird oder als Machtmittel missbrauchen könnte, steht dem Geständnis im Wege und verstellt die Bewältigung der Vergangenheit und damit zugleich die Erschließung der Gegenwart.“

H. J. Fraas*

„So drückt der Comic-Zeichner aus, wie heute gedacht wird. Die Lehrerin repräsentiert die Gesellschaft. Nach Ansicht des Schülers muss die Gesellschaft für seine Faulheit eintreten. Nicht er ist für sich selbst verantwortlich, sondern die Gesellschaft. Sie muss alles für ihn tun, weil er keine Lust zum Lernen (Arbeiten) hat. Da verweigert sich der Erstklässler – als pars pro toto – nicht nur gegenüber der Gesellschaft, sondern zunächst gegenüber sich selbst. Er nimmt eine als anonym empfundene Allgemeinheit für seine individuellen Bedürfnisse in Anspruch, will aber keine Verantwortung für sich selbst, geschweige denn für andere – wie es das Leben in einer Gesellschaft erfordert. Das Verhalten des Schülers ist charakteristisch für die extrem von Egoismus und Hedonismus geprägte westliche ‚Überfluss‘-Gesellschaft“ (Wickert, S. 19f).

---

* zit. nach Frielingsdorf, S. 150

Sind wir Menschen schuldfähig? Wenn wir so etwas wie Verantwortung haben, wem gegenüber? Was ist mit den „Sachzwängen" (Umwelt, Umstände, Lebensgeschichte, Gesellschaft, Politik, Kapital, Technik)? Wir können doch oft gar nicht anders handeln. Wir sind nicht in der Lage, unser Leben außerhalb unseres Einflusses zu gestalten. Wenn überhaupt von Schuld die Rede sein kann, müssen mildernde Umstände für uns alle geltend gemacht werden. Wir müssen eine Antwort auf die Frage gefunden haben, ob es so etwas wie Schuld überhaupt gibt, bevor wir uns Gedanken über die Erlassung bzw. Vergebung von Schuld machen können. Wenn wir es nur mit Schuldgefühlen, d. h. Schuld als rein psychologischer Kategorie, zu tun haben, geht es lediglich um innerpsychische Vorgänge, die helfen sollen, mit unserem subjektiven Erleben zurechtzukommen. Immer wieder werden Schuld und damit auch Schuldfähigkeit des Menschen abgestritten. Schuldgefühlen wird in bestimmten Fällen sogar Krankheitswert zugesprochen.

Zwischen Leben und Tod ...
Menschliche Existenz liegt im Spannungsfeld zwischen Leben und Tod. Leben heißt (Ur-)Vertrauen, Lebensfreude, Kreativität, Dynamik, Überwindung von Widerständen und Schwierigkeiten, Entwicklung, Entfaltung, Wachstum, Reifung der Persönlichkeit, herzliche Beziehungen, Erwartung, Hoffnung, Zielorientierung. Die biblischen Bilder dafür sind: Licht, Sonne, Glanz, brennendes Feuer, Fruchtbarkeit, bewässerter Garten, fruchtbares Land, Bäume am Wasser, fließendes Wasser ...

Tod bedeutet Zerfall, (Zer-)Störung, Lebensverweigerung, Überdruss, Verkümmerung der Seele, Einengung, Angst, Unterdrückung von Lebensimpulsen, Hoffnungslosigkeit, mangelnder Lebensmut, Orientierungslosigkeit, Resignation, Verzweiflung, Lebensmüdigkeit, Beziehungsabbruch, Einsamkeit, Zweifel, Zielverfehlung ... (Verlust an Lebensfreude, Lebensglück, Lebensenergie). Biblische Bilder dafür sind Finsternis, Dunkelheit, Kälte, Leere, Blindheit, Draußen ...

Leben braucht Raum – „Lebensraum". Die Überschreitung der Grenzen des Lebensraums führt in den Gefahrenbereich des Todes. So ist die Aufnahme von Nahrungsstoffen lebenserhaltend und -aufbauend, die Aufnahme von Giftstoffen dagegen lebenszerstörend. Dem Menschen ist Freiheit gegeben, sein Leben zu gestalten. Er hat darin auch die Freiheit, die Grenzen des Lebensraums zu überschreiten. Wer will ihn daran hindern? Diese Freiheit beinhaltet jedoch das Risiko, in den „Bereich des Todes" zu gelangen und seine Lebensenergie, Lebensfreude, seinen Lebensmut zu verlieren bzw. Schaden zu nehmen. Leben und Tod sind naturgesetzliche Gegebenheiten, unabhängig von moralischen oder anderen Wertvorstellungen.

Hinter dem Leben steht der lebendige Gott mit seiner Schöpferkraft. Kein Mensch hat sich selbst das Leben gegeben, vielmehr hat Gott uns ins Leben gerufen. Eine lebendige Beziehung zu Gott, dem Schöpfer, ist deshalb Beziehung zum Leben und bedeutet Entfaltung und Entwicklung konstruktiver Lebensprozesse, Sinn- und Zielorientierung. Trennung von Gott, Beziehungsabbruch zu ihm bedeutet Entfremdung vom Leben, Verlust von Sinn und Ziel. Damit gehen Lebensfreude und -energie verloren. *„Mein Volk hat doppeltes Unrecht verübt: Erst haben sie mich, die Quelle lebendigen Wassers, verlassen, und dann graben sie sich Löcher für Regenwasser, die auch noch rissig sind und das Wasser nicht halten"* (Jeremia 2, 13, *Gute Nachricht*). Den lebendigen Gott verlassen heißt sich vom wahren Leben abwenden und aus sich selbst heraus leben. Das hat Konsequenzen für die eigene Existenz: Weniger die Angst vor Strafe als der Verlust von Gottes Schutz und Führung sind es, die aus der Untreue Israels seinem Gott gegenüber resultieren. *„Das alles hast du dir selbst zuzuschreiben, weil du mich, den Herrn, verlassen hast, deinen Gott, der dich so sicher geführt hat!* (Jeremia 2, 17, *Hoffnung für alle*) In diesem Fall ist es die Okkupation durch die Nachbarvölker, die das Volk Israel erleidet. *„Es rächt sich, dass du mir den Rücken zugekehrt hast"* (Jeremia 2,19b). Gott macht deutlich, dass er einen guten Plan mit seinem Volk hatte: *„Ich hatte dich als edlen Weinstock eingepflanzt, als Rebe bester Züchtung. Wie kommt es dann, dass du zu einem wilden Weinstock wurdest, zu einer schlechten Rebe?"* (Jeremia 2, 21)

Nur noch, wenn sie in Not geraten, wenden sich die Israeliten Gott zu. Gott fragt, wo ihnen denn die selbst gemachten Götter jemals geholfen haben, als sie nicht weiterwussten und ihr Leben bedroht war. Jeremia spricht sogar davon, dass mancher Schlag, den das Volk Israel einstecken musste, ein Schlag Gottes war, um sie zu bewegen, zu ihm zurückzukehren und wahrzunehmen, dass sie ihn und damit ihren Schutz verlassen haben. Selbst seine Propheten, die in seinem Auftrag immer wieder sein Wort brachten, wurden nicht gehört. *„Und trotz allem behauptest du: ‚Ich habe nichts getan! (Ich bin frei von Schuld.) Gott wird schon nicht länger zornig auf mich sein!' Aber ich werde dich zur Rechenschaft ziehen, gerade weil du dich für unschuldig hältst . . ."* (Jeremia 2, 35, *Hoffnung für alle*) Der Vorwurf Gottes lautet: Untreue. Sie führt dazu, dass sie den Lebensraum Gottes, den Bereich seines Schutzes, verlassen haben und der Zerstörung, den Kräften, die Gottes guten Absichten und damit dem Leben entgegenwirken, ausgesetzt sind. Dafür macht er das Volk verantwortlich. Für uns gilt das ganz genauso, auch wir sind gefragt, in welche Richtung wir uns orientieren.

Jeder Mensch gestaltet sein Leben selbst. Deshalb ist er niemals nur Opfer, sondern immer auch Akteur. Äußere Einflüsse und Gegebenheiten sind nicht zu ändern, aber jeder hat die Wahl, wie er damit umgeht. Er kann sein Leben (so, wie es ist) bejahen oder verneinen. Leben, die Kunst zu(m) Leben, kann erlernt werden. Ich kann herausfinden, was mir und anderen gut tut oder was schadet und zerstört. Ich kann auf die Herausforderungen meines Lebens aktiv antworten und nach Lösungen suchen. Jeder kann Verantwortung für sein Leben und dessen Gestaltung übernehmen. Gott ruft uns ins Leben: „Mensch (Adam), wo bist du?" (vgl. 1. Mose 3,9). Jetzt geht es um unsere Antwort auf den Ruf Gottes. Leben ist Ruf und Antwort, lebendige, personale Beziehung. Gebote und Ordnungen Gottes sind Wegzeichen, die den sicheren Bereich unseres Lebensraumes markieren, uns Lebensraum schaffen und sichern wollen.

„Ein Mensch, der sich vor seinem Schöpfer verneigt und sich von ihm liebevoll be(ob)achtet weiß, braucht in der Tat keine Gebote, sondern erkennt, wie von selbst, die Folgen dieser Beziehung. (. . .) Ich sehe in ihnen [den zehn Geboten] nicht die Spielregeln, die uns Gottes Rote Karte einbringen, wenn wir ihnen nicht folgen, sondern sein Versprechen, uns beizustehen, wenn wir ihn als Schöpfer und Herrn anerkennen" (Wim Wenders, Filmemacher, zit. nach Stern 52/2001, S. 60).

Sind wir bereit, Verantwortung zu tragen oder verweigern wir und ziehen uns auf uns selbst zurück? Verantwortung beinhaltet „Antwort". Das besagt, dass wir mit unserem Leben Antwort geben – ob wir das wollen und ob uns das bewusst ist oder nicht. Weil jeder Mensch Gottes geliebtes Geschöpf ist, ist Schuld gegenüber unseren Mitmenschen zugleich Schuld vor Gott selbst. Unser Leben ist Antwort auf einen Ruf, einen Auftrag – der von dem kommt, der uns das Leben anvertraut hat.

Die alte Ist-Soll-Falle
Wie sieht es nun in unserer Gesellschaft aus mit dem Verständnis von Schuld und Verantwortung? Die Vorstellung, Gott gegenüber verantwortlich zu sein, haben wir doch längst abgelegt! Der Mensch hat die Beziehung zu Gott gelöst, um emanzipiert, autonom und unabhängig zu sein. Die Suche nach Freiheit brachte die Umbewertung von überlieferten Maßstäben und Ordnungen, das Abstreiten von den Menschen gesetzten Grenzen. Wer kann und will schon den ethischen Vorstellungen vergangener Zeiten gerecht werden? Absolute Maßstäbe wie die Zehn Gebote passen doch nicht mehr in unsere Zeit. Früher wurden uns Vorschriften über die Art zu leben von außen vorgegeben. Die Älteren kennen noch moralische Normen, Traditionen und Werte, welche über die Erziehung an sie herangetragen und dann mehr oder weniger verinnerlicht wurden. Siegmund Freud nannte die Gesamtheit dieser ethisch-moralischen Maßstäbe das „Über-Ich". Abweichungen von diesen Werten, Normen und Moralvorschriften bzw. Traditionen führten zu Schuldgefühlen. Jeder Verstoß dagegen war mit der Angst vor Strafe verbunden.

„Die Spannung zwischen den Ansprüchen des Gewissens und den Leistungen des Ichs wird als Schuldgefühl empfunden" (Siegmund Freud, zit. nach AMD, S. 193).

EXKURS: Menschliche Schuld kann es nur geben, wenn ...

1. ... eine von außen gesetzte Ordnung besteht.
Am liebsten würden wir wohl selbst definieren, was richtig und was
falsch, was gut und was schlecht ist; dann wären wir autonom, d. h.
„uns selbst Gesetz(geber)". Wer will sich schon den Vorstellungen
bzw. dem Willen eines anderen unterordnen, statt selbst festlegen zu
können, was für ihn gelten soll. Genau dies ist jedoch die Tendenz unserer Zeit: Jeder steht vor der Herausforderung, für sich selbst zu klären,
welchen Verhaltensspielraum er sich zugesteht bzw. was für ihn ethisch
vertretbar ist. Wenn das für jeden einzelnen Menschen gälte, gäbe es
keinen objektiven Maßstab, ob ein bestimmtes Verhalten schuldhaft ist
oder nicht. Sicher, es gibt Gesetze, die bestimmte Fälle regeln, jedoch
nur für diejenigen, die diese Gesetze anerkennen bzw. in deren Gel-
tungsbereich leben. Wir sprechen jedoch von grundsätzlichen Ordnungen im Sinne eines Naturgesetzes – und nicht einer juristischen Regelung. Gäbe es eine objektive, d. h. uns gesetzte Ordnung, so bestimmte
nicht mehr der Einzelne, was (für ihn) Schuld ist. Schuld wäre dann eine
von vornherein gegebene Möglichkeit, der sich jeder ausgesetzt sähe.
Francis Schaeffer, ein christlicher Philosoph, nennt solche dem Menschen gegebenen Maßstäbe „Absoluta". Diese sind von Gott gesetzt
und daher unveränderlich, eben „ab-solut" („nicht aufzulösen"). Im Gegensatz dazu bezeichnet er als „willkürliche Absoluta" diejenigen Prinzipien, die von Menschen gesetzt wurden und daher, so grundlegend sie
auch scheinen mögen, nur für einen bestimmten Zeitraum und unter
bestimmten Bedingungen Gültigkeit haben, wie in der Menschheits-
geschichte zu beobachten ist. *„Man beachte jenes seltsame Kennzeichen
unserer Zeit: Das einzig Absolute, das eingeräumt wird, ist das absolute Bestehen auf der Tatsache, dass es keine Absoluta gibt"* (Schaeffer,
S. 217ff).

**2. ... der Mensch sich frei gegen die Einhaltung dieser Ordnung
entscheiden kann.**
Weil diese Ordnung außerhalb seiner selbst existiert, kann der Mensch
gegen sie verstoßen und damit schuldig werden. Die Freiheit des Menschen geht so weit, dass sie die Möglichkeit einer Entscheidung für

(oder auch gegen) die bestehende Ordnung umfasst. Menschliche Entscheidungsfreiheit muss so weit gehen, sonst wären wir nicht verantwortlich zu machen für unser Denken, Reden und Tun. Wären wir Automaten, die immer gut funktionieren, könnten wir nicht schuldig werden. Wir würden nur das ausführen, wozu wir programmiert sind.

3. ... der Mensch dieser Ordnung gegenüber rechenschaftspflichtig ist.

Wenn es Absoluta tatsächlich gibt, muss es auch eine Instanz außerhalb des Menschen geben, der gegenüber jeder Einzelne verantwortlich ist. Der „autonome Mensch" aber fühlt sich in seiner Welt als das Maß aller Dinge. Er glaubt, niemandem Rechenschaft geben zu müssen, er trägt aber auch allein die Konsequenzen seines Verhaltens.

4. ... der Urheber der Ordnung eine ernst zu nehmende Person ist, der Rechenschaft geschuldet wird.

Wem sollen wir Rechenschaft geben? Wer ist diese Person? Wer sonst könnte das sein, wenn nicht Gott, unser Schöpfer, der eine allgemein gültige Ordnung festsetzt, über deren Einhaltung wacht und von jedem einzelnen Menschen Rechenschaft fordert? An sich ist nicht die Tatsache erstaunlich, dass es einen Gott gibt, der Ordnungen aufstellt, sondern vielmehr seine Entscheidung, uns mit Willensfreiheit auszustatten und damit als Gegenüber zu würdigen. Gott zwingt uns seine Ordnung nicht auf. Er nimmt unsere Entscheidungen ernst, das bedeutet aber auch, dass wir ihretwegen schuldig (gesprochen) werden können. Was wir auf dieser Erde tun, reden und denken, hat Konsequenzen, nicht nur für unser persönliches Leben. Jeder Gedanke, jedes Wort, jede Tat haben Auswirkungen im Leben anderer Menschen und verändern letztlich den Zustand unserer Welt. Dadurch wird die Verantwortung für unser Verhalten noch vergrößert.

Der Wunsch nach Befreiung von dieser Angst bzw. vor Einengung führte zum Kampf gegen diese von Gesellschaft, Elternhaus, Religion oder sonstigen Autoritäten gesetzten Werte. Dieser Kampf (68er) dauert an und schlägt sich z. B. in der Erziehung nieder. Kindern werden kaum noch Grenzen gesetzt. Die Auseinandersetzung mit und an Grenzen ist aber ein wichtiger Bestandteil der kindlichen Identitätsentwicklung. Das Kind muss üben, „Ja" oder „Nein" zu sagen, und spiegelt sich dabei im „Ja" und „Nein" der Eltern. Der Wille des Kindes steht gegen den Willen der Eltern und in dieser Auseinandersetzung formt sich die eigene Identität, das Selbstgefühl. Die meisten Eltern sind selbst mit vielen Verboten aufgewachsen und haben diese als einschränkend für ihre Entwicklung erlebt. Sie wollen nicht die Erziehungsfehler ihrer eigenen, als streng erlebten Eltern wiederholen. Außerdem fehlen ihnen oft die Kraft und Entschlossenheit für eine solche Auseinandersetzung, in der sie diesen Sinn nicht sehen. So vermeiden sie es, ihren Kindern Grenzen aufzuzeigen. Um ihnen größtmögliche Freiheit zu gewähren, nehmen sie alle Verbote (Grenzen) weg. Dabei übersehen sie, dass Grenzen mehr als Verbote sind: Sie sind Möglichkeiten zur Auseinandersetzung. Durch Grenzen nehmen wir überhaupt erst Notiz voneinander und reagieren aufeinander. Wenn diese Reaktionen unklar sind oder gar fehlen, führt der grenzenlose Raum nicht in die Freiheit, sondern zu Verunsicherung. „Wer bin ich eigentlich? Interessiert sich jemand für mich? Ist es denn völlig egal, was ich tue oder nicht? Tauge ich etwas? Ist es richtig, was ich tue?" Diese Unsicherheit prägt nicht nur das Selbstbild, sondern auch die Beziehungen zu den Mitmenschen. Kinder bekommen das Gefühl, nie genügen zu können, denn es existieren keine klaren Vorgaben. (Nicht einmal aufbegehren kann man gegen die Eltern, denn sie sind ja immer so nett ...")

Die neue Ist-Will-Falle

Heute, nachdem moralische Vorstellungen entkräftet und Grenzen weitgehend abgeschafft sind, gibt es keine äußeren Widerstände mehr auf der Suche nach Freiheit. Weder gegen Eltern noch Gesellschaft noch Werte und Traditionen kann man sich auflehnen. Das – von außen gesetzte – Über-Ich existiert nicht mehr, verinnerlichte „Ich-Ideale",

ideale Selbstbilder haben es abgelöst. Nur die Verwirklichung der Vorstellung, wie einer gerne wäre, „garantiert" Selbstbewusstsein und Selbstannahme. Das Gefühl, angenommen zu sein, wird zu einer Aufgabe, die ich selbst leisten muss, da es ja nicht von außen vermittelt wird. Selbstverwirklichung hießt, dem eigenen Idealbild möglichst gerecht zu werden, um vor sich selbst bestehen zu können. Da ist kein Gegenüber mehr, an dem ich mich orientieren, und kein Gegner mehr, gegen den ich kämpfen, und kein Grenzzaun mehr, mit dem ich kollidieren könnte. Da bin nur noch ich. Da ist nur noch das Gefühl von Wert- und Sinnlosigkeit. In einem Nebel unbekannter, weil unausgesprochener Erwartungen entsteht ein Gefühl von Wert- und Sinnlosigkeit, das alle Beziehungen durchdringt, Missverständnisse und Unklarheiten sind die Folge.

So schildert z. B. ein Therapeut, Psychoanalytiker, wie noch in den 80er-Jahren Patienten zu ihm kamen, gedrückt von Schuld und Schuldgefühlen: „Ich bin nicht so, wie ich sein soll!" „Soll" – das waren die Vorgabe von außen, die Ansprüche der Gesellschaft, die Werte und Normen. Inzwischen hat sich die Welt geändert: Im Gefolge von Freiheit und Fortschritt haben wir den Druck von außen abgeschafft. Werte und Normen von einst haben ihre Bedeutung verloren, gelten teilweise gar nicht mehr. Aber statt der großen Freiheit taucht ein neues Problem auf: die Patienten kommen, so schreibt der Analytiker, mit einem tiefen Schamgefühl: „Ich bin nicht so, wie ich sein will." An die Stelle eines machtvollen Über-Ichs, des Drucks äußerer Wertvorstellungen, ist ein Ich-Ideal getreten, das mir ständig suggeriert und mich somit beschämt: „Ich bin nicht so, wie ich gerne wäre. Ich bin nicht, wie ich sein will!" Gegen Schuldgefühle, gegen Druck von außen, kann ich mich wehren, kann ich kämpfen, kann ich meinen Willen einsetzen: Widerstand oder Anpassung. Gegen die Scham, gegen das Ungenügen meinen eigenen Idealvorstellungen gegenüber, bin ich machtlos. Was soll ich tun, wenn ich nicht so bin, wie ich sein will? Ich kann mich nicht verändern ...

Das Ergebnis ist ein Gefühl von Unzufriedenheit mit sich selbst, eine innere Leere und Langeweile, Leidenschaftslosigkeit, Kraft- und Energielosigkeit, Ohnmachtsgefühle und Resignation. Der Therapeut spricht in diesem Zusammenhang von *einer „Lähmung der Seelenflügel"* (vgl. Polednitschek, o. S.).

Der Mensch versucht verzweifelt, er selbst zu sein: Selbstverwirklichung, Selbstbehauptung, Leistungsorientierung, gut sein wollen, Selbsterlösung – und zugleich versucht er verzweifelt, nicht er selbst zu sein: nicht so klein, nicht so begrenzt, nicht so abhängig, nicht so haltlos – und er verzweifelt daran!

Diese innere Spannung, dieser Zwiespalt, reißt ihn hin und her. Dieses Gespaltensein, dieser Konflikt, ist nichts anderes als Ausdruck dessen, was die Bibel Sünde nennt. Trennung, Ferne, Entfremdung vom Leben, Ferne vom lebendigen Gott: *„Die Sünde ist der Leute Verderben"* (Sprüche 14,34). In der Tiefe unserer Person öffnet sich eine gähnende Leere, eine tiefe Unzufriedenheit mit sich selbst und die Verunsicherung über den eigenen Wert. „Ich bin nicht so, wie ich sein soll – wie ich sein will." „Ich darf eigentlich nicht so sein, wie ich bin!"

Wo ist die (Er-)Lösung?

Wir sind mit unserer Weisheit am Ende, auch mit allen frommen Bemühungen. Aus eigener Kraft schaffen wir es nicht, so zu leben, wie wir es wollen, und erst recht nicht, wie Gott es will. Wir sind bankrott. Rezepte, gute Ratschläge, feste Vorsätze helfen nicht mehr. Wir sind „verloren", wie die Bibel das nennt (vgl. z. B. Lukas 15,24). Die Frage ist, ob wir das einsehen und zugeben können. Wie geht es weiter? Was ist die Lösung, wo ist die Er-Lösung aus diesem Dilemma?

Kapitel 13

Zugang zur Liebe und Barmherzigkeit Gottes

„Glaube ist nicht unsere Entscheidung für Gott, sondern die Entdeckung, dass Gott sich für uns entschieden hat – nicht unser Ergreifen Gottes, sondern die Entdeckung, dass Gott in Christus nach uns gegriffen hat."

Edmund Schlink

Im vorherigen Kapitel wurde der aussichtslose Kampf verdeutlicht, den wir gegen uns selbst führen müssen, wenn wir den (Ideal-)Vorstellungen entsprechen wollen, die wir oder andere von uns haben. Dabei stehen wir uns immer nur selbst gegenüber bzw. im Wege. Wenn wir nun Gott als unseren Schöpfer ganz anerkennen, dann sind wir nicht mehr nur auf uns selbst zurückgeworfen. Er kennt uns, wie wir wirklich sind. Ihm brauchen wir nicht nur die Seiten an uns zu zeigen, die wir selbst für vorzeigbar halten., ihm dürfen wir „brutto" begegnen. Er kennt uns sowieso und weiß, was in unserem Herzen ist, darum brauchen wir ihm – und uns selbst – nichts vorzumachen. So kommen, wie wir sind, ja sagen zu dem, wie es in unserem Leben aussieht, weil er zu uns ganz „ja" sagt. Das zu hören ist eine Seite, es zu glauben, darauf tatsächlich vertrauen zu können, fällt uns schwer. Wie bekommen wir Zugang zur bedingungslosen Annahme Gottes? Wie können wir erfahren, wie sehr Gott sich uns zuwendet? Wie kann solch eine Vertrauensbeziehung wachsen?

Die Antwort lautet: indem wir gerade *mit* unserer Schuld, mit unserer Grenzüberschreitung, zu Gott kommen. Indem wir die Verbindung zu ihm suchen und nicht meiden. Diese Hinwendung zu Gott mit all unserer Schuld heißt Beichte. Die Beichte ist der Königsweg, mit der Liebe und Barmherzigkeit Gottes in Berührung zu kommen.

Wortbedeutung und Formen der Beichte

Das Hauptwort „Beichte", früher „die Beicht", geht auf das althochdeutsche bi-jehan (jehan = sagen, aussagen, bekennen), „bejahen" bzw. „nachdrücklich aussagen" (anwendbar auf jedes Versprechen und Bekennen) zurück. Unser heutiges „Ja" kommt von demselben Wort. Im zwölften Jahrhundert wurde das Wort auf den kirchlichen Sprachgebrauch beschränkt (vgl. Melzer, Der christliche Sprachschatz, S. 76f).

Beichte umfasst drei Schritte: das Erkennen, das Anerkennen und das Bekennen der Schuld.

Es werden verschiedene Möglichkeiten der Beichte praktiziert: die Herzensbeichte (ein Mensch in der Stille vor Gott), die Einzelbeichte (das Gespräch unter vier Augen), die gemeinsame Beichte im Gottesdienst (entspricht dem heutigen Schuldbekenntnis beim Abendmahl), die öffentliche Beichte vor allen Mitchristen im Gottesdienst und die „brüderliche Beichte" bzw. „Versöhnungsbeichte", d. h. das Gespräch zur Versöhnung.

In der Beichte stürzen sowohl die IST-SOLL als auch die IST-WILL Falle in sich zusammen. In dem Moment, wo wir vor Gott ehrlich den Ist-Zustand zugeben, bekennen, wie es wirklich in unserem Leben aussieht, sind wir genau an dem Punkt, wo er uns begegnen kann. Dann sind wir da, wo wir hingehören, nämlich ganz nah bei ihm. Nur wenn wir so kommen, wie wir wirklich sind, kommen wir ganz. Nur wenn wir nichts verbergen, beschönigen und verdrängen, können wir erleben, dass er uns brutto, d. h., wie wir eben gerade sind, annimmt.

„Beichte ist der Ort, an dem ich bewusst über meine Schwächen reden darf, an dem ich mich weder rechtfertigen noch verteidigen, weder beschuldigen noch entschuldigen muss, an dem ich einfach sein darf, wie ich bin. Und das ist in erster Linie Heilung und Befreiung, nicht ein Gerichtetwerden. Der Mensch wird erst dann heil und ganz, wenn er alles, was in ihm ist, bewusst anschaut, ausspricht und Gott hinhält. Die Beichte als ritualisiertes Tun gibt mir den Mut, alles in mir anzuschauen und auszusprechen. Und so ist sie ein Raum, in dem Heilung geschehen kann" (Anselm Grün, S. 182).

In dem Moment, wo wir unser IST vor ihm eingestehen, sind wir genau da, wo Gott uns begegnen kann. Er will mit uns vom Ist-Zustand aus weitergehen, von nirgendwo sonst. Wir müssen nicht erst anders werden. Er kommt uns entgegen. Er holt uns da ab, wo wir stehen und möchte uns führen und leiten. Nur was wir Gott von uns zeigen, wird er verändern. Das ist es, was Nachfolge Jesu bedeutet: mit ihm gehen von meinem jetzigen IST aus – und sei es auch noch so entfernt von dem, was er uns als gut und recht genannt hat. Sein Weg mit uns beginnt genau da, wo wir stehen. *„Jesus, der das Kreuz auf seine Schultern nimmt, hat mich vom Fluch des falschen Idealismus und allem ‚So soll es sein' erlöst. Wie es ist, so habe ich es lieb, und darum bin ich glücklich"* (Wittig, Das Leben Jesu, S. 379).

Wer kann das fassen? Wir kennen solches Angenommensein ohne Wenn und Aber überhaupt nicht. Unter Menschen kommt so etwas normalerweise nicht vor. Da müssen wir immer erst bestimmte Vorstellungen erfüllen, bevor wir annehmbar, akzeptabel, beliebt und geliebt sind.

Wir können heute meist wenig mit „Beichte" anfangen. Wir (miss-)verstehen sie als Form religiöser Pflichterfüllung, wir sehen sie als Leistung, als unser Angebot an Gott. Wenn wir an Beichte denken, dann steht zunächst die Selbstüberwindung im Vordergrund, sich dieser unangenehmen Prozedur zu unterziehen. Es ist ja auch eine Zumutung, die Punkte, wo wir danebengelangt haben, wo wir den vermeintlichen Ansprüchen und Forderungen Gottes nicht entsprochen haben, einzugestehen. Vor uns selbst und noch dazu vor einem Mitmenschen zugeben zu müssen, was wir wieder mal alles falsch gemacht haben. Das ist demütigend. Wer tut das schon freiwillig? Wir tun es höchstens, weil wir gelernt haben, dass es zum christlichen Glauben dazugehört und andere es von uns erwarten. Immerhin stellt sich danach wenigstens das gute Gefühl ein, es wieder einmal hinter sich zu haben.

Der katholische Priester Joseph Wittig schrieb bereits 1923:
„Die Menschen (…) müssen ja so oft zur Beichte gehen. Sie sündigen gern, aber beichten gehen sie nicht gern. (…) Die Sünde hat er nicht beseitigt, er hat nur ein neues Leiden gebracht, nämlich das Beichten. (…) Ist das Erlösung? Diese Herzensangst, mit der die Leute beichteten! Diese Unsicherheit, ob sie ihren Vorsatz auch nur

drei, vier Tage halten würden! Und das Leben mit seiner Gewalt und seinen ungeschriebenen Gesetzen erwies sich doch immer stärker als alle Vorsätze. Nur wenn das Leben noch nicht so stark entwickelt war: bei Kindern und bei schwächlich veranlagten Personen, oder wenn es eingeschränkt war, wie bei Kranken, oder wenn es von allein seine Forderungen einstellte: bei den lieben, guten, alten Leuten, dann war etwas zu machen, ohne dass Heroismus geübt wurde. Auch einige von den gesunden, mannbaren Menschen unterwarfen sich den Forderungen der Religion, aber unter schwerem Ringen, sodass alle Wahrheit von dem Worte gewichen schien: ‚Mein Joch ist süß, und meine Bürde ist leicht.' Sie rangen nicht wie Erlöste, sondern wie solche, die sich selbst erlösen müssen" (Joseph Wittig, Erlöste, S. 20 u. 33).

Beichte ist eine Bankrotterklärung

Die Beichte ist ein Angebot Gottes an seine Kinder, eine Hilfe – in den Worten der alten Kirche ein „Gnadenmittel". Es geht nicht um Leistung, sondern um die Erfahrung von Gnade. Zu ihr dringen wir oft gar nicht mehr durch. Wir übertragen die Erfahrungen, die wir mit Menschen gemacht haben, auf Gott und vermuten auch bei ihm Erwartungen, Forderungen und Bedingungen. Einfach so angenommen sein, das kann doch gar nicht sein ... Wir wollen Jesus so gern zeigen, dass wir es ernst meinen mit dem Christsein, mit der Nachfolge, mit seinen Ordnungen – und doch, immer wieder machen wir Fehler und scheitern, werden unseren eigenen Vorstellungen vom Christsein nicht gerecht und seinem Willen schon gar nicht. Wir schaffen es nicht. Es vergeht wohl kein Tag ohne Unwahrhaftigkeit, ohne Lieblosigkeit, ohne Selbstsucht, ohne unreine Gedanken ... Immer wieder passieren uns die gleichen Dinge, die wir dann beichten müssten. *„Ich tue das, was ich gar nicht will ... Ich bin nicht so, wie ich sein soll, sein will ..."*

„Ich mache immer wieder dieselbe Erfahrung: das Gute will ich tun, aber ich tue das Böse. Ich wünsche mir nichts sehnlicher, als Gottes Gesetz zu erfüllen. Dennoch handle ich nach einem anderen Gesetz, das in mir wohnt. Dieser Widerspruch zwischen meiner richtigen

Einsicht und meinem falschen Handeln beweist, dass ich ein Gefangener der Sünde bin. Ich stelle also fest: Innerlich stimme ich zwar dem Gesetz Gottes zu, aber in meinen Taten folge ich dem Gesetz der Sünde. Ich unglückseliger Mensch! Wer wird mich jemals aus dieser Gefangenschaft befreien?" (Paulus in Römer 7,21-24)

Die Antwort Gottes lautet: „Ich bin der Herr, dein Gott – ich bin da, ich bin für dich da." Ich, der lebendige Gott, rufe dich ins Leben. Du darfst sein. Du darfst so sein, wie du bist – ein Sünder. Du bist erkannt, verstanden, aufgenommen, geliebt, trotz erwiesener Schuld! Gott trennt Person und Sünde: „Geh los! Du bist frei! Du darfst leben! Du kannst es, ich helfe dir!" Es geht gar nicht um Leistung, es geht gar nicht in erster Linie um gut oder böse. Es geht um die Beziehung!

„Das ist die Botschaft des Evangeliums: Du bist ein Sünder, ein großer, heilloser Sünder und nun komm als dieser Sünder, der du bist, zu deinem Gott, der dich liebt. Er will dich so, wie du bist. Er will nicht irgendetwas von dir, ein Opfer, ein Werk, sondern er will allein dich. ‚Gib mir, mein Sohn, dein Herz' (Sprüche 23,26). Gott ist zu dir gekommen, um den Sünder selig zu machen. Freue dich" (Bonhoeffer, Gemeinsames Leben, S. 95).

Was verstehen wir unter glauben?

Die im Neuen Testament für „glauben" auftauchenden Begriffe bezeichnen im Kern jene persönliche Beziehung zu einer Person oder Sache, die durch Vertrauen und Zuverlässigkeit begründet ist (einschließlich deren Negation). Pepoitha (vertrauen, überzeugt sein) drückt die feste Meinung und Zuversicht aus, die durch Überredung bzw. Überzeugung gewonnen wird. Die Worte der „pistis"-Gruppe (pistis: Glaube) sind vom gleichen Wortstamm abgeleitet und bezeichnen ursprünglich das Treueverhältnis von Bundespartnern und die Zuverlässigkeit ihrer Zusagen. Im Neuen Testament erhalten sie ein eigenes Gewicht und eine spezifische Füllung dadurch, dass sie auf das Verhältnis zu Gott in Christus angewendet werden, also die vertrauensvolle Annahme und Anerkennung dessen kennzeichnen, was Gott in ihm getan und verheißen hat (vgl. Theologisches Begriffslexikon, S. 560ff).

„Ich glaube, dass mich Gott geschaffen hat, samt allen Kreaturen, mir Leib und Seele, Augen, Ohren und alle Glieder, Vernunft und alle Sinne gegeben hat und noch erhält; dazu Kleider und Schuh, Essen und Trinken, Haus und Hof, Weib und Kind, Acker, Vieh und alle Güter; mit aller Notdurft und Nahrung dieses Leibes und Lebens mich reichlich und täglich versorget, wider alle Fährlichkeit (gegen alle Gefahren) beschirmet und vor allem Übel behütet und bewahret; und das alles aus lauter väterlicher Güte und Barmherzigkeit, ohn all mein Verdienst und Würdigkeit; des alles (für das alles) ich ihm zu danken und zu loben und dafür dienen und gehorsam zu sein schuldig bin. Das ist gewisslich wahr. (…)

Ich glaube, dass Jesus Christus, wahrhaftiger Gott, vom Vater in Ewigkeit geboren und auch wahrhaftiger Mensch, von der Jungfrau Maria geboren, sei mein Herr, der mich verlornen und verdammten Menschen erlöset hat, erworben, gewonnen von allen Sünden, vom Tode und von der Gewalt des Teufels; nicht mit Gold oder Silber, sondern mit seinem heiligen teuren Blut und mit seinem unschuldigen Leiden und Sterben; auf dass ich sein Eigen sei und in seinem Reich unter ihm lebe und ihm diene in ewiger Gerechtigkeit, Unschuld und Seligkeit, gleichwie er ist auferstanden vom Tode, lebet und regieret in Ewigkeit. Das ist gewisslich wahr. (…)

Ich glaube, dass ich nicht aus eigener Vernunft noch Kraft an Jesus Christus, meinen Herrn, glauben oder zu ihm kommen kann; sondern der Heilige Geist hat mich durch das Evangelium berufen, mit seinen Gaben erleuchtet, im rechten Glauben geheiligt und erhalten; gleichwie er die ganze Christenheit auf Erden beruft, sammelt, erleuchtet, heiliget und bei Jesus Christus erhält im rechten, einigen Glauben; in welcher Christenheit er mir und allen Gläubigen täglich alle Sünden reichlich vergibt und am Jüngsten Tage mich und alle Toten auferwecken wird und mir samt allen Gläubigen in Christus ein ewiges Leben geben wird. Das ist gewisslich wahr" (Martin Luther: Kleiner Katechismus, S. 39, 50, 60).

Dass Gott uns annimmt ist keine Gegenleistung Gottes aufgrund unserer „Vorleistung", der Beichte. Gerecht vor Gott sind wir durch Jesus, durch seinen Tod und seine Auferstehung, nicht durch die Beichte. Die Beichte macht keine Vergebung, auch der Seelsorger nicht. Unser Schuldbekenntnis ist nicht als Vorleistung zu verstehen, die wir bringen müssen, damit Gott uns dann vergibt, sondern als Bejahung, dass wir Gnade und Vergebung benötigen. Nicht die Beichte ist Voraussetzung für die Vergebung, sondern der Tod Jesu. Dies erkennen zu können ist Gottes Werk, dafür hat er seinen Geist gesandt. Umkehr und Sündenbekenntnis führen die Versöhnung Gottes nicht herbei oder sind einleitende Handlungen des Menschen, auf die Gott „reagiert". Es ist umgekehrt: Die von Gott gesetzte Realität seiner Vergebung, sein Versöhnungsangebot in Jesus Christus, benötigt und fordert die „Reaktion" von uns Menschen. Primär ist die Tat Gottes, der wir vertrauen und die wir weitersagen. Sekundär ist die von uns gefragte, uns mögliche Reaktion darauf. Dazu werden wir aufgefordert: das Angebot Gottes anzunehmen. Sich diese Erfahrung zu „holen", d. h. Gott die Chance zu geben, uns zu begegnen. Die neue Situation, die durch den Tod Jesu geschehen ist, drückt Paulus mit Begriffen wie „gerechtfertigt" und „Gerechtigkeit" aus. Die Versöhnungstat Gottes ist sein Geschenk, das uns und der Welt gilt. Auf Seiten des Menschen steht das Empfangen (Nehmen) der Versöhnung (Römer 5,11), ein Ausdruck des Glaubens.

„Der christliche Gott ist nicht ein Gott, der in logischer Schlussfolgerung aus der Wirklichkeit ‚begriffen' wird, sondern der sich offenbart und in persönlichen Begegnungen erfahren, wird, wie das Alte und das Neue Testament bezeugen" (Frielingsdorf, S. 21).

Beichte ist Hilfsmittel

Die Beichte ist ein großartiges Hilfsmittel, damit ich das begreife. Ich bin gerecht vor Gott in dem Augenblick, in dem ich mich Jesus anvertraue, mich auf ihn einlasse, von ihm abhängig bin. Ob ich das begreife, ob ich das verstanden habe? Im Kopf – im Herzen? *„Das Wort, das dir hilft, kannst du dir nicht selber sagen"* (Äthiopisches Sprichwort). Die Beichte ist zuerst ein Gespräch zwischen Jesus und mir. Doch oft kann es für den Beichtenden wichtig und notwendig sein, einen Menschen als Zeugen und Zuhörer dabeizuhaben.

„Gott hat gewollt, dass wir sein lebendiges Wort suchen und finden sollen im Zeugnis des Bruders, in Menschenmund. Darum braucht der Christ den Christen, der ihm Gottes Wort sagt, er braucht ihn immer wieder, wenn er ungewiss und verzagt wird; denn aus sich selbst kann er sich nicht helfen, ohne sich um die Wahrheit zu betrügen. Er braucht den Bruder als Träger und Verkündiger des göttlichen Heilswortes. Er braucht den Bruder allein um Jesu Christi willen. Der Christus im eigenen Herzen ist schwächer als der Christus im Worte des Bruders; jener ist ungewiss, dieser ist gewiss. Damit ist zugleich das Ziel aller Gemeinschaft der Christen deutlich: sie begegnen einander als Bringer der Heilsbotschaft. Als solche lässt Gott sie zusammenkommen und schenkt ihnen Gemeinschaft" (Bonhoeffer, Gemeinsames Leben, S. 14).

Die Bibel selbst fordert uns zum Bekennen voreinander auf. So können wir Gottes Vergebung ganz konkret erfahren. Ein Mitchrist als Zeuge darf und soll sie mir zusprechen. Es ist eine Hilfe, wenn wir uns Vergebung von jemandem zusprechen lassen und sie uns nicht nur selbst sagen und glauben müssen.

„Wenn wir sagen, wir haben keine Sünde, so betrügen wir uns selbst, und die Wahrheit ist nicht in uns. Wenn wir aber unsre Sünden bekennen, so ist er treu und gerecht, dass er uns die Sünden vergibt und reinigt uns von aller Ungerechtigkeit" (1. Johannes 1,8.9). *„Bekennt also einander eure Sünden und betet füreinander, dass ihr gesund werdet"* (Jakobus 5,16).

Beichte ist Befreiung zum Leben

In den vergangenen Jahren habe ich immer wieder Vorträge über das Thema „Sünde und Vergebung" gehalten. Oft habe ich dabei auch zur Beichte eingeladen. Ich habe versucht, die Menschen mit diesem Thema zu befreunden, und ich habe ihnen verdeutlicht, wie wichtig es sein kann, einen Beichtvater oder eine Beichtmutter zu haben. Mir war klar, dass das etwas Gutes sein musste. Martin Luthers eigene Beichtpraxis stand mir ebenso vor Augen wie das Zeugnis vieler Christen in meiner Bekanntschaft, die regelmäßig zur Beichte gingen. Mein Problem war: Ich wusste, was die Beichte bedeutete. Ich habe auch Texte wie Matthäus 16 und Johannes 20 gern studiert und daraus Sinn und Reichtum der Beichte ableiten können. Aber ich hatte niemanden, zu dem ich regelmäßig gegangen wäre. Ja, irgendwann mal, in der Studentenzeit, da war Beichte mal dran, und da habe ich auch richtige Befreiung erlebt. Aber danach? Nur schöne, ahnungsvolle, aber graue Theorie. Wir reden gern von Themen, die für uns besonders wichtig wären.

Das ging so einige Zeit, aber dann packte mich das Gefühl der Unglaubwürdigkeit: Ich redete von etwas, was ich nicht lebte. Da gab es nur zwei Wege: entweder Schluss mit der Rede von der Beichte oder aber – einen Menschen zur Beichte finden!

Ich habe das Zweite getan. Aber das hat sich auch gefügt: Ich bin einem älteren Christen begegnet, auch Theologe, mit seelsorgerlichen Gaben ausgestattet. Ich wusste, dass er mit der Beichte vertraut war und selber darin lebte. Den habe ich einfach gefragt, ob er mich sozusagen „nimmt". Das hat er gern getan, und so habe ich eine Reihe von Jahren regelmäßig einen Menschen gehabt, zu dem ich in die Beichte gehen konnte. Ich habe es nie bereut.

Wir haben uns auf einen Rhythmus geeinigt: Etwa drei- bis viermal im Jahr war ich bei ihm. Die Fahrt zu ihm dauerte etwa eine halbe Stunde, das hat mir Abstand gegeben. Mein Beichtvater hat mich dann einfach gefragt, ob ich beichten wolle. Das habe ich nicht immer gewollt, aber immer wieder. In jedem Fall haben wir erst einmal anderthalb Stunden lang geredet; und je näher wir uns kannten, desto schneller kamen wir zu wesentlichen Themen. Immer waren mein Leben, mein Beruf, meine Probleme das Thema. Hier war ein Mensch, der mir nur einfach zugehört und meinem Denken zwischendrin mit aufschließenden Fragen eine neue Richtung gegeben hat. Und dann war da auch die Beichte, z. B. am Jahresende die so genannte Jahresbeichte. Oder zu einer anderen Zeit, wenn ich den Eindruck hatte, es sei dran. Wir haben dann vor der Beichthandlung oft über das geredet, was mir als Schuld vor Augen stand. Manches davon löste sich im Gespräch als falsches Schuldgefühl auf. Manches wurde mir noch deutlicher als Schuld bewusst.

Und dann kam die Beichte selbst. Wir sind beide in einen Andachtsraum gegangen, neben einer kleinen Kapelle. Die lag nicht weit entfernt von der Studierstube meines Beichtvaters. Da sind wir dann nach der kirchlichen Liturgie der Einzelbeichte vorgegangen, in der Raum genug ist für persönliches Aussprechen von Schuld. Wir haben nebeneinander gekniet und er hat mir die Texte zum Mitsprechen hingehalten. Wenn er mir dann gegenübertrat, als für diesen Dienst von Gott Berufener, wenn die Worte der Vergebung zu mir kamen, der persönliche Zuspruch, das Kreuzeszeichen, das mir gegeben wurde, dann atmete ich tief durch, eigentlich regelmäßig. Es ist einfach wunderbar zu hören: „Dir sind deine Sünden vergeben." Ich habe immer wieder verstanden, dass Beichte Befreiung zum Leben ist.

Es gibt auch andere Formen der Beichte. Aber diese so genannte Einzelbeichte ist eine wundervoll persönlich befreiende und stärkende Praxis. Ich habe dadurch viel Befreiung erfahren – und neue Ermutigung zu einem persönlichen Leben und meinem Dienst.

Ich will ehrlich sein: Ich hatte diesen Beichtvater sieben Jahre lang. Vor zwei Jahren ist er gestorben. Indem ich diese Zeilen schreibe, merke ich, dass ich wieder einen solchen Menschen brauche – und dass ich mich auch danach sehne. Ich habe hervorragend begabte Menschen als Supervisoren kennen gelernt, die mir in Phasen meines Lebens und des Dienstes sehr geholfen haben. Beratung und Supervision sind unverzichtbar für unseren Dienst. Aber das Leben in der Beichte ist ein besonderes Gnadengeschenk Gottes. (H. B.)

Wir können die Liebe Gottes höchstens theoretisch erfassen. In uns ist ein „Das kann nicht sein, so nicht, erst müsste ich anders sein, nicht so klein, nicht so haltlos, so begrenzt". Deswegen brauchen wir den anderen: den Bruder, die Schwester, den Seelsorger, der uns das in der konkreten Situation immer wieder zuspricht, bestätigt, auf den Kopf zusagt. Gottes Liebe muss in unserem verunsicherten Herzen erst „Wurzeln schlagen", damit sie wachsen kann. Dabei wirkt es wie Humus, sie durch Menschen unseres Vertrauens immer wieder entgegengebracht und zugesprochen zu bekommen. *„Er handelt nicht mit uns nach unsren Sünden und vergilt uns nicht nach unsrer Missetat. Denn so hoch der Himmel über der Erde ist, lässt er seine Gnade walten über denen, die ihn fürchten. So fern der Morgen ist vom Abend, lässt er unsre Übertretungen von uns sein"* (Psalm 103,10-12). Gott trennt Person und Schuld vollkommen: Morgen und Abend können nicht zusammenkommen, sie schließen sich aus!

„Die Beichte ist kein Gesetz, sondern sie ist ein Angebot göttlicher Hilfe für den Sünder. Es kann sei, dass einer ohne die brüderliche Hilfe zur Gewissheit, zum neuen Leben, zum Kreuz und zur Gemeinschaft durchbricht durch Gottes Gnade. Es könnte ja sein, dass einer den Zweifel an der Vergebung und an seinem Sündenbekenntnis niemals kennen lernt, dass ihm in der einsamen Beichte vor Gott alles geschenkt wird. Wir haben hier für die gesprochen, die das von sich nicht bekennen können. (...) Denen, die trotz allen Suchens und Mühens die große Freude der Gemeinschaft, des Kreuzes, des neuen Lebens und der Gewissheit nicht finden können, soll das göttliche Angebot gezeigt werden, das uns in der brüderlichen Beichte gemacht ist. Die Beichte steht in der Freiheit des Christen. Aber wer wird eine Hilfe, die Gott anzubieten für nötig gehalten hat, ohne Schaden ausschlagen?" (Bonhoeffer, Gemeinsames Leben, S. 101-102)

Reue

Das deutsche Wort „Reue" geht zurück auf Begriffe, die ursprünglich „seelischer Schmerz, Kummer", dann speziell „Schmerz über etwas, das man getan hat oder unterlassen hat" ausdrücken. Dazu gehören: „reuen: Reue empfinden, tief bedauern", „reuig: voller Reue, zerknirscht", „reumutig: Reue empfindend" (vgl. Duden-Herkunftswörterbuch, S. 591).

Im Griechischen finden wir metamelomai: bereuen. Dieser Begriff bezeichnet mehr die Empfindung der Reue über Fehltritt, Versagen oder Sünde, ist also an der Vergangenheit orientiert und muss nicht notwendigerweise auch zu einer Hinwendung zu Gott führen. Das Wort hängt zusammen mit melei: Es liegt mir am Herzen, es liegt mir etwas daran.

Reue meint: „Leidtragen über etwas, das getan oder unterlassen wurde, von dem man aber wünscht, es lieber nicht getan bzw. nicht unterlassen zu haben" (Lexikon zur Bibel, S. 1140).

Reue heißt, dass es mir Leid tut, was ich getan oder versäumt habe. Reue ist das Bedauern, sich in einer bestimmten Weise verhalten zu haben, wenn andere, bessere Verhaltensweisen möglich gewesen wären. Wer bereut, dessen verhärtetes und verschlossenes Herz ist dabei, sich zu öffnen und verletzlich zu machen. Deshalb schließt Reue neue Wege auf, sie ist ein Tor zum Leben. Reue bedeutet aber nicht, das Versprechen abgeben zu können und schon gar nicht zu müssen, sich nicht mehr so zu verhalten. Für sein Künftiges kann und muss kein Mensch eine Garantie abgeben. Wenn ich bestimmte Verhaltensweisen oder Gewohnheiten vor Gott bereue, dann kann ich schrittweise heraustreten, nicht weil ich es zu müssen glaube, sondern weil ich anfange, es zu wollen.

Kapitel 14

Beichte und Seelsorge

„Man muss alles beichten, was das sündige Herz bewegt. Es ist einem Brechmittel ähnlich, das man zur Heilung seines Magenleidens benutzt. Danach wird die Gesundheit schnell wieder hergestellt. "

Starez Theophan*

Zunächst müssen wir kurz klären, was Seelsorge ist. Seelsorge ist eine besondere Form von Beziehung unter Christen. Der grundlegende Bibelvers für die Seelsorge lautet: *„Wo zwei oder drei in meinem Namen zusammen sind, da bin ich mitten unter ihnen"* (Matthäus 18,20) *„In seinem Namen "*, das bedeutet so viel wie seinem Wesen gemäß, im Vertrauen auf seine Gegenwart. Seelsorge ist mehr als eine zwischenmenschliche Beziehung, in der Seelsorge entsteht durch das bewusste gemeinsame „Vor-Gott-Sein" ein Raum, in dem Gott auf besondere Weise erfahrbar wird. Der Seelsorger ist einer, der uns auf unserem Lebensweg als Begleiter zur Seite steht. Er nimmt sich Zeit für uns, wir müssen mit unseren Glaubens- und Lebensfragen nicht alleine bleiben. Seelsorge ist ein Angebot, Jesus an den Punkten zu begegnen, wo wir Schwierigkeiten haben, zweifeln und seinen Willen nicht erkennen. Der Seelsorger geht mit uns zu Jesus, begleitet uns auf unserem Weg mit ihm, indem er uns ermutigt, ermahnt, tröstet, herausfordert . . .

In der Seelsorge können wir die Vergebung unserer Schuld in besonderer Weise erfahren. Christen haben als Kinder Gottes die Vollmacht, im Namen und Auftrag Jesu, einander die Sünden zu vergeben. Voraussetzung dafür ist, dass wir unsere Schuld bekennen und bereuen. *„Welchen ihr die Sünden erlasst, denen sind sie erlassen; und welchen ihr sie behaltet, denen sind sie behalten "* (Johannes 20,23).

---

* zit. nach Kaißling, S. 24

„1. Um Gottes Wort zu hören, nicht um ein Werk zu tun, soll man beichten. Dazu braucht dich nun niemand mit Geboten zu drängen; sondern wir sagen so: Wer ein Christ ist oder gerne einer sein wollte, der bekommt hier einen treu gemeinten Rat, dass er hingehen und den köstlichen Schatz holen möge. (...) Wer nicht freiwillig und um der Absolution willen zur Beichte geht, der lasse es nur anstehen. Ja, auch wer im Blick auf eigenes Werk hingeht (wie fehlerlos er seine Beichte abgelegt habe), der bleibe nur weg davon. Wir ermahnen aber: du sollst beichten und deine Not aussprechen, nicht um damit ein Werk zu tun, sondern um zu hören, was dir Gott sagen lässt. Dieses Wort, die Absolution, sage ich, sollst du hochhalten und teuer achten als einen vortrefflichen, großen Schatz, der mit allen Ehren und Dank in Empfang zu nehmen ist.

2. Freiwillig wird zur Beichte kommen, wer sie recht versteht. Wir sollen nicht unsern Schmutz auspacken, sondern einen Schatz holen. (...) Angesichts unserer großen Not dürfen wir die Beichte nicht verachten. So lehren wir nun, was für ein vortreffliches, köstliches und tröstliches Ding es um die Beichte ist, und ermahnen dazu, man möge dieses teure Gut nicht verachten im Blick auf unsere große Not. (...)

3. Zur Beichte soll man mahnen, das heißt nicht zwingen, sondern einladen. Nicht der Prediger, sondern das Beichtkind sollte die Beichte verlangen. (...) Wer ein fröhliches Gewissen begehrt, wird gerne der Mahnung folgen. (...)" (Martin Luther: Der Große Katechismus, S. 165-167).

Beichte ist ein wesentliches Element der Seelsorge. Leider habe ich immer wieder erlebt, dass ein Seelsorger sich mein Sündenbekenntnis anhörte und dann für mich betete, mir jedoch die Vergebung Gottes nicht zusprach, vielleicht aus Scheu, die ihm verliehene Vollmacht auszuüben. Ich will es hören, dass mir vergeben ist und keiner mehr das Recht hat, mich anzuklagen, dafür bekenne ich sie ja vor einem Menschen. Wenn nötig, bitte ich ihn, mir die Vergebung Gottes zuzusagen und somit zu bezeugen. *„Die Beichte gehört zur Versöhnung wie der Friedensschluss zum Frieden"* (Joseph Wittig, Erlöste, S. 49).

„Es ging wieder einmal um ein Verhalten, gegen das ich scheinbar aussichtslos kämpfte und dem ich immer wieder unterlag. In einem Seelsorgegespräch bekannte ich dieses ‚Dauerproblem' und bat Gott um Vergebung und um Kraft, dieses Verhaltensmuster überwinden zu können. Mein Seelsorger sagte damals: ‚Du wirst Schwierigkeiten haben anzunehmen, dass Gott dir wirklich vergeben hat, weil es dir schon so oft passiert ist. Wenn die Zweifel kommen, darfst du mich anrufen. Ich bin Zeuge, dass dir vergeben ist, denn ich war dabei, als du es Gott bekanntest und er dir vergab.' Ich musste meinen Seelsorger gar nicht erst anrufen. Allein das Wissen, dass er die Vergebung Gottes miterlebt hatte, half mir, sie anzunehmen und an ihr festzuhalten." (J. K.)

Ich kann und muss mir Vergebung eben nicht selbst zusprechen. Ich darf sie mir mit der nötigen Festigkeit zusagen lassen. Ich muss mit meinem Kleinglauben nicht alleine zu Gott gehen. Der Seelsorger tut das, was ich im Moment nicht kann: Er traut Gott zu, dass Gott mich so annimmt, wie ich bin. Ich weiß nicht, wie es weitergehen soll; der Seelsorger traut Gott zu, dass er mich verändert. Ich selber habe dieses Vertrauen nicht angesichts all dessen, was bei mir im Argen ist. Deshalb ist es mir wichtig, den Zuspruch zu hören und das Wort der Vergebung mir nicht selbst sagen zu müssen. Der Seelsorger kann den Blick frei auf Gott richten und mit mir sowie für mich beten.

„Woran liegt es, dass uns oft das Sündenbekenntnis vor Gott leichter wird als vor dem Bruder? Gott ist heilig und ohne Sünde, er ist ein gerechter Richter des Bösen und ein Feind alles Ungehorsams. Der Bruder aber ist sündig wie wir, er kennt die Nacht der heimlichen Sünde aus eigener Erfahrung: Sollten wir nicht den Weg zum Bruder leichter finden als zum heiligen Gott? Steht es bei uns aber anders, dann müssen wir uns fragen, ob wir uns mit unserm Sündenbekenntnis vor Gott nicht oftmals selbst getäuscht haben, ob wir nicht vielmehr uns selbst unsere Sünden bekannten und uns auch selbst vergaben?" (Bonhoeffer, Gemeinsames Leben, S. 100)

Und dann ist da noch ein Zweites: Vor einem Menschen darf ich so sein, wie ich bin. Derjenige, bei dem ich beichte, hält mir ja keine Strafpredigt, sondern nimmt mich an in meiner Unzulänglichkeit. Was ich in der Beichte sage, wird nicht gegen mich verwendet. Der Beichthörer stellt sich nicht über den Beichtenden. Beide stehen gemeinsam unter dem Kreuz, sie sind auf einer Stufe. Der Seelsorger tritt mit mir vor Gott und sagt mir, was Gott mir sagen will. Die Annahme Gottes trotz und mit meiner Sündhaftigkeit wird mir durch die Liebe und Annahme des menschlichen Gegenübers vermittelt. Die vergebende Annahme Gottes wird durch ihn zu einer greifbaren Realität.

> *„Wer mit seinem Bösen allein bleibt, der bleibt ganz allein. Es kann sein, dass Christen trotz gemeinsamer Andacht, gemeinsamen Gebetes, trotz aller Gemeinschaft im Dienst allein gelassen bleiben, dass der letzte Durchbruch zur Gemeinschaft nicht erfolgt, weil sie zwar als Gläubige, als Fromme Gemeinschaft miteinander haben, aber nicht als die Unfrommen, als die Sünder. Die fromme Gemeinschaft erlaubt es ja keinem, Sünder zu sein. Darum muss jeder seine Sünde vor sich selbst und vor der Gemeinschaft verbergen. Unausdenkbar das Entsetzen vieler Christen, wenn auf einmal ein wirklicher Sünder unter die Frommen geraten wäre. Darum bleiben wir mit unserer Sünde allein, in der Lüge und der Heuchelei; denn wir sind nun einmal Sünder"* (Bonhoeffer, Gemeinsames Leben, S. 95).

Wir begegnen uns auch als Christen nur an den Stellen, wo wir meinen, etwas vorweisen zu können, wo wir meinen, unsere Vorstellungen vom Leben wenigstens annähernd verwirklicht zu haben. Wo dürfen denn unsere Fragen, unsere Zweifel im Miteinander überhaupt vorkommen? Habe ich einen Menschen, bei dem ich es wagen kann, mich als Unfertiger, als Fragender, als immer wieder Scheiternder zu zeigen?

> *„Eine Gemeinschaft beginnt dann, Gemeinschaft zu sein, wenn man sich nicht mehr voreinander verbirgt, wenn man nicht mehr versucht, seine wahren oder vermeintlichen Werte hervorzukehren. Dann endlich sind die Schranken gefallen; man kann beginnen, die Erfahrung gegenseitiger Verbundenheit zu machen. (...) Beginnen*

wir aber, auf diese Art zu leben, nämlich ohne den Schutz der Mauern, dann werden wir sehr verwundbar und sehr arm. (...) Genau diese Armut wird zu unserem Reichtum. Denn von diesem Moment an leben wir nicht mehr unserem eigenen Ruhm, sondern für die Liebe und die Kraft Gottes, die sich in unserer Schwachheit offenbart"* (J. Vanier, zit. nach Hummel & v. Ungern, S. 66-67).

Die echte Gemeinschaft beginnt, wenn einer erkennt: Ich bin nicht nur als derjenige akzeptiert, der ich sein sollte, sondern es gibt Menschen, die stehen gerade da zu mir, wo ich meine Schwächen habe, wo ich meine Schuld und meine Zweifel äußere. In der Beichte geschieht der Durchbruch zur Gemeinschaft. Christen bleiben nicht länger allein, die Gemeinschaft wird echt. Welch ein Traum: eine Gemeinde, die Räume schafft, in denen man ohne Scheu seine innersten Zweifel und Ängste loswerden kann. Eine Gemeinde, die nicht das Ideal, sondern die Wirklichkeit in den Mittelpunkt stellt, sodass wir ehrlich über unseren eigenen Mangel reden können und authentisch werden.

„In der Beichte bricht das Licht des Evangeliums in die Finsternis und Verschlossenheit des Herzens hinein. Die Sünde muss ans Licht. Das Unausgesprochene wird offen gesagt und bekannt. Alles Heimliche und Verborgene kommt nun an den Tag. Es ist ein harter Kampf, bis die Sünde im Geständnis über die Lippen kommt. (...) Die ausgesprochene, bekannte Sünde hat alle Macht verloren. Sie ist als Sünde offenbar geworden und gerichtet. Sie vermag die Gemeinschaft nicht mehr zu zerreißen. Nun trägt die Gemeinschaft die Sünde des Bruders. Er ist mit seinem Bösen nicht mehr allein, sondern er hat sein Böses mit der Beichte abgelegt, Gott hingegeben. Es ist ihm abgenommen. Nun steht er in der Gemeinschaft der Sünder, die von der Gnade Gottes im Kreuz Jesu Christi leben. Nun darf er Sünder sein und doch der Gnade Gottes froh werden. Er darf seine Sünden bekennen und gerade darin erst Gemeinschaft finden. Die verborgene Sünde trennte ihn von der Gemeinschaft, machte alle scheinbare Gemeinschaft unwahr, die bekannte Sünde half ihm zur wahren Gemeinschaft mit den Brüdern in Jesus Christus" (Bonhoeffer, Gemeinsames Leben, S. 97).

Beichte hören kann und darf jeder Christ, der selbst beichtet. Dafür braucht es keine Ausbildung, sondern die Erfahrung der Sündenvergebung und das Vertrauen in Gottes Wort. Gerade evangelische Christen können, was den Wert der Beichte anbelangt, von Luther lernen, der täglich gebeichtet hat. Er hatte seinen Beichtvater, der ihm jeden Morgen wieder zusagte, dass Gott ihn nicht verstößt, trotz allem, was er falsch gemacht hat. Er brauchte die Versicherung, dass Gott da ist, mit ihm und für ihn. Nur so konnte er immer wieder weitergehen auf seinem Weg. Er war ein Mann, der ständig in Schwierigkeiten und Spannung lebte und wusste, dass er ohne diesen Zuspruch gar nicht standhalten könnte.

Worin besteht die Beichte?

„Was ist die Beichte? Die Beichte begreift zwei Stücke in sich: eins, dass man die Sünden bekenne, das andere, dass man die Absolution oder Vergebung vom Beichtiger empfange als von Gott selbst und ja nicht daran zweifle, sondern fest glaube, die Sünden seien dadurch vergeben von Gott im Himmel.

Welche Sünden sollte man denn beichten?

Vor Gott sollte man sich aller Sünden schuldig bekennen, auch die wir nicht erkennen, wie wir im Vaterunser tun. Aber vor dem Beichtiger sollen wir allein die Sünden bekennen, die wir wissen und fühlen im Herzen.

Welche sind die?

Da siehe deinen Stande an nach den zehn Geboten, ob du Vater, Mutter, Sohn, Tochter bist, in welchem Beruf und Dienst du stehst; ob du ungehorsam, untreu, unfleißig, zornig, zuchtlos, streitsüchtig gewesen bist, ob du jemand Leid getan hast mit Worten oder Werken, ob du gestohlen, etwas versäumt oder Schaden getan hast.

Wie bekennst du deine Sünden vor dem Beichtiger?

So magst du zum Beichtiger sprechen: Ich bitte, meine Beichte zu hören und mir die Vergebung zuzusprechen um Gottes willen. Hierauf bekenne dich vor Gott aller Sünden schuldig und sprich vor dem Beichtiger aus, was als besondere Sünde und Schuld auf dir liegt. Deine Beichte kannst du mit den Worten schließen: Das alles ist mir leid. Ich bitte um Gnade. Ich will mich bessern.

Wie geschieht die Lossprechung (Absolution)?
Der Beichtiger spricht: Gott sei dir gnädig und stärke deinen Glau-
ben. Amen. Glaubst du auch, dass meine Vergebung Gottes Vergebung
ist? Antwort: Ja, das glaube ich. Darauf spricht er: Wie du glaubst, so
geschehe dir. Und ich, auf Befehl unseres Herrn Jesus Christus, vergebe
dir deine Sünden im Namen des Vaters und des Sohnes und des Heiligen
Geistes. Amen. Gehe hin in Frieden.

Welche aber im Gewissen sehr beschwert oder betrübt und angefoch-
ten sind, die wird ein Beichtvater wohl mit mehreren Worten der Heili-
gen Schrift zu trösten wissen und zum Glauben reizen. Dies soll nur eine
Weise der Beichte sein.

Die gemeinsame Beichte
Allmächtiger Gott, barmherziger Vater, ich armer, elender, sündiger
Mensch bekenne dir alle meine Sünde und Missetat, die ich begangen
mit Gedanken, Worten und Werken, womit ich dich jemals erzürnt und
deine Strafe zeitlich und ewig verdient habe. Sie sind mir aber alle herz-
lich leid und reuen mich sehr, und ich bitte dich um deiner grundlosen
Barmherzigkeit und um des unschuldigen bitteren Leidens und Sterbens
deines lieben Sohnes Jesus Christus willen, du wolltest mir armen sünd-
haften Menschen gnädig und barmherzig sein, mir alle meine Sünden
vergeben und zu meiner Besserung deines Geistes Kraft verleihen.
Amen." (Martin Luther: Kleiner Katechismus, S. 97-99.)

Zweifel an der Vergebung
Selbstverständlich ist der Zusammenhang von Sünde und Zerstörung.
Vergebung ist niemals selbstverständlich. Es ist kaum vorstellbar, dass
Gott, der Schöpfer des Lebens, in Jesus Christus in unsere dunkle Welt
gekommen, einsam und qualvoll am Kreuz gestorben ist, damit wir leben können. Zweifel und Glaube sind zwei Seiten einer Medaille. Der
Glaube, dass meine Schuld durch Gottes Vergebung aus der Welt geschafft wird und Gott mich ohne meine Schuld sieht und annimmt,
wächst meist nur langsam: Glaube ich wirklich, dass Gott mich liebt
als sein eigenes Kind? Glaube ich daran, dass er mich trotz meiner Feh-

ler, Schwächen, Zweifel gerne ansieht? Bin ich es überhaupt wert, vor seinem Angesicht zu erscheinen?

„Manche Gedanken sind wie Antworten, manche aber nur wie Fragen. Diese letzteren heißt man oft Zweifel, aber nicht immer mit Recht. Ganz schlimm ist es, wenn man sie gleich Zweifel nennt und dabei denkt, es seien Zweifel am Glauben, und wenn man sich darüber ängstigt, als hätte man schon den heiligen Glauben verletzt. Nein, solche Zweifel sind nur Fragen an den Glauben. Sie sind ganz recht und können den Glauben frisch und lebendig erhalten. Unrecht werden sie erst, wenn man gleich Antwort haben will, und, falls die Antwort nicht gleich kommt, gleich den ganzen Glauben beargwöhnt oder gar wegwirft. Sonst gibt es aber nichts schöneres als einen demütig fragenden und suchenden Glauben" (Joseph Wittig: Glauben und Leben, S. 17).

Wenn ich Gott nicht vertraue, bzw. mich nicht in und mit all meinen Fragen zu ihm flüchte, bleiben alle Waffen der Anklage intakt und gegen mich gerichtet; ich nehme mich weiterhin nicht als von Gott geliebtes Geschöpf wahr und kann mich selbst auch nicht annehmen. Mein Herz lässt mit seinen Selbstanklagen nicht so schnell locker. *Ich* kann es oft nicht davon überzeugen, dass mir vergeben wurde. Gott aber kennt mein Herz und möchte, dass ich mich ihm anvertraue. Indem ich zu Gott komme, also umkehre, verliert die Sünde, die mich ja von ihm trennen will, ihre Macht. Das Verkehrteste wäre, mich mit meinen Gedanken und Taten vor Gott verstecken zu wollen, weil ich mich schäme oder nicht traue, schon wieder, womöglich mit der gleichen Sache, zu ihm zu kommen. *„Kommt her zu mir, alle, die ihr mühselig und beladen seid; ich will euch erquicken"* (Matthäus 11,28).

„Gegen Ausflüchte. Klebe mir, Gott, den Mund nicht zu mit Ausflucht oder kindischem Trotzen, öffne, der du die Stammelnden liebst, ihn der geläufigen Rechtfertigung nicht, lass mich nicht sagen unter allen, die schuldlos sich wähnen, die Gründe haben, die hinter Argumenten wie hinter Liguster, der ständig nachwächst, dreist sich verstecken, lass mich nicht sagen: Gesellschaft, nicht: Vater und Mutter,

nicht: Verführung, lass mich, wohl wissend, dies alles ist zu beden-
ken, lass mich sagen, Gott: Ich bin schuld" (Rudolf Otto Wiemer,
EKG, S. 1295).

Wir dürfen uns mit der Not des Herzens an Gott wenden: „Herr, zeige
mir deine Vergebung, lass mich tiefer verstehen, dass ich frei sein darf
von dieser Sünde, dass sie keine Macht mehr über mich hat." Wenn wir
uns selbst anklagen und uns eine Sache immer wieder vorwerfen, obwohl wir Gott deswegen um Vergebung gebeten haben, brauchen wir
einen Menschen, der uns die Vergebung bezeugt. Gott will uns nicht
nur von Sünde überführen, sondern auch sein Gnade unserem zweifeln-
den Herzen greifbar machen: „. . . *dass, wenn uns unser Herz verdammt,*
Gott größer ist als unser Herz und erkennt alle Dinge. Ihr Lieben, wenn
uns unser Herz nicht verdammt, so haben wir Zuversicht zu Gott, und
was wir bitten, werden wir von ihm empfangen . . ." (1. Johannes
3,20-21)

„Ich bin gar nicht erlöst von meinen Sünden. Ich habe von Jahr zu
Jahr gehofft, dass ich sie loswerde. Ich habe gar keine Freude mehr
gehabt an meiner schönen Jugend. Fortwährend musste ich mich mit
den Sünden plagen. Das nenne ich keine Erlösung."

„Du musst halt deine Sünden beichten", sagte mein wohlgefes-
tigter Freund. Ach, ich ging ja alle Wochen zur heiligen Beichte.
Aber die Sünden gingen zu dem einen Beichtstuhlgitter hinein und
zu dem anderen kamen sie wieder heraus. (. . .)

Wieder sagte mein zum Frieden geneigter Freund: „Beichte nur
gut bis zur Sterbestunde, dann bist du für alle Ewigkeit erlöst von
allen Sünden!" (. . .) Es ist gar zu bequem, fragende und tragende
Menschen auf die Ewigkeit zu vertrösten. Das hat der Heiland nie
getan, sonst wären ihm alle Apostel davongelaufen, außer etwa dem
Johannes, den der Heiland so liebte, dass er auch auf der Erde schon
seine Freude hatte. „Dann musst du halt ein Johannes werden",
schlug der Freund ein.

„Da musst du halt!", sagte ich nun wirklich verärgert. „Wenn es
von mir abhängig ist, dann ist es keine Erlösung durch Jesus Chris-
tus, sondern durch mich selbst. Da musst *du halt! Wenn ich nicht*

kann!" *Da legte sich wieder fast unsichtbar, fast unmerkbar eine Hand auf meine Schulter, und es war, als spräche der Heiland wieder zu mir: „Vertraue!"* (Joseph Wittig, Erlöste, S. 24-25)

Das ist also unser Teil: Gott unsere Bitterkeit, Trauer, Verletzung, Zweifel und was noch in unseren Herzen tobt ganz zu überlassen, uns nicht daran zu klammern. Auch das heißt beichten: nicht nur Fehler, Schuld und Verstöße einzugestehen, sondern ihm mein Herz auszuschütten (mehr dazu in Kapitel 22). Eine ehrliche Bankrotterklärung abzugeben: *„So demütigt euch nun unter die gewaltige Hand Gottes, damit er euch erhöhe zu seiner Zeit. Alle eure Sorge werft auf ihn; denn er sorgt für euch"* (1. Petrus 5,6-7). Bankrotterklärung heißt eingestehen, dass ich die Dinge in meinem Leben und auch mich selbst nicht im Griff habe. Das erfordert Mut und Vertrauen.

„In allgemeinen Sätzen von Sünde und Vergebung sprechen, dazu gehört nicht viel Einsicht und Mut. Nichts ist so billig wie das Zugeständnis, dass wir ‚allzumal Sünder sind'. Das gibt fast jeder zu und es regt niemand auf. Aber als ein Einzelner vor Gott erscheinen, sich persönlich zu einer bestimmten, klar erkannten Sünde bekennen, das erfordert Mut, dazu gehört Redlichkeit" (Helmut Lamparter, zit. nach Braun, S. 116).

Mit der Zeit werden wir uns ihm immer umfassender anvertrauen können, immer bereitwilliger einsehen, wie wenig wir doch selbst in der Hand haben. Gott aber beugt sich zu uns hinab. Er baut die Beziehung zu sich und zwischen Menschen neu. Es ist seine Absicht, uns seinen Blick auf uns und unsere Mitmenschen zu vermitteln, damit wir uns und einander so sehen und annehmen können, wie er uns sieht. Er möchte, dass wir seinem Wesen, das Liebe ist, ähnlicher werden, diese Liebe durch verantwortliches Leben sichtbar machen und vermehren und aus freiem Willen seinen Willen tun. *„Siehe, um Trost war mir sehr bange. Aber du hast dich meiner Seele herzlich angenommen, dass sie nicht verdürbe; denn du wirfst alle meine Sünden hinter dich zurück"* (Jesaja 38,17).

Ziel der Beichte ist also nicht ein sündloses Leben, das wäre eine

Illusion. Wer sie in diesem Sinne missversteht, wird bitter enttäuscht werden. Die Beichte macht uns frei von dem, was war; sie entlastet uns, ist aber keine Garantie für die Zukunft. Sie hilft jedoch, eigene Schuld nicht wichtiger zu nehmen als Gottes Liebe. So verliert das, was falsch gelaufen ist, seine Macht über uns. Um leben zu können, um sich der Zukunft mit offenem Herzen zu stellen, sind wir angewiesen auf Gottes Vergebung. Der Weg in dieses Leben hinein ist Jesus selbst.

„Jesus ruft in die Nachfolge, nicht als Lehrer und Vorbild, sondern als der Christus, der Sohn Gottes. (. . .) Was wird über den Inhalt der Nachfolge gesagt? Folge mir nach, laufe hinter mir her! Das ist alles. Hinter ihm hergehen, das ist etwas schlechthin Inhaltloses. Es ist wahrhaftig kein Lebensprogramm, dessen Verwirklichung sinnvoll erscheinen könnte, kein Ziel, kein Ideal, dem nachgestrebt werden sollte. Es ist gar keine Sache, für die es sich nach menschlicher Meinung verlohnte, irgendetwas oder gar sich selbst einzusetzen. (. . .) Es ist abermals nichts anderes als die Bindung an Jesus Christus allein, d. h. gerade die vollkommene Durchbrechung jeder Programmatik, jeder Idealität, jeder Gesetzlichkeit. Darum ist kein weiterer Inhalt möglich, weil Jesus der einzige Inhalt ist. Neben Jesus gibt es hier keine Inhalte mehr. Er selbst ist es. Der Ruf in die Nachfolge ist also Bindung an die Person Jesu Christi allein, Durchbrechung aller Gesetzlichkeiten durch die Gnade dessen, der ruft" (Dietrich Bonhoeffer: Nachfolge, S. 45f).

Es geht also darum, Gott immer mehr verbunden zu werden. Dies ist nur an Jesu Hand und durch sein Verdienst möglich, „. . . *nicht einer kommt zu dem Vater, als nur durch mich"* (Johannes 14,6b). Nicht wir müssen uns verändern, sondern dürfen uns verändern lassen. Der neutestamentliche Begriff dafür heißt Metamorphose (Verwandlung). Das, was Gott in uns angelegt hat, soll zum Vorschein kommen. Wie aus einer Raupe, ohne dass diese es selbst machen kann, ein Schmetterling wird, so wird in uns der neue Mensch immer mehr sichtbar, wenn wir uns Gottes Liebe und seiner Führung nicht verweigern und widersetzen. Mitgehen heißt „Ja" sagen zu dem, was er uns aufträgt, was er von uns möchte –

leben, verantwortlich, zum Lob Gottes. Christsein heißt, in einer lebendigen Beziehung zu Jesus Christus zu leben. Mehr nicht, aber auch nicht weniger. Damit diese Beziehung lebendig und ehrlich bleibt, sind Kapitulation, Bankrotterklärung, verbunden mit der Bitte um Vergebung, immer wieder notwendig, denn wir missverstehen und missachten immer wieder den Willen Jesu.

„Gott nötig haben ist nichts, dessen man sich schämen müsste, sondern es ist die Vollkommenheit, und es ist am traurigsten, wenn etwa ein Mensch durchs Leben ginge, ohne zu entdecken, dass er Gott nötig hat" (Sören Kierkegaard, EKG, S. 371).

Der Ausweg aus der IST-SOLL-Falle besteht im Eingeständnis und der Annahme des IST und dem Vertrauen in die Möglichkeit, mit Jesus weiterzugehen und dabei verwandelt zu werden. Jesus hat jegliches SOLL ein für alle Mal für mich erfüllt. Deswegen bin ich im IST-Zustand, eben so, wie ich gerade bin, für Gott annehmbar. Nur vom IST aus geht es weiter, von nirgendwo anders. Für Gott heißt es nicht: „Erst wenn ..., dann ..."

„Du", sagte ich dem priesterlichen Freunde, „warum muss der Mensch allein von allen Geschöpfen im schmerzhaften Zwiespalt mit seiner Natur leben und die Sünde durch eine Welt tragen, die von Sünde nichts weiß – (...) Wer die Sünder ausschließt, weiß nicht, was die Sünde für ein tiefes Geheimnis ist. (...)

Und auf einmal erhob er seine Stimme und rief: „Du, ich liebe die Sünder in meinem Dorfe tausendmal mehr als alle Gerechten."

Dann sprachen wir von der leidenschaftlichen Liebe Jesu zu den Sündern. Und dass jemand gesagt haben soll: „Es führen viele Wege zu Gott, einer auch durch die Sünde, und das ist vielleicht gar der kürzeste." Wie ist man kalt gegen Gott, wenn einem schon längere Zeit keine Sünde passiert ist! Man geht am Kreuze Christi vorüber wie an einem historischen Denkmal. Pharisäerhaftigkeit breitet sich über die ganze Seele. Mein Gott! Ist nicht etwa gar die Sünde notwendig, um überhaupt Gottes göttlichste Eigenschaft zu erfahren, die Barmherzigkeit? Ah so! Da Christus die inkarnierte Barmher-

zigkeit Gottes war, so wurde er von den Gerechten nie erkannt, sondern von den Sündern. Er ging an den Gerechten vorüber und suchte die Sünder. Der Gerechte küsste ihn nicht, aber das sündige Weib hörte nicht auf, seine Füße zu küssen und mit ihren Tränen zu waschen.

„Da möchte man ja beinah sagen: Es ist gut und notwendig, dass es Sünden gibt, und es wäre bedauerlich, wenn uns Christus so von der Sünde erlöst hätte, dass gar keine Sünde mehr möglich wäre."

„Darum hat er uns auch nicht so erlöst. Er hat uns die Sünde gelassen, aber die Barmherzigkeit Gottes dazugestellt. Wer dem dürstenden Wanderer seine Fähigkeit zum Durst nehmen würde, der machte ihn ärmer an Freuden; das nahe Murmeln eines Waldquells würde ihn nicht mehr beglücken. Wer ihn beglücken will, muss ihm den Durst lassen und einen Krug kühlen Wassers vor ihn hinstellen." So sprach der andere.

„Du sagst ganz Wunderbares von der Sünde, eine verwerfliche Sache; Gott kann sie nicht wollen. Er wollte das Gebot und kann nicht zugleich die Verletzung seines Gebotes wollen."

„Woher weißt du, dass er das Gebot wollte? Er wollte die Wahrheit, er wollte die Reinheit, wollte die Menschen, wollte ihre Liebe. Deshalb gab er das Gebot, damit die Menschen durch den Gehorsam ihre Liebe beweisen könnten. Aber die Liebe der Menschen war zu schwach und bestand diese Probe nicht. Darum sandte er ihnen seine Barmherzigkeit. (...) Wer die gekreuzigte Barmherzigkeit in Glauben und Vertrauen erfasst, der hat die große Liebe, der empfängt den ‚guten Willen', der ist erlöst" (Joseph Wittig, Erlöste, S. 39-41).

Beichte ist eine Einladung, vor Gott „Ich" zu sagen in all meiner Bedürftigkeit und Unvollkommenheit. Be-ICH-te: „Ich bin jetzt gerade so und nicht anders." BE-ich-TE: Ich bete, ich rede mit Jesus und bleibe nicht allein. Ich werde von ihm angesprochen: „Du, mein geliebtes Kind, komm und bleib bei mir." Das ist eine entscheidende Glaubenserfahrung. So wächst Vertrauen, dass wir durch Jesus Vergebung und Erlösung für uns erfahren und in Gottes Augen angenehm sind – so, wie wir sind. In ihm haben wir also den Weg und die Tür (vgl. Johannes

17,7 u. 10,9) zur Liebe und Barmherzigkeit (Zuwendung) Gottes (gefunden). Wir sind mit Gott versöhnt.

„Mit dem Verlust der Beichte geht den Menschen im Westen auch die Aufrichtigkeit verloren. Sie sind nicht mehr fähig, sich dem andern zu öffnen. Der Mensch versteckt sich vor sich selbst. Das ist der Beginn der Lüge. Dann verliert er endgültig jede Grundlage (auch im menschlichen Sinne dieses Wortes) zur Unterscheidung von gut und böse, Sinn und Sinnlosigkeit, Leben und Tod. Bemerkenswert ist, dass im Slawischen das Wort ‚Aufrichtiger' Nächster bedeutet: Nur wenn ich mich dem andern öffne – Gott, der Kirche, dem Menschen – werde ich fähig, mich mir selbst zu öffnen, d. h., nur dann beginne ich zu leben" (Goritschewa, S. 125).

Kapitel 15

Von gottgesetzten Grenzen, Schuld und Sünde

„Der Mensch bricht nicht Gottes Gesetze, er zerbricht an ihnen."

Stanley Jones*

Die Welt gehört Gott, nicht dem Menschen. Darum gibt es von Anfang an Grenzen. Darum können wir nicht alles tun, was wir wollen. Allein Gott hat totale, unbegrenzte Freiheit. Hindernisse für unsere Freiheit sind nicht die gottgegebenen Grenzen, sondern unsere fehlende Einsicht, sie zu respektieren und innerhalb der Grenzen das volle Leben zu suchen. Grenzen sind Leitplanken der Freiheit. Dieser Gedanke, dass Gebote um der Freiheit willen gegeben sind, scheint uns modernen Menschen ein Widerspruch zu sein. Die Grenzen, die uns in der Bibel gesetzt werden, zeigen jedoch, dass Gott den Menschen sieht und ernst nimmt. Darin, dass unser „Ja" oder „Nein" Konsequenzen hat, liegen unsere Größe und Würde, nicht unsere Erniedrigung. Gott möchte uns in Freiheit führen und darin bewahren. Das ist schon der Ausgangspunkt für die zehn Gebote an das Volk Israel*: „Ich bin der Herr, dein Gott, der dich aus Ägyptenland, aus der Knechtschaft geführt hat. Du sollst keine anderen Götter haben neben mir"* (2. Mose 20,2-3). In Freiheit zu führen ist Gottes ewig bleibende Absicht. „Ich habe euch befreit, deshalb gebe ich euch Weisungen, um diese Freiheit nicht wieder zu verlieren. Sie sollen euch in Freiheit bewahren und neue Sklaverei verhindern." Die den Israeliten geschenkte Freiheit ist deshalb ein hohes Gut, das es zu bewahren gilt. Daran, dass Gott seinem Volk die Zehn Gebote überhaupt geben muss, zeigt sich, wie umkämpft die von Gott geschenkte Freiheit immer wieder ist (vgl. Waitzmann, S. 74ff). Frei sein kann der Mensch nur in der Beziehung zu Gott, der ihn befreit. Eigene Unfreiheits- und Befreiungserfahrungen lassen uns den Gott der Freiheit ent-

---

* zit. nach Malm, S. 11

decken. Der biblische Freiheitsbegriff ist nicht abstrakt, sondern von befreienden Ereignissen her bestimmt. Er meint nicht Eigenmächtigkeit oder Beziehungslosigkeit, sondern das Handeln Gottes, des Befreiers, das sich auswirkt auf unser Leben. Nur in der Beziehung zu ihm macht es Sinn, Grenzen als Schutzraum für die Bewahrung von Freiheit zu verstehen, denn dann sind sie mehr als lästige Hindernisse unserer Selbstverwirklichung.

„Es geht ein gefährliches Märchen durch die Lande: dass Gott Grenzen und Verbote erst nach dem Sündenfall geschaffen habe, als Notlösung, um die gefallene Schöpfung in Zaum zu halten. Nach diesem Mythos ist die Grenze eine Strafe, ein notwendiges Übel für eine Menschheit, die nicht mit der Freiheit umgehen kann. Und der Mythos geht weiter: In Jesus, der den gefallenen Menschen wieder aufgerichtet hat, sind diese Grenzen aufgehoben, denn jetzt ist der Mensch ja eine neue Schöpfung. Das stimmt einfach nicht. (...) Mensch sein bedeutet Grenzen haben – die Begrenzung des Geschöpfs gegenüber seinem Schöpfer. Durchbrechen wir diese Grenzen, werden wir nicht menschlicher, sondern unmenschlich" (Malm, S. 10f).

„Wenn es Gott nicht gibt, ist alles erlaubt" (Fjodor M. Dostojewskij, zit. nach Malm, S. 11).

Der Begriff Schuld im Deutschen

„Schuld: begangenes Unrecht, Verfehlung; Zahlungsverpflichtung (...)
Wir gebrauchen heute den Begriff „Schuld" in Wendungen wie:

jmd. Schuld [an etwas] geben: jemanden [für etwas] verantwortlich machen;

jmdm. nichts schuldig bleiben: jmds. Angriffe, Vorwürfe o. Ä. sofort mit Gegenangriffen, Gegenvorwürfen o. Ä. beantworten;

[tief] in jemandes Schuld stehen: jemandem sehr zu Dank verpflichtet sein" (vgl. Duden – Idiomatisches Wörterbuch S. 639).

Der Begriff Schuld im Neuen Testament

Bei Schuld handelt es sich im Unterschied zum Tat- bzw. Wesenscharakter der Sünde (siehe weiter unten) mehr um ein Ausgeliefertsein an die übergeordnete Instanz eines Gerichtshofes menschlicher oder göttlicher Art. Der Begriff kommt aus dem juristischen Bereich. Die griechischen Wörter dafür lauten:

enochos: schuldig, einer Sache oder Strafe unterworfen, verfallen, verdammt [von enecho: festhalten] stellt das Schuldigsein eines Angeklagten vor Gericht fest. Bei enochos geht es fast immer um die Entscheidung zwischen Leben und Tod.

aitia: Grund, Ursache, Schuld [verwandt mit aitios: verantwortlich, schuldig] legt den Akzent auf die Ursache, die zur Beschuldigung führt. Im Neuen Testament bezeichnet aitia kausale Verbindungen, gerichtliche Beschuldigungen und Klagen, die gegen jemanden vorgebracht werden, sowie die Veranlassung zum Todesurteil (z. B. die Kreuzesinschrift, die in Matthäus 27,37 die „Ursache" des Todes Jesu nennt). Die Verwendung dieser Begriffsgruppe weist auf die Verantwortung des Menschen für sein Handeln samt den sich daraus ergebenden Folgen hin. Keiner kann eine Entschuldigung vor Gott vorbringen. Schuld hat immer unangenehme bis lebensgefährliche Auswirkungen. Das Phänomen der Schuld erschließt sich erst dann in seiner letzten Tiefe, wenn sie in der Beziehung des Menschen zu Gott hin gesehen wird. Dann steht sie in Zusammenhang mit Sünde [s. u.] (vgl. Theologisches Begriffslexikon, S. 1092-1100).

Sünde

Sünde ist auf keinen Fall nur ein Ausdruck für ethische Vergehen. Die grundlegende Sünde des Menschen ist sein Misstrauen gegen Gott, seine Rebellion, d. h., so sein zu wollen wie er und damit alles selber machen und im Griff haben zu wollen (vgl. 1. Mose 3). Die Gebote wurden den Menschen erst später gegeben als Zeichen des Bundes, den Gott mit dem Volk Israel geschlossen hat. Das hebräische Wort für Gottes Gebot „torah" bedeutet „Weisung" bzw. „Zielgebung" (vgl. Baader, Bd 1, S. 1032). Wenn wir es mit „Gesetz" übersetzen, geht die Zielorientierung dieses Begriffs verloren. Alle Gebote machen Sinn, denn sie helfen zum Leben, sie schützen Gottes gute Ziele. Wenn Sünde in der Bibel das bezeichnet, was gegen den Willen bzw. die Ziele und Absichten Gottes steht, dann müssen wir, um zu verstehen, was Sünde ist, uns mit dem Willen, dem Ziel Gottes beschäftigen. Im Neuen Testament wird für Sünde meist das Wort „hamartia: Zielverfehlung" gebraucht. Dieses Wort beschreibt die Situation, wenn ein Bogenschütze mit seinem Pfeil eine Scheibe in der Mitte zu treffen versucht, sie aber verfehlt. Wer sündigt, lebt daran vorbei, was Gott für uns bereithält: Leben in Gemeinschaft mit ihm und unseren Mitmenschen. Wenn das Ziel unseres Lebens die liebende Beziehung zu unserem Schöpfer und unseren Mitgeschöpfen ist, dann meint Sünde die Verfehlung dieser Beziehung, den Vertrauens-Abbruch. *„Die Sünd ist anders nicht, als dass ein Mensch von Gott sein Angesicht abwend't und kehret sich zum Tod"* (Angelus Silesius, zit. nach AMD, S. 176). Nur im Rahmen einer Beziehung gedacht, macht der Begriff ‚Sünde' überhaupt Sinn. So wundert es nicht, wenn geistesgeschichtliche Strömungen, die die Realität der Existenz Gottes nicht berücksichtigen, Schwierigkeiten mit dem Begriff Sünde haben.

„Die Sünde will mit dem Menschen allein sein. Sie entzieht ihn der Gemeinschaft. Je einsamer ein Mensch wird, desto zerstörender wird die Macht der Sünde über ihn, und je tiefer wieder die Verstrickung, desto heilloser die Einsamkeit. Sünde will unerkannt bleiben. Sie scheut das Licht. Im Unausgesprochenen vergiftet sie das ganze Wesen des Menschen. Das kann mitten in der frommen Gemeinschaft geschehen" (Bonhoeffer, Gemeinsames Leben, S. 96f).

Sünde ist ein Problem, weil sie zerstört, weil sie Gottes Absichten entgegenläuft, der das Leben will (er hat es ja auch geschaffen!). Sünde hat deshalb mit Moral zunächst nichts zu tun, auch wenn sich ihre Auswirkungen in Ethik und Moral niederschlagen. Es geht nicht um „Werte" an sich, sondern um die Zerstörung/den Verfall des eigenen Lebens und des Lebens anderer, um unsere Verlorenheit, Ziel- und Aussichtslosigkeit. Alles, was Leben zerstört (hemmt, lähmt, verformt, mindert . . .), nennt die Bibel Sünde.

Der Begriff Sünde im Neuen Testament

Im Neuen Testament wird Sünde vor allem mit der Wortgruppe hamartia: Verfehlung, Sünde zum Ausdruck gebracht. hamartia steht immer für die letztlich gegen die Person Gottes gerichtete Sünde des Menschen. In seinen Hauptaussagen über Sünde spricht Paulus im Römerbrief, Kapitel 1-8, zunächst von Ungerechtigkeit [adikia, z. B. Römer 1,8] und Gottlosigkeit [asebeia], denn erst, wenn jemand gläubig geworden ist, wird das Vergehen bzw. Unrecht zur hamartia: (Ziel-)Verfehlung. Das Gesetz (Gottes) bewirkt die Erkenntnis der Sünde, mündet aber in die verhängnisvolle Bahn: Gesetz-Sünde-Tod. Sünde ist für Paulus beinahe personhafte Macht, die im und durch den Menschen handelt (Römer 5,12.21; 6,6,17; 7,9ff). Jesus, der selbst ohne Sünde war, ist für uns zur Sünde [hamartia] geworden, um die Gerechtigkeit Gottes aufzurichten (2. Korinther 5,21). Er kommt in die Welt und trägt die Sünde als das (Opfer-)Lamm [griech.: amnos] Gottes.

Bei Johannes werden der Wille und die Macht, die gegen Jesus stehen, Sünde genannt. Sünde ist damit Unglaube. Der Mensch ist vor die Entscheidung [griech.: krisis] gestellt: Glauben oder Unglauben, Leben oder Tod. Im 1. Johannesbrief wird hamartia als Gegensatz zur Liebe [agapae] verstanden. Prüfstein dafür ist die Bruderliebe. Sünde wird vergeben, wenn sie vor Gott bekannt wird, allerdings gibt es auch eine ‚Sünde zum Tode', mit der offenbar Abfall und Götzendienst gemeint ist (1. Johannes 5,16-21).

Neben hamartia gibt es die aus dem Rechtsleben stammende Gruppe adikia: Unrechtstat, Ungerechtigkeit, die den Akzent mehr auf Unrecht und ungerechte Taten legt. Im Gegensatz dazu steht dikae: Strafe bzw. dikainosynae: Gerechtigkeit.

Einen weiteren Aspekt beleuchtet die Wortgruppe parabasis: Fehltritt, Vergehen [ein Abweichen von der ursprünglichen und eigentlichen Richtung], die vor allem die Übertretung des Gesetzes als Ordnung Gottes charakterisiert.

Im weiteren Umfeld liegen die Begriffe anomia: Gesetzlosigkeit [nomos: Gesetz], asebeia: Gottlosigkeit [sebomai: verehren; theosebeia: Gottesfurcht]; ptaio: anstoßen, zu Fall kommen; haettemae: Niederlage; hysteraema: Mangel, Fehler; planaomai: in die Irre gehen, sich täuschen; agneo: nicht kennen, nicht wissen (agnoema: Irrtum, Unkenntnis); opheilo: schuldig sein, verpflichtet sein; parakoae: Ungehorsam [wörtl. „danebenhören, vorbeihören", Verweigerung einer Antwort].

Der Begriff Sünde im Alten Testament

Dem griechischen hamartia entsprechen vor allem die hebräischen Worte chat'at: Verfehlung und 'awon: Schuld [als bewusstes Abweichen vom rechten Weg] sowie passch'a: Auflehnung, Rebellion und noch viele weitere Begriffe. Sünde im Alten Testament meint zunächst alles, was gegen den Bundesgedanken (Treueverhältnis zu Gott) gerichtet ist. Der Sündenfall (1. Mose 3ff) zeigt die Eigenmächtigkeit des Menschen gegenüber Gott. Neben diesem Abfall meint Sünde Ungehorsam des Einzelnen sowie des Volkes gegenüber Gebot und Gesetz und damit gegen die Ziele Gottes bzw. Gott selbst (vgl. Theologisches Begriffslexikon, S. 1192-1204).

Gottes Wille

Gott will, dass wir leben – leben mit ihm. Deswegen und dafür hat er seinen Sohn gesandt, damit uns unsere Schuld nicht von ihm trennen muss. Gott geht es um mich. Er will mich herausrufen, mir begegnen. Er ruft und ich antworte. Er will mir Glauben, Freiheit, ungeahnte Lebensqualität (einen neuen Stand) schenken.

> *„Gott wäre nicht die Liebe, wenn er Kompromisse eingehen würde mit der Sünde. Gerade weil er Liebe ist, will er sich nicht mit Gemeinschaft in reduzierter Form begnügen. Gottes Zorn auf die Sünde, seine Bestrafung der Sünde sind Ausdruck dieser entschiedenen Ablehnung all dessen, was seinem Wesen widerspricht"* (v. Ungern, S. 4).

Gottes Wille ist es, dass wir ihn und unseren Nächsten, ja sogar den Feind lieben. Liebe heißt uneingeschränkte Gemeinschaft, in der es nichts Ablehnendes und Trennendes mehr gibt: *„Wer mich liebt, der wird mein Wort halten; und mein Vater wird ihn lieben, und wir werden zu ihm kommen und Wohnung bei ihm nehmen"* (Johannes 14,23).

Sünde dagegen bedeutet all das, was Gemeinschaft beeinträchtigt

und verhindert. Die Folge von Sünde ist der Tod: „...*die Sünde aber,*
wenn sie vollendet ist, gebiert den Tod" (Jakobus 1,15). Deshalb ist der
Tod der „*Sold [Lohn] der Sünde"* (Römer 6,23). Tod meint hier fehlende Gemeinschaft untereinander und mit Gott. Tod ist gleichbedeutend mit Trennung, vergleichbar einem Körperteil, das stirbt, sobald es
vom Leib (und damit vom Haupt) abgetrennt ist. Unsere Sünde nimmt
uns letztlich das Leben, denn: „*Das ist aber das ewige Leben, dass sie
dich, der du allein wahrer Gott bist, und den du gesandt hast, Jesus
Christus, erkennen"* (Johannes 17,3). Das biblische Verständnis von
Leben ist, Gott immer mehr kennen zu lernen. Leben heißt Beziehung
zu Gott. Ewiges Leben heißt, nie von Gott getrennt sein zu müssen.

„*So ist die Sünde auch gegen das heilige, gottentstammte Leben
im Menschen gerichtet und wirkt sich dann in der Zerstörung des
natürlichen Lebens aus. Sie bleibt nicht im Innenraum des Einzel-
gewissens, sondern wird zur Gemeinschaft von Schuld und Schicksal"* (Guardini, Der Herr, S. 146).

Wenn wir sündigen, verweigern wir uns Gott, d. h. wir trüben die Gemeinschaft mit ihm und auch mit unseren Mitmenschen. Sünde bedeutet aber noch mehr: Sie ist Feindschaft, Auflehnung gegen Gott selbst,
nicht nur gegen seine Ordnungen, die Ausdruck seiner Liebe und seines
Wesens sind.

„*Was heißt denn, Sünder zu sein? Nicht nur gegen einen Menschen
oder eine Sache, sondern gegen die ewig-heilige Wahrheit und Gerechtigkeit gefehlt zu haben. Nicht nur zum ewigen Sittengesetz, sondern zum lebendig-heiligen Gott in Widerspruch zu stehen. Im Letzten wiederholt die Sünde den alten Angriff Satans: Sie ist der grausig
sinnlose und doch bis in die Wurzeln erregende Versuch, Gott abzu-
setzen, Gott herunterzuziehen, Gott zu zerstören"* (Guardini, Der
Herr, S. 145-146).

Die Zielverfehlung besteht nicht nur darin, dass wir seine Ordnung/sei-
nen Willen/seine Prinzipien missachten, sondern dass wir ihm von
Grund auf misstrauen, unser Leben selbst in die Hand nehmen wollen,

selbst wissen wollen, was gut und böse ist, uns selbst ein gutes Gewissen schaffen … Christen erleben erst im Scheitern am vermeintlich christlichen Anspruch, dass Sünde etwas Existentielles ist, das ich nicht selbst „überwinden" oder „beheben" kann. Sünde ist tiefer, grundlegender. Indem wir sündigen, stellen wir uns nicht nur gegen den Willen Gottes, sondern wir unterstützen den Todfeind Gottes, der ihn entthronen möchte. Dieser Feind Gottes, sein Gegenspieler, wird in der Bibel ebenfalls als Person vorgestellt und trägt u. a. den Namen Satan, d. h. der Widersacher, der boshafte Gegner (von griech. Satanas bzw. hebr. Satan; andere Namen sind diabolos: [wörtl. Durcheinanderwerfer] Verleumder, Widersacher; echtros: Feind, ho ponaeros: der Böse). Deshalb zieht in der Bibel Sünde die Knechtschaft und Abhängigkeit von der widergöttlichen Macht und damit von Satan selbst nach sich. Gott riskiert unsere Wahlmöglichkeit, er respektiert unsere Lebensorientierung, die eben nicht nur für ihn, sondern auch gegen ihn gerichtet sein kann. Er tut das, weil er die Freiheit, mit der er uns ausgestattet hat, nicht beeinträchtigen will. Er hält uns für würdig, Verantwortung zu übernehmen. Könnten wir nicht schuldig werden, wären wir kein echtes Gegenüber für Gott. Gott ist das hohe Risiko eingegangen, nicht willenlose Marionetten in die Welt zu setzen, die keine Fehler machen. Der Grundkonflikt ist, wem wir letztlich vertrauen. Gott, anderen Autoritäten oder unseren eigenen Einschätzungen (Autonomie).

„Manche Sünde ist eine irregeleitete Sehnsucht nach Gott" (Eckstein, S. 51).

Ihrem Wesen nach ist Sünde nichts anderes als Getrenntsein von Gott. „Sünde" ist keine ethisch-moralische Kategorie, sondern drückt den Verlust einer intakten Beziehung aus. Sünde kann nicht lediglich an einzelnen Taten bzw. Unterlassungen festgemacht werden. Sie betrifft unsere Motivation (Herzenshaltung). Die Bibel weist uns darauf hin, dass wir von Grund auf gegen Gott gerichtet sind und deshalb mehr benötigen, als ein Programm zur Erlernung neuer Verhaltens- oder Denkweisen. Wir können uns nicht ändern, wir müssen verwandelt werden.

Das deutsche Wort „Sünde"

„Sünde": *„Übertretung eines göttlichen Gebotes; übertragen: Fehler, z. B. architektonische Sünden"* (Duden – Stilwörterbuch, S. 682).

sündigen: *„vergehen, freveln, einen Fehltritt tun sowie koitieren"* [Geschlechtsverkehr ausüben] (Duden – Synonymwörterbuch, S. 692).

In unserem Denken wird Sünde in erster Linie moralisch verstanden und vor allem im sexuellen Bereich verwendet. *„eine Sünde wert sein: äußerst begehrenswert sein", „in Sünde leben (veraltet): unverheiratet zusammenleben", „faul wie die Sünde", „hässlich wie die Sünde sein", „schön wie die Sünde" und „wer schläft, sündigt nicht"* (Duden – Idiomatisches Wörterbuch, S. 706).

Der Begriff „sündhaft", wird heute z. T. gar nicht mehr ernsthaft verwendet, sondern ist in Ausdrücken wie „sündhaft teuer" zum bloßen Steigerungswort verkommen (vgl. Melzer, S. 312). *„Die Ableitung* [des Wortes Sünde] *ist bis heute umstritten. (...) Am wenigsten unwahrscheinlich ist noch eine Verwandtschaft mit Scham und Schande. Auf keinen Fall ist Sünde sprachgeschichtlich mit ‚absondern' oder ‚Sund' verwandt"* (Melzer, S. 310).

„Der Kampf gegen die Sünde ist zu Beginn eine reine Freude für die erweckte Seele. Es ist, wie wenn der Eigenheimbesitzer anfängt, um sein neues Haus herum zu roden. Die Steine fliegen nur so und der Spaten klingt in der Erde. Aber wenn der Mensch am Acker seines Herzens arbeitet, macht er allmählich die traurige Entdeckung, dass es mehr Steine werden, je tiefer er kommt. Er findet ständig neue Sünden bei sich, und sie lassen sich um so schwerer entfernen, je tiefer sie in seinem Innern sitzen. Mit dem Alkoholmissbrauch und den Flüchen und der Feiertagsentheiligung zu brechen, das ist an einem Abend möglich. Aber der Hochmut, die Lust, von sich selber zu reden oder Fehler bei anderen zu finden, die sind nach dem harten Bußkampf vieler Monate immer noch da.

Eines Tages dann, wenn der Mensch mit der Sünde kämpft und auf dem Acker des Herzens Steine bricht, dass der Schweiß trieft, in der Hoffnung, nun endlich die letzten Sündensteine loszuwerden und den Anfang ernstlichen Wachstums zu sehen, stößt er mit dem Spaten auf festes Gestein. Er geht umher, gräbt rundum, schrammt den Fels und versucht es aufs Neue. Da geht ihm die schreckliche Wahrheit auf: Der ganze Untergrund ist aus Fels. Nachdem er Fuhre um Fuhre loser Steine herausgeholt und über den Zaun geworfen hat, hat er keinen Acker zustande gebracht, der anfangen kann, Frucht für Gott zu tragen; er hat eine Felsplatte aus Granit bloßgelegt, die nie, niemals einen nützlichen Baum tragen wird.

Das ist der Fels, der auch Sündenverderbnis genannt wird. Es ist die verderbte Natur, die übrig bleibt, wenn der Mensch sich von all seinen wissentlichen Sünden losgemacht hat. Der Fels im Herzen bewirkt, dass der Mensch der große Sünder vor Gott bleibt, auch nachdem er ihm alles gegeben hat, was ihm an Gehorsam und Hingabe zu Gebote steht" (Bo Giertz, S. 143).

Sünde und Schuld bedeuten so viel wie Trennung, Entfremdung vom lebendigen Gott und seiner Schöpferkraft, Trennung vom Leben, Verweigerung einer Antwort auf den Ruf Gottes in das Leben. Das ist Zielverfehlung (hamartia), Grenzüberschreitung (parabasis), Verweigerung einer Antwort (parakoe), Irrtum und Unkenntnis (agnoema). Die Menschen heutzutage erleben Sünde nicht in erster Linie als Schuld, da sie ihr Leben gar nicht mehr in Verbindung mit Gott sehen. Sie erleben Verlorenheit, Sinn- und Ziellosigkeit, Wert- und Würdelosigkeit als Folge der Entfremdung von ihrem Schöpfer und dem Guten, das er für jeden auf dem Herzen hat. Diese Befindlichkeit drückt aus, dass wir den Zugang zum Leben selbst verloren haben, und birgt die Chance, sich auf die Suche danach zu machen. Die Verheißung gilt: *„Wenn ihr mich von ganzem Herzen suchen werdet, so will ich mich finden lassen . . ."* (Jeremia 29,13.14). Und Jesus verspricht: *„Bittet, so wird euch gegeben, suchet, so werdet ihr finden, klopfet an, so wird euch geöffnet werden"* (Matthäus 7,7).

Jesus ist in die Welt gekommen, um uns den Weg zu Gott zu öffnen. In seinen letzten Worten an die Jünger, bevor er vor ihren Augen in den Himmel aufgehoben wird, macht er ihnen noch einmal den Grund seines Leidens, Sterbens und seiner Auferstehung deutlich: *„So steht's geschrieben, dass Christus leiden wird und auferstehen von den Toten am dritten Tage; und dass gepredigt wird in seinem Namen Buße zur Vergebung der Sünden* [die Hinkehr zu Gott, die hineinführt in die Erlassung der Verfehlungen] *unter allen Völkern. Fangt an in Jerusalem und seid dafür Zeugen"* (Lukas 24,46-48).

Wenn wir die Möglichkeit zur Umkehr, zur Hinkehr zu Gott annehmen, dann dürfen wir gewiss sein, bei Gottes Vergebung anzukommen. Die einzige Voraussetzung dafür ist es, ehrlich vor ihm zu werden – Sünde zu erkennen, anzuerkennen und zu bekennen. Jesus betont, dass die Umkehr nicht dahin führt, dass wir selbst büßen müssen, sondern dass wir Vergebung erleben. Dies gilt allen Völkern, auch uns heute. Seine Jünger sollen das einerseits weitersagen, andererseits dürfen sie aber auch Zeugen davon sein. Bezeugen kann man nur, was man selbst erlebt hat. Wir erfahren die Auswirkungen von Sünde, wir können aber auch die Realität von Gottes Vergebung erfahren und zu Zeugen werden, dass wir nicht in der Verlorenheit („unter der Macht der Sünde") bleiben müssen. Wenn Menschen von Sünde umkehren, hat das Auswirkungen. Schon wenn ein Einzelner sich und seine Beziehungen (be)reinigt, verändert sich der Zustand unserer Welt. Wenn ich umkehre von Sünde und mir meine Schuld vergeben lasse, wird die Welt dem Zustand ein Stück näher gebracht, in dem Gott sie haben möchte.

Buße

Die Begriffe „Buße" bzw. „Umkehr" lösen bei vielen Menschen Vorstellungen aus, die einengend, ja abschreckend wirken.

Buße ist ein altdeutsches Rechtswort und heißt Besserung, Ausbesserung eines Schadens, Wiedergutmachung. „Das sollst du mir büßen" meint: „Dafür sollst du mir noch Strafe erleiden, dafür sollst du mir noch zahlen." Buße bedeutet in unserer Sprache ein menschliches Tun, ein Bessermachen aus eigener Kraft. Diesen Rechtsausdruck nahm Luther für seine Bibelübersetzung, weil damals im römisch-katholischen Sprachgebrauch das lateinische poenitentia (Reue, Strafe, Pein) für das griechische metanoia (Umkehr, Hinkehr; s. u.) verwendet wurde. Dem lateinischen Wort haftet die Rechtsvorstellung an, dass der Sünder etwas tun bzw. sich bemühen müsse, um seine Sünden abzubüßen. Luther hat diesem alten deutschen Wort einen neuen Inhalt vom Neuen Testament her gegeben. Er hat unter Buße die folgende Bewegung verstanden: Der Mensch wendet sich von seinen alten Wegen ab und kommt zu

Jesus. Trotzdem missverstehen wir Buße immer wieder als Abbüßen der Sündenschuld. Hier setzt sich die alte Bedeutung des Wortes immer wieder durch. Deshalb erklärt der christliche Sprachforscher Friso Melzer: *„Das Wort ‚Buße' können wir sachgemäß und unmissverständlich nicht mehr gebrauchen. (...) Vielleicht ließe sich das Wort ‚Umkehr' verwenden (...)? Gemeint ist doch jene Umkehr, zu der Hosea ruft: ‚Kommt, wir wollen wieder zu dem Herrn!'* (Hosea 6,1)" (vgl. Melzer, Christlicher Wortschatz, S. 112).

Buße, griech.: „metanoia", bedeutet wörtlich „Umdenken" bzw. „Mitdenken". Gemeint ist ein Denken, das sich am Willen und an den Ordnungen bzw. Zielen Gottes orientiert, das sich immer wieder am Wesen Gottes ausrichtet und zur Lebenseinstellung wird.

Ursprung: metanoeo: seinen Sinn, seine Absicht bzw. Ansicht ändern [noeo: Vernunft]. Daraus ergibt sich die weitere Bedeutung Reue empfinden, bedauern, wenn man erkannt hat, dass die bisherige Ansicht falsch war. Im Neuen Testament bedeutet metanoia eine durchgreifende Veränderung des Gesamtverhaltens und nimmt dabei die Bedeutung des hebräischen schub: umkehren, auf. Gemeint ist nicht eine nur äußere Wendung oder ein nur innerer Anschauungswandel. Umkehr ist ein von Freude begleiteter Vorgang, weil er Leben eröffnet und auch Gott sich darüber freut (vgl. Theologisches Begriffslexikon, S. 72-76).

Umkehren bedeutet mehr, als etwas zu bereuen. Umkehren meint auch, sich von ganzem Herzen nach dem Guten sehnen, von dem man sich abgewandt hatte. Wir verstehen unter Umkehr meist die Wegkehr von etwas, das uns attraktiv erscheint und deshalb anzieht. Im biblischen Sinne liegt der Hauptaspekt jedoch auf der Hinkehr zu Gott. Die Hinkehr zum Leben, zum Schöpfer, zu dem, der es gut mit uns meint. Jesus spricht davon, dass diese Hinkehr *„hinein in die Vergebung führt"* (Lukas 24,47). *„So sehr Luther sich auch bemüht hat, dem alten Wortlaut B-u-ß-e einen neuen Sinn zu geben, so lässt sich doch nicht leugnen, es wird heutzutage weithin als Bezeichnung für ein Tun des Menschen (miss-)verstanden. (...) Im weltlich-menschlichen Bereich gilt das Wort vom Bessermachen. Die Sendung Jesu ist damit aber nicht zu erfassen: Er kam nicht, um den Menschen zu bessern, sondern um einen neuen Menschen zu schaffen"* (Melzer, Das Wort in den Wörtern, S. 52-53).

Kapitel 16

Der Fall David und Batseba

„Wohl dem, dem die Übertretungen vergeben sind, dem die Sünde bedeckt ist! Wohl dem Menschen, dem der Herr die Schuld nicht zurechnet, in dessen Geist kein Trug ist! Denn als ich es wollte verschweigen, verschmachteten meine Gebeine durch mein tägliches Klagen. Denn deine Hand lag Tag und Nacht schwer auf mir, dass mein Saft vertrocknete, wie es im Sommer dürre wird. Sela.“

David in Psalm 32, Verse 1-4

Schuld ist kein angenehmes Thema. Sind wir schuldig, ist das Bild, das wir und andere von uns haben, infrage gestellt. Deshalb wollen wir unsere Verfehlungen im Dunkeln halten und verheimlichen, unter dem Motto: „Hauptsache, es merkt keiner!" David, der 1012-972 vor Christus zunächst als Schafhirte, dann als Guerillaführer und schließlich als Regierungschef des kleinen Landes Israels lebte, hat auch einmal nach dieser Devise gehandelt. Diese Geschichte von einem, der eine besondere Beziehung zu Gott hatte, ist nachzulesen im 2. Buch Samuel, Kapitel 11 und 12. Wir wollen sie im Folgenden betrachten.

David und Batseba
Die Begebenheit spielt sich ab, *„da die Könige ins Feld zu ziehen pflegen"* (2. Samuel 11,1). David bleibt jedoch aus nicht genannten Gründen in Jerusalem. Normalerweise wäre er im Kampf beschäftigt gewesen, nun scheint er viel Zeit und Muße zu haben und kommt auf dumme Gedanken. Eines Abends scheint es ihm auf seinem Lager zu langweilig geworden zu sein, er steht auf, um auf dem Dach seines Palastes spazieren zu gehen. Er lässt seine Gedanken und Blicke schweifen. Da sieht er in einiger Entfernung eine sehr schöne Frau im Bad, die sich wohl vor Männerblicken sicher glaubt. Da ihm die Frau außerordentlich gut ge-

fällt, lässt er nähere Erkundigungen über sie einziehen und erfährt, es handle sich um Batseba, die Frau des Uria, eines seiner Soldaten. Dass Batseba eine verheiratete Frau ist, scheint ihn nicht zu beeindrucken. Ihr Mann ist ja weit weg im Krieg, wo er eigentlich selbst sein sollte. So kann er sie zu sich holen, um mit ihr zu schlafen. Natürlich weiß er, dass nicht recht ist, was er da tut – er begeht ja wissentlich Ehebruch –, aber es merkt ja keiner. Wie soll es denn herauskommen, dass er ein heimliches Rendezvous mit Batseba hat? So denkt oder hofft er. Jedoch hat er sich in dieser Annahme getäuscht, denn diese Nacht hat sichtbare Spuren hinterlassen: Batseba lässt ihm ausrichten, sie sei von ihm schwanger. Bald werden alle anhand ihres immer dicker werdenden Bauches argwöhnen, dass hier nicht alles mit rechten Dingen zuging, da doch ihr Mann am mutmaßlichen Zeugungstermin gar nicht anwesend war. Und was wird vor allem dieser denken? Wie wird er reagieren?

David, der sich gefährlichen Rückfragen ausgesetzt sieht, muss aktiv werden, um zu verhindern, dass seine Sünde ans Licht kommt. Schnell ist ein Plan ausgeheckt: Er schreibt an seinen Hauptmann, den Vorgesetzten Urias, und bittet diesen, Uria nach Hause zu schicken. Als Uria heimkommt, befragt David ihn nach der Lage seiner Truppen und schickt ihn dann zu Batseba, seiner Frau. Er gewährt ihm Sonderurlaub mit Heimschlaf-Erlaubnis. Er lässt Uria sogar noch ein Geschenk nachtragen, damit dieser es sich zu Hause mit seiner Frau so richtig gut gehen lassen kann. Er zielt ganz bewusst darauf ab, dass die beiden miteinander schlafen, damit eine rechtmäßige Erklärung für die Schwangerschaft Batsebas geschaffen wird. So weit sein Plan.

Der prinzipientreue Uria jedoch spielt nicht mit. Er geht nicht zu seiner Frau, sondern legt sich bei den anderen Soldaten Davids vor dem Königshaus nieder. Von David, seinem König, danach befragt, warum er es sich nicht bei seiner Frau habe gut gehen lassen, verweist er den König auf seine Kameraden, die auch auf dem Feld ausharren müssen und denen gegenüber er sich keine Sonderstellung herausnehmen möchte. Als Uria auch die nächste Nacht unerschütterlich an seinen Vorsätzen festhält, lädt ihn König David zu sich ein und bedient sich des Alkohols, um Urias Prinzipien aufzuweichen. Jedoch führt auch dieser Plan nicht zum Ziel: Selbst betrunken lässt sich Uria nicht zur Untreue gegenüber seinen Kameraden verleiten und verbringt die

Nacht wiederum unter freiem Himmel statt, wie von David erhofft, bei Batseba.

Schon hier ist zu sehen, wie sehr sich David in seinem Bemühen, seine Schuld im Verborgenen zu halten, verrannt hat. Nachdem er weder durch Bestechung noch mittels Alkohol seinem Ziel näher gekommen ist, geht er noch einen Schritt weiter: Er hat sich inzwischen so weit in die Sache verstrickt, dass er nicht einmal vor einem Mord an einem seiner besten und treuesten Männer zurückschreckt. Weil er die Schuld, die er beim Ehebruch mit Batseba auf sich geladen hat, um jeden Preis im Verborgenen halten will, entfernt er sich immer weiter davon, was er sonst für gut und richtig halten würde. Sein Herz wird immer härter und fintenreicher: Sein neuer Plan sieht vor, Uria zu beseitigen, damit er nach der vorgeschriebenen Trauerzeit Batseba ehelichen kann und sie dann eben eine ‚Frühgeburt‘ zur Welt bringt.

Diesmal scheint sein Plan aufzugehen. Er gibt dem kommandierenden Feldhauptmann die Anweisung, Uria an der Front einzusetzen und dann seine Deckung mitten im Kampf zurückzuziehen, damit dieser umkomme. Wir wissen nicht, was der Feldhauptmann sich dabei gedacht hat, aber er ist seinem König gehorsam, und so geschieht es: Uria wird getötet. David erhält die traurige Nachricht, dass einige seiner Männer bei dem Angriff gefallen seien. Als er aber hört, dass auch Uria sich unter den Opfern befindet, wird sie für ihn zur frohen Botschaft. Er hat dafür den sarkastischen Kommentar übrig: *„Das Schwert frisst bald diesen, bald jenen"* und erteilt die Anweisung: *„Fahre fort mit dem Kampf gegen die Stadt und zerstöre sie!"* (2. Samuel 11,25)

Als Batseba hört, dass ihr Mann umgekommen ist (sie scheint von den üblen Plänen gar nichts mitbekommen zu haben), hält sie, wie es üblich ist, die Totenklage. Nach der Trauerzeit holt David sie zu sich in den Palast und es findet eine ‚rechtmäßige‘ Hochzeit statt. Nun ist es kein Problem mehr, mit ihr ein Kind zu bekommen. Dieses Kind wird schon sehr bald geboren, und keiner hat gemerkt, auf welch verschlungenen Wegen David zu Nachwuchs gekommen war. So besonders war es auch gar nicht. An orientalischen Königshöfen war ein solches Vorgehen zu jener Zeit gang und gäbe. Als König durfte sich David einen solchen Seitensprung leisten. Er musste keinem Menschen Rechenschaft ablegen über sein Verhalten. Er selbst, der König, war die letzte

Instanz. Gegen ihn gab es keine Berufung mehr. Menschen konnten ihm nichts anhaben, er konnte als König frei und souverän über Leben und Tod seiner Untertanen verfügen ...

Auch wenn kein Mensch vom Betrug Davids wusste, auch wenn ihm niemand etwas hätte anhaben können, vor Gott kann David seine Schuld nicht verheimlichen, vor Gott muss er sich rechtfertigen: *„... dem Herrn missfiel die Tat, die David getan hatte"* (2. Samuel 11,27).

Gott schickt den Propheten Nathan zu David. Dieser erzählt ihm ein Gleichnis von zwei Männern. Der eine ist reich und hat viele Schafe, der andere arm und besitzt nur ein Schaf, das er liebt wie seine eigene Tochter. Der reiche Mann bekommt Besuch, will aber keines seiner Schafe für den Gast schlachten. So nimmt er das einzige Schaf des armen Mannes und serviert es seinem Gast zum Mittagessen. Als David diese Geschichte hört, wird er zornig über den reichen Mann, spricht diesem das Todesurteil aus und fordert Wiedergutmachung des Schadens. Davids Gerechtigkeitsempfinden ist noch vorhanden. In Bezug auf andere weiß er noch sehr genau, was gut und was schlecht ist.

Nathan konfrontiert David nun direkt mit seiner Schuld. Er sagt: *„Du bist der Mann! Du bist von Gott zum König von Israel gesalbt worden und hast nicht nur eine, sondern sogar mehrere Frauen bekommen. Sollte dir das zu wenig sein, würde er dir noch mehr geben, wenn du ihn darum bätest. Warum hast du Gott und sein Wort verachtet, den Uria erschlagen und seine Frau genommen? Dafür musst du bestraft werden! Der Herr wird Unheil über dein Haus kommen lassen. Er wird dir deine Frauen wegnehmen und sie anderen geben, und dies soll gerade deshalb in aller Öffentlichkeit geschehen, weil du deine Sünden heimlich begangen hast!"* (2. Samuel 11,7ff). Die ganze Geschichte wird David hier vor Augen gestellt, obwohl er sich so bemüht hat, dass sie nicht ans Licht kommt. Seine Schuld wird ihm schonungslos vorgehalten. Er hat sich mit seinem Urteil über den reichen Mann selbst das Todesurteil gesprochen. So geht es nicht, Unrecht muss geahndet werden. Darüber kann man nicht einfach hinweggehen, Gott schon gar nicht. Wie reagiert David nun, nachdem die Sache doch aufgedeckt wurde? Versucht er, sich herauszureden oder die Tat zu verharmlosen? Nein, er macht keinerlei Ausflüchte und gibt zu: *„Ich habe gesündigt gegen den Herrn"* (2. Samuel 12,13).

„Nathan sprach zu David: So hat auch der Herr deine Sünde weggenommen; du wirst nicht sterben" (2. Samuel 12,13). Im selben Vers noch lesen wir die Antwort Gottes auf das schlichte Schuldeingeständnis Davids: sofortige Vergebung. Gott hat die Sünde „weggenommen", sie liegt nicht mehr auf ihm. Ihn trifft das Urteil, das er sich selbst zugesprochen hatte, nicht. Er muss wegen all dieser Vergehen nicht sterben. Gott vergibt ihm seine Schuld sofort, ohne lange Debatten und ohne weitere Bedingungen. So ist Gott! Derselbe Gott, an den wir heute glauben dürfen!

Die ganze unheilvolle Geschichte ist mit einem Schlag zu Ende, die Verstrickung ist gelöst. Aber die Sünde Davids hat eine direkte Konsequenz: Das eheliche, heimlich gezeugte Kind muss sterben. David fastet, wacht und betet, um das Leben des Kindes vielleicht doch noch retten zu können, aber das Kind stirbt nach einer Woche. Nun kann er nichts mehr in dieser Sache tun. Gott hat diesen Tod zugelassen, das erkennt David an. Er akzeptiert die Entscheidung und das Handeln Gottes, er begehrt nicht dagegen auf. Wieder hat Batseba Grund zu trauern, aber David tröstet sie. Sie bekommen einen weiteren Sohn: Salomo, der den Neuanfang, den Gott David und Batseba schenkt, markiert. Er wird Davids Nachfolger werden und der, den Gott zum direkten Vorfahren Jesu bestimmt hat (vgl. Matthäus 1,6). Es heißt, dass Gott diesen Sohn besonders liebte. David trägt dafür Sorge, dass er Gottes Ordnungen und Gebote kennen lernt: Er wird von Nathan, dem Propheten, erzogen.

Wir haben in dieser Geschichte die Außenperspektive der Ereignisse mitbekommen, wie sie in den Büchern des Propheten Samuel (eine Art Biographie der Könige Saul und David) berichtet werden. Die Bibel zeigt uns jedoch auch, was sich im Inneren Davids abgespielt hat, da er viele seiner Empfindungen und Gedanken in Gebeten und Liedern, den Psalmen, wiedergegeben hat. Hier legt er sein Herz offen vor Gott hin. Wir können uns beim Lesen in ihn hineinfühlen: Anlässlich der Situation, die wir uns soeben angesehen haben, ist ein Psalm entstanden (Psalm 51). Wir sehen, dass David verstanden hat, was Vergebung und Gnade bedeuten. Er weiß, dass er mit seinen Versuchen, seine Schuld zu verheimlichen, vor allem an Gott gesündigt, aber auch viel Leid verursacht hat. Er hat erlebt, wie wichtig Wahrhaftigkeit ist, und kennt die Freude über die Chance, neu anfangen zu dürfen. Was er selbst erfahren hat, will er weitergeben, er will es andere „lehren". Er weiß, dass alle religiösen Zeremonien Gott nicht gefallen, solange ein Mensch noch seine eigenen Wege geht, seine eigenen Pläne und Gedanken verfolgt. Wer Davids Erfahrungen mit Schuld und Vergebung kennt, liest den Psalm mit ganz neuem Verständnis.

Psalm 51, ein Gebet Davids (in freier Übertragung)
„Ein Psalm Davids, nachdem der Prophet Nathan ihn besucht und wegen seines Ehebruches mit Batseba zur Rede gestellt hatte. Du großer Gott, wo soll ich hingehen? Bist du gnädig, bist du gütig? Hab Erbarmen mit mir! Meine Schuld, meine schwere Schuld – wasch sie ab, reinige mich. Ach – ich erkenne mein Vergehen und meine Schuld steht mir ständig vor Augen. Gegen dich habe ich mich vergangen – gegen dich allein. Gegen deine Ordnungen habe ich verstoßen, das Böse habe ich getan. Du hast Recht, wenn du mich verurteilst und meine Gedanken und Taten richtest. Ach, es ist ja nicht nur das, was ich getan habe – ich selber, mein Verhalten, meine Gedanken, meine Motive sind voller Auflehnung gegen dich: Ich will sein wie du und selber bestimmen, was gut und was böse ist (1. Mose 3,5). Schon von Kind auf ist das so. Was soll ich tun? Du hast Freude daran und stimmst zu, wenn ein Mensch aufrichtig und ehrlich ist, wenn er das Dunkle, das Böse, das Ungelebte im Verbor-genen, in der Tiefe seines Wesens erkennt. Bitte reinige mich von meiner Sünde, denn nur so kann ich wieder froh werden. Wasche ab den Schmutz, denn nur dann kann ich wieder rein werden, ganz neu wie frisch gefallener Schnee.
Sieh nicht auf meine Sünde und nimm meine Schuld von mir. Schaffe in mir, Gott, ein reines Herz und gib mir neuen Mut. Verwirf mich nicht von deinem Angesicht und nimm deinen heiligen Geist nicht von mir. Mache mich wieder froh durch deine Hilfe, und gib mir einen festen Willen, der auf dich gerichtet ist. Dann kann ich den Gottlosen von meinen Fehlern erzählen und sie werden zu dir zu-rückfinden. Blutschuld liegt auf mir: Ehebruch und Mord. Du allein bist Gott. Du allein kannst Sünde vergeben. Dir allein will ich meine Lieder singen. Kannst du mir eine neue Sprache geben, neue Worte in meinen Mund legen, damit ich dich rühmen und dir danken kann?

Schlachtopfer und Spenden willst du nicht haben. Was willst du dann
von mir? Du siehst meine Not und Verzweiflung, meine Ratlosigkeit.
Aber ich weiß: Du lässt mich nicht im Stich. Du kommst und lässt
mich nicht allein ... Du bist immer noch für dein Volk da, du baust
wieder auf nach Zerfall und Zerstörung. Du willst das Leben und
nicht den Tod. Was kann ich dir bringen? Mein ganzes Leben gehört
dir. Ich gebe es heute neu in deine Hand!"

Hat Gott David wirklich vergeben?

„Denn um Davids willen gab der Herr, sein Gott, ihm eine Leuchte zu
Jerusalem, dass er seinen Sohn nach ihm erweckte und Jerusalem er-
hielt, weil David getan hatte, was dem Herrn wohl gefiel, und nicht
gewichen war von allem, was er ihm gebot, sein Leben lang, außer in
der Sache mit Uria, dem Hetiter" (1. Könige 15,4.5). Dies sind Worte,
die im Nachhinein über David, der ein Mann nach Gottes Herzen war
(vgl. Apostelgeschichte 13,22), geschrieben wurden. Er war Gott im
Großen und Ganzen gehorsam, außer in jener Angelegenheit mit Uria
und dessen Frau Batseba. Schön, dass in der Bibel so ehrlich davon
berichtet wird. David wird nicht zu einem geistlichen Supermann stili-
siert, der immer alles richtig gemacht hat, sondern auch seine Fehler
werden genannt. Auch den Menschen damals, zurzeit der Entstehung
dieser Chroniken des Volkes Israel, war diese schlimme Episode ihres
großen Königs bekannt. Wir lesen hier also eine korrekte Erinnerung an
David.

Ein Kapitel vorher finden wir folgende Aussage über David: *„Geh*
hin und sage Jerobeam: So spricht der Herr, der Gott Israels: Ich habe
dich erhoben aus dem Volk und zum Fürsten über mein Volk Israel ge-
setzt und habe das Königtum von Davids Hause gerissen und dir gege-
ben. Du aber bist nicht gewesen wie mein Knecht David, der meine
Gebote hielt und mir von ganzem Herzen nachwandelte, dass er nur
tat, was mir wohlgefiel" (1. Könige 14,7-8). Mehr wird hier über David
nicht gesagt. Wie kann das sein? Einmal heißt es: *„Er tat, was recht war*
vor Gott, außer in der Sache mit Uria", und an anderer Stelle heißt es im
selben Bericht über denselben Menschen lediglich: *„Er tat nur das, was*
Gott wohlgefiel." Wie können wir diesen Widerspruch auflösen? Wurde

an der einen Stelle etwas vergessen oder gar bewusst weggelassen? Hat ein Chronist im Nachhinein den Text korrigiert, um David in ein besseres Licht zu rücken oder seinen Nachfolgern zu gefallen? Die Lösung unseres Problems ist einfach. Wir müssen berücksichtigen, wer in den jeweiligen Bibelstellen zu Wort kommt. In der zuerst angeführten Stelle (1. Könige 15,5) ist es der Chronist, ein Geschichtsschreiber der Könige Israels, der die menschliche Sicht auf David aus der Überlieferung wiedergibt. Da wird auch eine dunkle Stelle in der Biographie nicht geleugnet und wir dürfen dankbar dafür sein. An der anderen Stelle (1. Könige 14,8) spricht Gott selbst durch seinen Propheten. Nun hören wir, wie Gott David sieht: als einen, der ihm ohne Einschränkung nachfolgte. Sollte Gott vergesslich sein und sich an diese unrühmliche Episode nicht mehr erinnern (wollen)? Sicher nicht, der Grund ist ein anderer: Gott hat David vergeben! Nathan sprach David sofort Vergebung zu, nachdem David seine Schuld bekannt hatte (2. Samuel 12,13). Weil Gott vergeben hat, zählt diese Schuld, an die Menschen sich sehr wohl noch erinnern, für ihn nicht mehr. Weil er David vergeben hat, sieht er ihn so, als wäre diese Schuld nie gewesen. Sie ist aus der Welt geschafft, existiert nicht mehr! So radikal und umfassend ist Gottes Vergebung uns Menschen gegenüber: „... *denn ich will ihnen ihre Missetat vergeben und ihrer Sünde nimmermehr gedenken"* (Jeremia 31,34b). Gott hat sich aufgrund seiner Vergebung entschieden, uns Menschen so zu beurteilen, als hätten wir nicht gesündigt. Wenn Gott sie uns vergeben hat, sind wir frei davon. Die Folgen müssen wir tragen, aber in Bezug auf Gott, für unsere Beziehung zu ihm spielt sie keine Rolle mehr. Ist das nicht großartig?

Kapitel 17

Von Gottes Vergebung und Gnade

„Wir wissen es doch schon im Menschenleben ganz anders; das Wesen der Liebe liegt nicht darin, dass sie allerlei Gaben gibt, sondern dass sie sich selbst gibt, in ihre Nähe, in ihre Gemeinschaft zieht. Weil die göttliche Liebe es darauf abgesehen hat, zu sich zu ziehen, darum kann sie davor nicht zurückschrecken, den Menschen von dem zu lösen, was zwischen ihm und seinem Gott steht. " Ralf Luther*

Gott vergibt ein für alle Mal: Der Kreuzestod Jesu hat ein für alle Mal möglich gemacht, dass Gott auf unsere Schuld und Sünde mit Vergebung antworten kann. Sie erreicht den Menschen jedoch nicht automatisch, sondern *„wer den Namen des Herrn anrufen wird, der soll gerettet werden"* (Apostelgeschichte 2,21; Römer 10,13). Wem die Vergebung Gottes zuteil geworden ist, der ist eine neue Schöpfung und steht in einer neuen Beziehung zu Gott.

Gott vergibt immer wieder: Gottes Vergebung ist nicht ein einmaliges Geschenk, vielmehr ist er bereit, immer wieder zu vergeben. So können wir seine Liebe und Barmherzigkeit immer tiefer kennen lernen und erfahren. Seine Vergebung ist beständig. *„Ja, wenn vergeben das sein soll, was in der heiligen Schrift steht, dann muss es immerzu geschehen. Dann hat mir Gott zu vergeben, nicht diese oder jene Tat, sondern dass ich so bin, wie ich bin. Und jetzt nähern wir uns erst dem Mittelpunkt des Geheimnisses: Das Vergeben ist ein Strom, der von Gott her auf uns zukommt. Immerfort leben wir aus der Vergebung Gottes. Das ist erst die Wahrheit. (. . .) Und so hält Gottes Vergeben immerfort uns im Leben. Ein beständiger Strom geht aus der vergebenden Liebe Gottes zu uns und daraus heraus existieren wir"* (Romano Guardini, zit. nach v. Ungern, S. 8).

---

* zit. nach Luther, Ralf, S. 148

Gottes Vergebung entspringt seinem tiefsten Wesen: Gottes Vergebung ist Ausdruck seiner Liebe zu und Barmherzigkeit mit uns. Unser Unrecht trifft bereits auf seine Langmut. Er ist uns in Jesus in unsere Verlorenheit nachgegangen, hat uns gesucht, um uns zu retten und in seine Nähe zu führen. Dort können wir heil werden. Er schenkt uns neues Leben, das ewig ist, d. h. in die ewige Gemeinschaft mit ihm mündet. *„Gott ist ein fleißiger Sucher. Er findet uns an allen möglichen und unmöglichen Orten. Er begibt sich auch in die unmöglichste Gesellschaft, um uns wieder zu finden. Er freut sich allemal, wenn er einen verlorenen Menschen gefunden hat. Ja, Gott freut sich auch dann, wenn er uns in der fatalsten Situation wieder findet. Es braucht sich niemand davor zu genieren, von Gott gefunden zu werden. Gott ist allemal ein glücklicher Finder. Glücklich über jeden Menschen, der sich finden lässt"* (Eberhard Jüngel, EKG, S. 1511).

Gottes Vergebung hat Grenzen: Die Grenzen der Vergebung Gottes liegen nicht in seinem Willen begründet. Seine Liebe ist unermesslich und grenzenlos. Die Grenze ist vielmehr unsere Vergebungsbereitschaft unseren Nächsten gegenüber, denn ungetrübte Gemeinschaft mit Gott ist nicht möglich ohne Gemeinschaft mit den Glaubensgeschwistern (z. B. 1. Johannes 3,14; 4,20). Diese Vergebungsbereitschaft entsteht in uns, wenn wir uns Gottes Barmherzigkeit aussetzen. Werden wir von seiner Liebe im Herzen erreicht, verändert sie uns. Wo immer wir Verbindung mit Gott und unseren Mitmenschen suchen, wartet er bereits, um uns seine Vergebung zu schenken.

Gottes Vergebung ist Ausdruck seiner Gnade: Gnade ist zuallererst Geschenk. *„Die Grundbedeutung des Wortes „Gnade ist, was erfreut" bleibt im Neuen Testament überall bestehen"* (Ralf Luther, S. 97). Die Gnade Gottes steht ebenso wie das Erbarmen im Zentrum der Botschaft Jesu. Am deutlichsten sichtbar wird sie in seiner Vergebung (Schulderlass), in der Begnadigung zu neuem Leben. Unserer Schuld wegen können wir vor Gott nicht bestehen. Durch die Vergebung werden wir in seinen Augen jedoch „angenehm", er hat – wieder – Freude an uns. *„Es mag alles gegen uns sprechen, Gottes Liebe spricht für uns"* (Eberhard Jüngel, EKG, S. 399).

Der Begriff Gnade im Neuen Testament

Gnade, griech. charis, heißt Gunst, Gefallen, Dank, Wohlwollen, Wohltat, auch Dankesgabe [Kollekte]. Ursprünglich bedeutete charis das Erfreuende, das erfreuliche Wesen, die Anmut. Weitere Einzelbedeutungen sind: Huld, Zuneigung, Wohlgefallen, Gefälligkeit, Gunstbezeugung, Liebesdienst. Ein hebräisches Äquivalent im Alten Testament zu charis ist chen, das vor allem zwischenmenschliche Beziehungen beschreibt und die Überwindung der situationsbedingten oder grundsätzlichen Machtdistanz zwischen Starken und Schwachen durch die Initiative des Starken ausdrückt. Diese Vorstellung findet sich wieder in der Redewendung „in jemandes Augen Gnade finden". Im Alten Testament wird mit Gnade oft das Eingreifen Gottes verstanden, der den Schwächeren Gunst verschafft (vgl. 1. Mose 39,21; 2. Mose 3,21. 11,3. 12,36). Als Handeln Gottes bezeichnet chen meist seine unverdiente Zuwendung zu denen, die er erwählt hat (z. B. Noah, Mose, David).

charis ist der geschenkte, nicht zu verdienende Gunsterweis. Die Gnade Gottes genügt, mehr braucht der Mensch nicht, jeglicher Selbstruhm ist ausgeschlossen. Man kann jedoch auch aus der Gnade herausfallen, wenn man aufhört, sich das Wohlwollen Gottes schenken zu lassen, und es sich wieder zu verdienen sucht (vgl. Galater 5,4).

In der Apostelgeschichte ist Gnade die Kraft, die von dem auferstandenen Jesus ausgeht: Ziel der Gnade ist, uns *„in allen Dingen allezeit volle Genüge"* zu geben und reich zu sein *„zu jedem guten Werk"* (2. Korinther 9,8). Das zu charis gehörige Verb charizomai bedeutet demnach [aus Gnade] schenken, jemandem zu Gefallen sein, verzeihen. Ein spezieller Fall des Schenkens ist das Verzeihen. Deshalb wird charizomai an vielen Stellen mit Vergeben übersetzt. So wird deutlich, dass vergeben heißt, jemandem etwas Gutes zu tun, ihn erfreuen zu wollen.

Ein weiteres Verb dieser Wortgruppe ist caritoo: begnaden, mit Huld beglücken (z. B. Epheser 1,6). Charisma, aus der Wurzel charis gebildet, bedeutet ursprünglich Gunstbezeugung, Wohltat, Geschenk [charisma = aus Wohlwollen geschenkte Gabe] und kommt nur in den Briefen des Neuen Testaments vor. Paulus spricht vor allem in 1. Korinther 12 von (übernatürlichen) charismata: Gnadengaben, Geistesgaben, z. B. Prophetie. (Vgl. Theologisches Begriffslexikon, S. 590-592, Kittel, Bd. 9, S. 363-397.)

Gnade und Gesetz

Bei Paulus ist der Gegensatz Gesetz – Gnade auffallend. Gnade hat bei ihm zu tun mit: Geschenk, Gerechtigkeit Gottes, Überfluss, Glauben, Evangelium, Berufung und Hoffnung. Gesetz hingegen meint: Lohn, Sünde, Werk, geschuldete Leistung, eigene Gerechtigkeit, Ruhm, fleischliche Weisheit, Vergeblichkeit. Diese beiden Welten stehen bei Paulus in scharfem, ja unvereinbarem Gegensatz. Zentraler Vers, der dies zum Ausdruck bringt, ist Römer 3,24: *„und werden ohne Verdienst [wörtl.: geschenkweise] gerecht gemacht durch seine [Gottes] Gnade auf Grund der Erlösung in Christus Jesus."*

Etwas geschenkt zu bekommen oder aber einen Lohn zu erhalten sind unvereinbare Gegensätze. Gnade ist keinesfalls etwas Verfügbares; sie kann nicht verdient oder gar eingefordert werden. Man kann sie sich nur schenken lassen. *„. . . wem ich gnädig bin, dem bin ich gnädig, und wessen ich mich erbarme, dessen erbarme ich mich"* (2. Mose 33,19). Gnade ist für Paulus der Inbegriff dessen, was durch den Tod Jesu für den Glaubenden an Heil geschehen ist, nämlich die Versöhnung mit Gott. Der Gnadenthron ist der ‚Regierungssitz' Jesu. Durch seinen Tod wurde das Neue Testament, der neue Bund Gottes mit den Menschen, in Kraft gesetzt: *„Denn das Gesetz ist durch Mose gegeben; die Gnade und Wahrheit ist durch Jesus Christus geworden"* (Johannes 1,17).

> *„Mancher, der sich vor dem Gerichte Gottes zu sehr gefürchtet hat, wird sich in der Ewigkeit ein klein wenig schämen müssen, dass er dem Herrn nicht noch mehr Gnade zugetraut hat"* (Johann Albrecht Bengel, EKG, S. 299).

Gnade ist uns anvertraut

Wir sind Haushalter der Gnade Gottes (vgl. 1. Petrus 4,10), das heißt, die Gnade, die uns zuteil geworden ist, sollen wir weitergeben. Das bedeutet zunächst, Gnade überhaupt annehmen zu lernen in einer Welt, in der sonst Verdienst, Leistung und Rechthaben zählen. Wir haben oft große Schwierigkeiten, uns etwas schenken zu lassen, weil wir gewohnt sind, dass damit Erwartungen verbunden sind – und die wollen oder können wir vielleicht nicht erfüllen. Christ sein heißt zu lernen, sich Gnade schenken zu lassen. Dann können wir sie auch anderen zukommen lassen und dadurch die Welt im Sinne Gottes mitgestalten und prägen.

„Billige Gnade heißt Gnade als Schleuderware, verschleuderte Vergebung, verschleuderter Trost, verschleudertes Sakrament. (…) Gnade ohne Preis, ohne Kosten. (…)

Billige Gnade heißt Gnade als Lehre, als Prinzip, als System; heißt Sündenvergebung als allgemeine Wahrheit, heißt Liebe Gottes als christliche Gottesidee …

Billige Gnade heißt Rechtfertigung der Sünde und nicht des Sünders. Weil Gnade doch alles allein tut, darum kann alles beim Alten bleiben …

Billige Gnade ist die Gnade, die wir mit uns selbst haben. (…)

Billige Gnade ist Predigt der Vergebung ohne Buße, ist Taufe ohne Gemeindezucht, ist Abendmahl ohne Bekenntnis der Sünden, ist Absolution ohne persönliche Beichte.

Billige Gnade ist Gnade ohne Nachfolge, Gnade ohne Kreuz, Gnade ohne den lebendigen, menschgewordenen Jesus Christus“ (…)

„Teure Gnade ist der verborgene Schatz im Acker, um dessentwillen der Mensch hingeht und mit Freuden alles verkauft, was er hatte; die köstliche Perle, für deren Preis der Kaufmann alle seine Güter hingibt; die Königsherrschaft Christi, um derentwillen sich der Mensch das Auge ausreißt, das ihn ärgert, der Ruf Jesu Christi, auf den hin der Jünger seine Netze verlässt und nachfolgt. (…)

Teuer ist sie, weil sie in die Nachfolge ruft, Gnade ist sie, weil sie in die Nachfolge Jesu Christi ruft; teuer ist sie, weil sie den Menschen das Leben kostet, Gnade ist sie, weil sie ihm so das Leben erst schenkt; teuer ist sie, weil sie die Sünde verdammt, Gnade, weil sie den Sünder rechtfertigt. Teuer ist die Gnade vor allem darum, weil sie Gott teuer gewesen ist, weil sie Gott das Leben seines Sohnes gekostet hat – „ihr seid teuer erkauft“ – und weil uns nicht billig sein kann, was Gott teuer ist. Gnade ist sie vor allem darum, weil Gott sein Sohn nicht zu teuer war für unser Leben, sondern er ihn für uns hingab. Teure Gnade ist Menschwerdung Gottes“ (Dietrich Bonhoeffer, Nachfolge, S. 29-31).

Kapitel 18

Von der Gerechtigkeit

„Gerecht ist, wer Ansprüchen gerecht wird, die jemand an ihn kraft eines Verhältnisses hat."*

Im Alten Testament ist „gerecht", wer seine Pflichten Gott und der Gemeinschaft gegenüber erfüllt und sich so Gott gegenüber als rechtschaffen erweist. Indem er Gottes Forderung erfüllt, hat er das Recht auf seiner Seite. Wer nicht gottgemäß lebt, hat zur Gerechtigkeit keinen Zugang (vgl. Psalm 15, Psalm 24,3ff). Ein unaufgebbarer Satz alttestamentlicher Glaubenserkenntnis ist, dass Gott die Rechtsquelle ist und als gerechter Gott seinem Recht verbunden bleibt. Das Gottesrecht ordnet das Leben im Kleinsten wie im Größten und ist undiskutierbare, unabänderliche Lebensordnung. Gottes Handeln ist ein fehlerloses Ganzes, das in sich Bestand hat, weil alle seine Wege Recht sind (vgl. 5. Mose 32,4); das meint, jedem das Seine geben und alle in ihrer Existenz sichern. Gerechtigkeit herrscht, wenn Gott richtet. Dann muss keiner Mangel leiden, jeder hat, was er braucht, und alle können sich sicher fühlen. Diese Vorstellung von Gerechtigkeit (hebräisch: zedekia) wird in einem Bild ausgedrückt: *„Ein jeder wird unter seinem Weinstock und Feigenbaum wohnen und niemand wird sie schrecken"* (Micha 4,4a; vgl. auch 1. Könige 5,5). Damit das möglich wird, muss Gott selbst die Voraussetzung schaffen, indem er die Sünde wegnimmt: *„. . . und will die Sünde des Landes wegnehmen an einem einzigen Tag. Zu derselben Zeit, spricht der Herr Zebaoth, wird einer den anderen einladen unter den Weinstock und unter den Feigenbaum"* (Sacharja 3,9b.10).

Das „Recht Gottes" ist „gerecht", weil Gott „gerecht" ist (Psalm 11,7). Auf seine Lebensordnung kann man sich verlassen, weil sie nicht krumm und hinterhältig, sondern gerade ist. Überall, wo im Alten Tes-

---

* zit. nach Kittel, Bd. 2, S. 197

tament vom „Gerechten" die Rede ist, liegt das Bild eines Prozessverfahrens vor: Wie ein Richter zugunsten des Gerechten und zuungunsten des Rechtsbrechers handelt, so handelt Gott, wenn er in die menschlichen Angelegenheiten zugunsten der Frommen, die sich an seine Norm halten, eingreift. Frömmigkeit in diesem Sinn meint eine Festigkeit in der Ausführung und Durchsetzung der Gebote Gottes, selbst unter Unsicherheit und Widerspruch von Menschen. Gott *„ist ein Felsen, auf den sich das letzte Aufgebot der Kraft des Frommen zum Schutz vor dem Äußersten zurückzieht"* (Kittel, Bd. 2, S. 180). Wer Rettung ersehnt, ruft nach Gottes Gerechtigkeit, nach seinem Eingreifen (z. B. Psalm 71,2; Psalm 143,11).

Gottes Gerechtigkeit wird in seiner Bundestreue gegenüber seinem Volk Israel deutlich. Das ist mehr als königliches oder richterliches Verhalten. Schon im Alten Testament sehen wir, wie Gott aus Liebe zu seinem Volk immer wieder für es Partei ergreift und ihm hilft. Seine Heilstaten sind Teil seiner Gerechtigkeit (z. B. Jesaja 45,21; 51,5f; 56,1). Seine richterliche Gerechtigkeit schafft seinem unterdrückten Volk Recht und Sieg im Kampf gegen die Stärkeren. Indem Gottes Gerechtigkeit *„richterlich für die Bedrängten eintritt, ist sie helfend, heilschaffend"* (Kittel, Bd. 2, S. 197).

„Gott führt da mit Menschen eine Geschichte, die sein Reich auf Erden aufbauen soll. Ein feierlicher Akt, die Bundesschließung am Berge Sinai, begründet die Existenz des Volkes, das sein Reich tragen wird; Gerechtigkeit bedeutet da die Erfüllung dessen, was der Bundesschluss verlangt. Zuerst und in grundlegender Weise meint sie Gottes eigenes Verhalten, der den Bund gewährt, sich ihm verpflichtet hat und ihn hält. Dann, durch dieses göttliche Verhalten möglich gemacht, das des Menschen, der sich gebunden weiß, die Forderung des göttlichen Bundespartners zu erfüllen" (Guardini, Tugenden, S. 205).

Gerechtigkeit

Die Begriffe aus der Familie des griechischen dikae stammen von der Wurzel deik: Richtung weisen, zeigen, anzeigen, stellen, festsetzen. Der plastische Ausdruck hierfür ist das Ausstrecken der Hand. In der griechischen Mythologie war dikae der Name einer Göttin. Sie ist eine Tochter des Zeus und nimmt an der Weltregierung teil. Ursprünglich war sie die „Weiserin", die eine in der Welt vorhandene Ordnung, bezogen auf das Zusammenleben in menschlicher Gemeinschaft, vertrat. Später war sie die Göttin der Strafe und der Strafverfolgung. Sie verkörperte die Idee des Rechts als religiöse, politische und ethische Größe.

Gerechtigkeit ist zunächst die gesetzlich geforderte Leistung des Bürgers gegenüber der Gemeinschaft. Gerechtigkeit [dikaiosynae] ist die Anwendung aller Tugenden gegenüber der menschlichen Gesellschaft, insbesondere verkörpert in der juristischen Gerechtigkeit, bei der es um die Verteilung der Ehre, des Geldes und um die Regelung des Privatverkehrs der Einzelnen geht. Nach Plato herrscht Gerechtigkeit dann, wenn jeder das ihm Zukommende tut.

dikae bedeutet Strafgerechtigkeit, Strafe; dikaios: gerecht heißt ursprünglich: rechtlich, zivilisiert, gesittet; Der Begriff dikaiosynae: Gerechtigkeit, das gerechte Gericht [Gottes] bezeichnete ursprünglich die Qualität des Gerechten [die dem Gesetz entsprechende Gerechtigkeit] und ist selbst Maßstab für das Handeln des Richters, ebenso wie ihre Wiederherstellung sein Ziel ist. dikaioo: gerecht machen, zum Recht machen, als Recht anordnen, gerecht sprechen, rechtfertigen; dikaioma: Rechtsforderung, Rechtssatzung; dikaiosis: Rechtfertigung [der Akt der Gerechtmachung durch freisprechendes göttliches Urteil] (vgl. Kittel, BD. 2, S. 176-229, Theologisches Begriffslexikon, S. 502-509).

Gerechtigkeit im Neuen Testament

Nur der Gerechte kann mit Gott Gemeinschaft haben. Es gibt keine Gerechtigkeit aus dem Gesetz. Nicht das Tun des Menschen begründet die Gemeinschaft mit Gott, sondern dessen souveränes Handeln, indem er in Jesus für die ganze Menschheit entscheidend eingegriffen hat. Die Gottesgerechtigkeit ist ausschließlich Gottes Gerechtigkeit, der Mensch kann sie nicht selbst schaffen oder erwerben. Er kann sie sich nur schenken und sich in sie hineinnehmen lassen. *„Gerechtigkeit findet die Welt nicht in sich selbst, auch nicht in ihrem besten und würdigsten Vertreter, Gerechtigkeit kommt nur vom Vater und ist bei ihm"* (Theologisches Begriffslexikon, S. 505).

Das Neue am Neuen Testament ist, dass Gott sich gerecht erweist im Tod Jesu als Sühne für die Ungerechtigkeit der Menschen. Derjenige ist gerecht und erfüllt den göttlichen Willen, der „den Gerechten" [Jesus] aufnimmt und so am Lohn der Gerechtigkeit Jesu teilhat. „Der Gerechte" ist der Messias, weil sein ganzes Wesen und Tun in allem dem Gotteswillen entsprechen. Jesus ist dieser Gerechte, der Messias. Die Frau des Pilatus z. B. bezeichnet Jesus als „Gerechten" (Matthäus 27,19): Er ist unschuldig und im Sinne der Tugendauffassung „gerecht". Zu dem gleichen Schluss kommt der Hauptmann, der unter dem Kreuz Jesu steht (Lukas 23,47).

Gerechtigkeit für uns ist nach der Befreiung von den Sünden durch das Kreuz möglich (vgl. z. B. 1. Petrus 2,24). Gerechtigkeit ist Anschluss an den Gerechten, an Jesus Christus. Darum sind die selig, die „hungert und dürstet nach Gerechtigkeit" (Matthäus 5,6), denn sie haben Verlangen danach, dass Gott sie rechtfertigt. In der Konsequenz dieser Gerechtigkeit wendet sich Jesus speziell an die Sünder und nicht an die, die sich selbst für gerecht halten und meinen, seiner Gerechtigkeit nicht zu bedürfen. *„Um alle Gerechtigkeit zu erfüllen"* (Matthäus 3,15), unterzieht sich Jesus der Taufe durch Johannes, so identifiziert er sich ganz mit uns Menschen. *„Denn er hat den, der von keiner Sünde wusste, für uns zur Sünde gemacht, damit wir in ihm die Gerechtigkeit würden, die vor Gott gilt"* (2. Korinther 5,21).

Der Gerechte wird aufgrund seines Festhaltens [Glaubens] an der Gerechtigkeit [Jesu] leben. Nur durch den Glauben wird er Leben haben. Das bedeutet es, durch den Glauben gerechtfertigt zu sein. *„Diese Gerechtigkeit Gottes erweist sich darin, dass Gott sich sozusagen durch die Sünde der Menschheit nicht aus seinem Konzept bringen lässt, sondern der Auflehnung zum Trotz sein Heil und seine Herrschaft gegen sie durchsetzt. Indem aber die Sünde so grundlegend angegangen wird, kann die Grenze Israels zu den Heiden überschritten werden und das neue Gottesvolk entstehen"* (Theologisches Begriffslexikon, S. 506).

Gott ist und bleibt gerecht, er vollzieht das Gericht über die Sünde.

Seine Gerechtigkeit ist aber gleichzeitig seine Gnade für den Menschen, denn er hat, ohne sich selbst zu schonen, der Gerechtigkeit Genüge getan, indem er eine solch drastische Strafe an Jesus vollzog. Gottes Recht und Gottes Gnade sind vereinbar, weil vereint im Kreuz Jesu! Jesus selbst hat sich aus Glauben an den, der den Gottlosen gerecht macht, zum Gottlosen machen lassen (vgl. Philipper 2,8). Diese Gerechtigkeit ist der neue Zustand des Glaubenden vor Gott. Wer seine Gerechtigkeit angenommen hat, der ist Gott recht. Gerechtigkeit ist geschenkt, sie kommt nicht aus dem Gesetz oder aus menschlichem Tun oder Bemühungen, sondern aus Gott. *„Ist's aber aus Gnade, so ist's nicht aus Verdienst der Werke; sonst wäre Gnade nicht Gnade"* (Römer 11,6).

Vergebung bedeutet deshalb mehr als das Verzeihen einzelner Vergehen. Vergebung bedeutet Rechtfertigung, Rechtfertigung bedeutet Annahme, ohne Gottes Recht außer Kraft zu setzen. Dies vertieft und erweitert unser Verständnis der Vergebung Gottes immens. Durch die Vergebung haben wir teil an Gottes Gerechtigkeit. Für uns gilt sein Rechtfertigungsurteil [dikaiosis], das heißt seine Gerechterklärung. Wir werden annehmbar für ihn.

„Der Sinn der Vergebung liegt nämlich nicht darin, dass wir wieder besser dastehen, sondern dass wir Gott gegenüber dankbarer, anderen gegenüber barmherziger und uns selbst gegenüber wahrhaftiger werden" (Eckstein, S. 111f).

Fazit: Allein aus dem Glauben an das stellvertretende Opfer Jesu und eben nicht aus eigenen Werken, aus eigenen Bemühungen, kommt Gerechtigkeit, die vor Gott gilt. *„Gerechtigkeit im christlichen Sinn ist Christi Gerechtigkeit, die sich dem glaubenden Menschen in der Wiedergeburt zum neuen Leben schenkt. Wie das sein könne; wie, schlicht gefragt, der sittliche Charakter des Rechtseins „einer" Person „einer anderen" zu Eigen werden könne, bekommt nur dann eine sinnvolle Antwort, wenn das ganze Verhältnis als Frucht souveräner göttlicher Tat verstanden wird, einer Tat, in welcher jene Schaffensmacht, die zuerst in der Erdenkung und Verwirklichung der Welt offenbar wurde, sich zu ihrem Gipfel erhebt"* (Guardini, Tugenden, S. 212).

EXKURS: Luther und die Gerechtigkeit Gottes

Luther bezeichnet Gottes Gerechtigkeit als „Justitia passiva" und meint damit eine Gerechtigkeit, die auf uns zukommt und nicht von uns ausgeht. Nicht wir müssen Gott unsere Gerechtigkeit durch gutes Betragen beweisen, sondern er schenkt uns seine Gerechtigkeit, die er uns wie einen Mantel umlegt. So werden wir vor ihm gerecht. Wir sind „simul justus et peccator": zugleich Gerechte und Sünder. Von Martin Luther wird berichtet, dass er vor seiner „reformatorischen Entdeckung" regelrecht umgetrieben wurde von der Frage: „Wie kriege ich einen gnädigen Gott?" Er war sich seiner Sündhaftigkeit bewusst und fühlte sich von Gott verworfen. Beim Studium des Römerbriefes gingen ihm die Augen auf, als er im ersten Kapitel auf Vers 17 stieß: *„Da endlich, als Gott sich erbarmte, entdeckte ich, der ich Tag und Nacht über jener Stelle sinnend saß, den Zusammenhang der Worte im Text: ‚Die Gerechtigkeit Gottes wird darinnen offenbart, wie denn geschrieben steht: Der Gerechte hat das Leben aus Glauben.' Da fing ich an, die Gerechtigkeit Gottes zu verstehen, und erkannte: Die Gerechtigkeit ist gemeint, kraft deren der Gerechte das Leben hat, wohlverstanden!* im *Glauben, und ich begriff den Sinn jener Worte: Durch das Evangelium wird Gottes ‚passive' Gerechtigkeit offenbart, mit der uns der barmherzige Gott gerecht macht durch den Glauben, wie geschrieben steht: ‚Aus dem Glauben lebt der Gerechte.' Da schmeckte ich, dass ich gänzlich zu neuem Leben wieder geboren war und durch aufgetane Tore das Paradies betreten hatte"* (Luther, Theologie des Kreuzes, S. 11-12).

Daraufhin berichtet er, wie er diese Entdeckung in einem intensiven Bibelstudium überprüfte: *„Jetzt zeigte mir die Schrift ein völlig anderes Gesicht . . . Ich durcheilte sie nun nach allen Seiten hin . . . und fand noch andere Wendungen gleichen Sinnes. So ist Gottes Werk das, welches er wirket in uns. Gottes Kraft heißt die, mit der er uns stark macht, Gottes Weisheit die, mit der er uns weise macht usf. Und wie ich ehedem das Wort von der Gerechtigkeit Gottes gehasst hatte, also rühmte ich es jetzt, liebeerfüllt als das Wort, das mir zum süßesten geworden. So ist mir jener Satz des Paulus in Wahrheit die Pforte zum Paradies gewesen . . ."* (Luther, Theologie des Kreuzes, S. 11-12).

In seiner Schrift „Von der Freiheit eines Christenmenschen" aus dem Jahr 1520 setzt er sich mit dieser Gerechtigkeit auseinander:

„Wie kommt es aber, dass der Glaube allein gerecht machen und ohne alle Werke so großen Reichtum geben kann, obwohl in der Schrift so viele Gesetze, Gebote, Werke, Ordnungen und Verhaltensweisen vorgeschrieben sind? Zunächst ist hier mit Ernst festzuhalten, dass allein der Glaube ohne alle Werke rechtschaffen, frei und selig macht, wie wir nachher noch ausführlicher hören werden. Weiter muss man wissen, dass die ganze Heilige Schrift eingeteilt wird in: Gebote oder Gesetze Gottes und Verheißungen oder Zusagen Gottes. Die Gebote lehren und schreiben uns von manchen guten Werken, doch damit sind sie noch nicht vollbracht. Sie geben wohl Anweisung, was wir tun sollen, aber sie geben keine Kraft dazu. Sie sind eingesetzt, dass der Mensch an ihnen sein Unvermögen zum Guten sieht und an sich selbst verzweifeln lernt. Deshalb heißen sie auch das Alte Testament und gehören alle dahinein. So beweist zum Beispiel das Gebot: „Du sollst keine böse Begierde haben" (Ex [2. Mose] 20,17), dass wir alle Sünder sind und kein Mensch ohne böse Begierde zu sein vermag, er tue, was er will. Daraus lernt der Mensch an sich selbst verzagen und sucht außerhalb von sich Hilfe, um ohne böse Begierde zu sein und das Gebot, das er nicht selbst erfüllen kann, durch einen anderen zu erfüllen. Ebenso wenig können wir auch alle anderen Gebote erfüllen. (…) Wenn nun der Mensch aus den Geboten sein Unvermögen erfahren hat und ihm Angst wird, wie er dem Gebot Genüge tun kann (denn das Gebot muss erfüllt werden, oder er ist verdammt), so ist er recht gedemütigt und zunichte geworden in seinen eigenen Augen. Er findet nichts an sich, wodurch er gerecht werden könnte. Ist er in dieser Lage, dann kommt das andere Wort, die göttliche Verheißung und Zusage und spricht: „Willst du alle Gebote erfüllen, und wie es die Gebote fordern, deine böse Begierde und Sünde loswerden, wohlan, so glaube an Christus, in welchem ich dir alle Gnade, Gerechtigkeit, Frieden und Freiheit zusage. Glaubst du, so hast du, glaubst du nicht, so hast du nicht (Jes 7,9). Denn was dir unmöglich ist mit allen durch die Gebote geforderten Werke, das wird dir leicht gemacht durch den Glauben. Denn ich habe alles kurzerhand in den Glauben gelegt: Wer den hat, soll alles haben, wer ihn aber nicht hat, soll gar nichts haben." So geben die Zusagen Gottes, was die Gebote fordern, und sie vollbringen, was die Gebote befehlen, damit alles Gott zu Eigen sei: die Gebote und ihre Erfüllung. Er befiehlt allein, er erfüllt

auch allein. Deshalb gehören die Zusagen Gottes in das Neue Testament, ja sie sind das Neue Testament. (…) So sehen wir nun, dass ein Christ am Glauben genug hat, er bedarf keines guten Werkes, um gerecht zu sein. Bedarf er keines guten Werkes mehr, so ist er gewiss von allen Geboten und Gesetzen entbunden. Ist er entbunden, so ist er gewiss frei. Das ist die christliche Freiheit, der wahre Glaube. Er bewirkt nicht, dass wir die Hände in den Schoß legen oder Böses tun können, wohl aber, dass wir kein Werk brauchen, um Gerechtigkeit und Heil zu erlangen. (…)" (zit. nach Bezzenberger, S. 42-45).

Nicht mehr aus sich selbst zu leben, sondern aus Gott, setzt diesen „Rechtfertigungsbankrott" voraus. Nur so können wir Gnade erfahren und verstehen. Wenn wir uns auf Jesus gründen wollen, müssen erst einmal die alten Fundamente und (Schein-)Sicherheiten wegfallen. Es geht nicht darum, mit uns selbst zufrieden zu sein. Es geht nicht darum, es „richtig" zu machen. Gottes Gebote dienen dem Leben und damit uns. Sie machen Sinn, weil sie Leben ermöglichen. Jesus selbst ist das Leben, er hält uns und will uns immer tiefer in dieses Leben in Weite und Freiheit, aber auch Geborgenheit und Klarheit hineinführen. Wenn wir das verstehen, haben wir die gute Nachricht verstanden. Nur dann kann echter und tiefer Glaube wachsen. Diese Freiheit im Glauben ist beängstigend, denn wir haben nichts Menschliches mehr, woran wir uns festhalten und was wir „richtig" machen können. Deswegen ist die Gefahr groß, selbst wieder Grenzen und Maßstäbe, Sollwerte und Idealbilder zu setzen. Wir brauchen einander, um am Glauben und an der Freiheit festzuhalten, um Annahme zu erfahren, so wie wir wirklich sind, damit wir nicht wieder meinen, „eigentlich" anders sein zu müssen.

Das Ziel Gottes für uns ist eine unmittelbare Beziehung zu Jesus („Mündigkeit"). Da braucht es keine Regeln, kein Programm, kein Gesetz mehr. Jesus selbst will uns führen und hat uns auch Menschen an die Seite gestellt, die uns hierin voraus sind. Wir können ihre Hilfe erbitten und ihre Erfahrung nutzen. Solche Seelsorger können mit uns diese unmittelbare Beziehung zu Jesus suchen und so das Wachsen unseres Glaubens fördern.

Kapitel 19

Gott hat sich mit uns versöhnt

„Versöhnung ist ein Ereignis von so grundlegender Bedeutung, dass es nur mit dem Leben aus den Toten und der neuen Schöpfung verglichen werden kann" (vgl. Römer 11,15).*

Wir erinnern uns: Versöhnung bewirkt das Zusammenkommen von Gegnern, die entzweit waren. Zwischen ihnen entsteht Frieden, Unrecht und Feindschaft werden überwunden. Das theologische Novum christlichen Denkens besteht darin, dass Gott nicht Objekt versöhnenden Tuns des Menschen, sondern Subjekt der Versöhnung ist. Das ist die Konsequenz der alttestamentlichen Botschaft von Gott als dem „Barmherzigen" und „Gnädigen". Er ist es, der Vergebung und einen neuen Bund bereits im Alten Testament verheißt und ihn dann im Neuen Testament einsetzt. Versöhnung ist somit eine bereits vollendete Tat Gottes (Römer 5,10: „als wir noch Feinde waren"), die jedem menschlichen Tun vorausgeht.

Umkehr und Sündenbekenntnis des Menschen führen die Versöhnung Gottes nicht erst herbei oder leiten sie ein. Nicht Gott reagiert auf unsere Umkehr und unser Sündenbekenntnis, Umkehr und Sündenbekenntnis sind unsere Reaktion auf das, was Gott uns anbietet. Versöhnung ist Initiative und Selbsteinsatz Gottes, um uns Menschen, die sich gegen ihn stellten und damit zu seinen „Feinden" geworden waren, zu Freunden zu machen. Sein Versöhnungshandeln ist bereits vollzogen! Diese Versöhnung als einseitige Tat Gottes ist ein Geschenk an alle Menschen. Wir dürfen die Versöhnung empfangen, wobei empfangen nicht passiv, sondern aktiv gemeint ist und so viel bedeutet wie nehmen,

---

* zit. nach Theologisches Begriffslexikon, S. 1311

annehmen, holen. Die Aufforderung, sich versöhnen zu lassen, entspricht der Aufforderung zum Glauben. Das „Wort von der Versöhnung" (2. Korinther 5,19) ist das Evangelium selbst.

Begriffe der Bibel für Versöhnung
Altes Testament:
nasa (hebr.): vergeben, versöhnen [Menschen untereinander] heißt ursprünglich: davontragen, wegnehmen (vgl. Fohrer, S. 182).

salach (hebr.): vergeben, versöhnen [nur bezogen auf Gott].

Neues Testament:
Versöhnung bedeutet die Wiederherstellung eines guten Verhältnisses zwischen Feinden. Dafür müssen die Faktoren beseitigt werden, die Feindschaft hervorrufen. Das geschieht durch Sühne, d.h. indem ein Ausgleich geschaffen wird. Im griechischen Sprachgebrauch bringen dies drei verschiedene Wortgruppen zum Ausdruck:

1. (ex-)hilaskomai (von hileos: gnädig, freundlich): sühnen, gnädig machen/gnädig stimmen, gnädig werden; eine Wortgruppe aus dem kultischen Bereich, die meist Handlungen bezeichnet, die (ursprünglich) Götter gnädig stimmen und (später) Sünde sühnen sollen.

2. apokatastasis: (partielle oder universale) Wiederherstellung, bedeutete ursprünglich zurückversetzen, zurückbringen (auch heilen, z. B. Markus 3,25: 8,25); ein politischer Ausdruck, der eine partielle oder universale Wiederherstellung zum Inhalt hat.

3. katallasso: versöhnen, verändern, vertauschen; diese Wortgruppe aus dem profanen Leben zielt auf die positive Veränderung eines negativen Verhältnisses, d.h. die Aussöhnung verfeindeter Parteien durch gegenseitige Zuwendung, wie dies dem heutigen Sprachgebrauch „versöhnen" entspricht.

Interessant ist, dass im Neuen Testament weder der kultische (1.) noch der politische (2.), sondern der profane Begriff (3.) zum entscheidenden Ausdruck des Versöhnungsgeschehens zwischen Gott und Mensch und unter Menschen geworden ist (vgl. Theologisches Begriffslexikon, S. 1302-1313).

Die unsichtbare, geistliche Welt

Wenn wir die ganze Schöpfung und Geschichte ansehen, geht es um mehr als um die Auseinandersetzung zwischen Gott und uns Menschen als ihm ungehorsamen Geschöpfen. Es geht um die Überwindung der teuflischen Macht, die Gott entthronen will, die Todfeindschaft gegen Gott. Der Zorn Gottes ist nur zu verstehen, wenn wir bedenken, dass es um mehr geht als um Übertretungen einzelner Gebote von ungehorsamen Menschen. Der Zorn Gottes richtet sich gegen die satanische Macht, der wir durch die Abwendung von Gott unterstehen und die uns in Unfreiheit und Angst hält.

Versöhnung ist nicht nur Besänftigung des Gotteszornes, sondern schafft Frieden. Tiefer Frieden kann nur eintreten, wenn die Angriffe gegen die Alleinherrschaft Gottes aufhören. Jesus hat sich in diesem Machtkampf zwischen die beiden kämpfenden Gewalten gestellt, indem er zugleich ganz auf der Seite der Menschen und zugleich ganz auf der Seite Gottes steht. Auf der Seite der Menschen stehend, trifft ihn der volle Gotteszorn, die Strafe für die Sünden aller Menschen. Auf der Seite Gottes stehend, setzt er sich dem ganzen Gotteshass der Welt und der ganzen Wucht der satanischen Macht aus, die versucht, Gott zu entthronen.

Zwischen diesen beiden hier aufeinander prallenden Gewalten gibt es keinen Kompromiss oder gar Frieden, sondern nur ein Entweder-Oder. Entweder lässt sich Jesus vom „Fürsten der Welt" ganz vernichten und nimmt die Strafe für Sünde und Schuld des Menschen auf sich, oder der „Fürst dieser Welt" wird ganz von ihm besiegt, damit die Folgen der Sünde, nämlich der Tod, ein für alle Mal überwunden sind. Beides tritt gemäß dem Bericht des Neuen Testamentes beim Gang Jesu durch den Tod zur Auferstehung nacheinander in Kraft. *„Die Bedeutung der Versöhnungstat, die Jesus auf der Erde vollzog, liegt darin, dass dem Satan das Recht genommen wurde, die Menschheit wegen ihrer Schuld zu verklagen"* (Drögemüller, S. 3). Nun kann uns unsere Schuld den Zugang zu Gott nicht mehr verschließen. Durch die Auferstehung Jesu ist dem Teufel die Macht genommen. Er kann uns nicht länger anklagen und wir brauchen uns vor dem Tod nicht mehr zu fürchten.

Auswirkungen der Versöhnung mit Gott

Das Wesenhafte der Versöhnung ist die Beendigung der Feindschaft zwischen Gott und den Menschen, indem Gott *„ihnen ihre Übertretungen nicht anrechnete"* (vgl. 2. Korinther 5,19).

„Da wir nun gerecht geworden sind durch den Glauben, haben wir Frieden mit Gott durch unseren Herrn Jesus Christus." (Römer 5,1)

Durch die Versöhnung sind wir errettet und eine neue Schöpfung: *„Denn die Liebe Gottes ist ausgegossen in unsre Herzen durch den heiligen Geist, der uns gegeben ist"* (Römer 5,5b).

Diese Neuschöpfung geschieht durch die Identifikation Jesu mit uns. Er allein ist berechtigt und in der Lage, an unsere Stelle als schuldhafte Person, als Feind Gottes, zu treten. Er nimmt am Kreuz die Verlorenheit und Verlassenheit der Menschen und das Verderben der ganzen Welt auf sich. Nicht nur unsere Schuld wird getilgt, Jesus identifiziert sich so mit unserem Wesen, dass wir zu neuen Personen „in Christus" geschaffen werden (vgl. Galater 2,20). Paulus spricht hier von einem Rollentausch (2. Korinther 5,21), Luther von einem „fröhlichen Wechsel" zwischen Jesus und dem Glaubenden, durch den aus Feinden Freunde werden:

„Was Christus hat, ist Eigentum der glaubenden Seele; was die Seele hat, wird Eigentum Christi. Christus hat alle Güter und alles Heil, all das gehört nun der Seele. Die Seele ist beladen mit allen Untugenden und Sünden, die werden Christus zu Eigen. Hier beginnt nun der fröhliche Wechsel und Streit. Christus ist ja Gott und Mensch, der noch nie gesündigt hat, und seine Gerechtigkeit ist unüberwindlich, ewig und allmächtig. Wenn er nun die Sünden der Seele durch ihren Brautring (das ist der Glaube) sich zu Eigen macht und so tut, als hätte er sie begangen, dann müssen die Sünden in ihm verschlungen und ersäuft sein. Seine unüberwindliche Gerechtigkeit ist den Sünden zu stark. Die Seele wird also nur um ihrer Brautgabe (das heißt um des Glaubens) willen von all ihren Sünden frei und los und mit der ewigen Gerechtigkeit ihres Bräutigams Christus beschenkt. Es ist nun nicht mehr möglich, dass die Sünden sie verdammen, denn die liegen nun auf Christus und sind in ihm verschlungen" (zit. nach Bezzenberger, S. 47).

Der Dienst der Versöhnung

Dem „Wort von der Versöhnung" entspricht der „Dienst der Versöhnung" (2. Korinther 5,17-21). Gemeint ist hier nicht ein kultischer, die Versöhnung erst herbeiführender Dienst, sondern das versöhnende Handeln unter Menschen und der Ruf zum Glauben an Jesus Christus, d. h. zur Annahme der Versöhnung mit Gott. *„Durch diese Botschaft sind wir in der Lage, den unter der Schuld und unter der Angst vor dem Tod geknechteten Menschen, Freiheit und Heilung zu bringen. Indem wir das tun, nehmen wir Anteil an der Sendung Christi zur Versöhnung mit Gott. Wir nehmen Anteil an dem Amt, ,das die Versöhnung predigt'"* (Drögemüller, S. 3). Versöhnung steht im Zentrum des Heilsgeschehens zwischen Gott und Mensch und somit der Menschen untereinander.

Der Dienst der Versöhnung ist möglich, weil der himmlische Vater, der die Welt so sehr geliebt hat, dass er seinen Sohn für sie hingab, während die Welt ihn in satanischem Gotteshass vernichten wollte, den Sieg über die widergöttlichen Mächte in der unsichtbaren Welt durch Liebe errungen hat. In der sichtbaren Welt wird dieser Sieg bis zur Vollendung des Reiches Gottes aufgeschoben. Gottes Ziel ist es, die Gemeinschaft mit seiner Schöpfung vollständig wiederherzustellen. In die sichtbare Welt hineingestellt, treten wir ein für einen unsichtbaren Herrn und richten unsere Hoffnung auf eine unsichtbare Zukunft. Allerdings dürfen wir unseren Kampf in dieser Welt bereits jetzt mit der Hilfe Gottes führen. Er hat seinen Heiligen Geist gesandt. Er lässt Vertrauen in uns wachsen, indem wir ihn immer besser kennen lernen. Er schenkt uns Liebe, die durch die Erfahrung seiner Barmherzigkeit in uns entsteht und uns immer wieder zu ihm zieht. So lernen wir Gott lieben und haben die Kraft, im Glauben tätig zu werden zum Segen für andere. Er gibt uns die Hoffnung, die begründet ist in der Auferstehung Jesu von den Toten (1. Petrus 1,3). Diese Hoffnung wiederum schafft in uns Gewissheit auf die kommende Vollendung des Reiches Gottes. *„Nur wer die unbedingte Gewissheit hat, dass ihm die Zukunft gehört, kann die gegenwärtige Welt aus den Angeln heben"* (Karl Heim, zit. nach Drögemüller, S. 4).

Jesus schuf Versöhnung, indem er Kranke heilte, Dämonen austrieb, mit Zöllnern und Sündern zusammensaß und für Arme, Hungernde und Elende Partei ergriff. Nachfolge Jesu bedeutet daher, nicht distanziert oder neutral gegenüber Menschen zu sein, sondern sich ihnen zuzuwenden und für die einzutreten, die Hilfe brauchen. Diejenigen, die keine Hoffnung haben, können sich an unserer Hoffnung aufrichten, wenn sie erleben, dass wir uns einsetzen und uns ihnen mit Zeit, Kraft und Liebe zuwenden.

„Die Bedeutung des Dienstes der Versöhnung (…) liegt also darin, die Menschen in die versöhnte Gemeinschaft mit Gott zu führen, damit sie selber Anteil an diesen Kräften haben, an Glaube, Liebe und Hoffnung, dass in ihnen selber diese Wirkungen durchbrechen" (Drögemüller, S. 5).

Kapitel 20

Wem viel vergeben ist ...

„Gott bittet uns, ihn zu lieben, nicht, weil er unsre Liebe zu ihm braucht, sondern weil wir unsere Liebe zu ihm brauchen."

Franz Werfel*

Simon Petrus, einer der engsten Nachfolger und Schüler Jesu, ist eine facettenreiche Gestalt. Immer wieder hebt er sich von den anderen Jüngern ab, indem er kein Blatt vor den Mund nimmt und geradeheraus sagt, was er denkt. Uns ist er bereits mit seiner Frage, wie oft er seinem Bruder vergeben müsse, aufgefallen. Als Jesus den Jüngern seinen bevorstehenden Tod ankündigt, sagt er dazu, dass es auch für sie eine Bewährungsprobe sein wird. Es bedeutet für sie, von ihm getrennt zu werden. Petrus sagt er zu, dass er deswegen schon im Vorfeld für ihn und seinen Glauben eingetreten ist: *„Simon, Simon, siehe, der Satan hat begehrt, euch zu sieben wie den Weizen. Ich aber habe für dich gebeten, dass dein Glaube nicht aufhöre. Und wenn du dereinst dich bekehrst, so stärke deine Brüder"* (Lukas 22,32). Jesus möchte Petrus auf das, was ihm bevorsteht, vorbereiten. Er sagt auch voraus, dass Petrus sich dadurch „bekehren" (griech.: metanoia = umkehren) werde. Petrus scheint gar nicht zu hören, wie Jesus hier andeutet, dass seine Ausrichtung noch nicht ganz stimmt, dass er etwas Entscheidendes noch nicht begriffen hat. Er ist sich sicher, dass er von ganzem Herzen bereit ist, für Jesus, den Gesalbten Gottes (Messias, Christos), einzutreten:

> *„Er aber sprach zu ihm: Herr, ich bin bereit, mit dir ins Gefängnis und in den Tod zu gehen. Er aber sprach: Petrus, ich sage dir: Der Hahn wird heute nicht krähen, ehe du dreimal geleugnet hast, dass du mich kennst"* (Lukas 22,33-34).

---

* zit. nach EKG, S. 541

Petrus hält sich für stark genug, alle nur denkbaren Herausforderungen anzunehmen. Er hat das in diesem Moment sicher ganz ernst gemeint. Er wollte nichts anderes als Jesus treu bleiben. Er war sich seiner selbst ganz sicher, auch in punkto Opfer- und Leidensbereitschaft. Seine Worte sind bestimmt nicht leichtfertig dahergesagt: *„Wenn sie auch alle Ärgernis nehmen, so will ich doch niemals Ärgernis nehmen an dir"* (Matthäus 26,33). Dieser Satz zeigt seine Selbsteinschätzung im Vergleich zu den anderen Jüngern. Petrus hatte seine Loyalität gegenüber Jesus und sein Vertrauen in ihn bereits einige Male bewiesen. Gerade jetzt, wo Jesus dieser schwere Weg bevorsteht, will er den anderen ein leuchtendes Beispiel sein.

„Sie ergriffen ihn [Jesus] aber und führten ihn ab und brachten ihn in das Haus des Hohenpriesters. Petrus aber folgte von ferne. Da zündeten sie ein Feuer an mitten im Hof und setzten sich zusammen; und Petrus setzte sich mitten unter sie. Da sah ihn eine Magd am Feuer sitzen und sah ihn genau an und sprach: Dieser war auch mit ihm. Er aber leugnete und sprach: Frau, ich kenne ihn nicht. Und nach einer kleinen Weile sah ihn ein anderer und sprach: Du bist auch einer von denen. Petrus aber sprach: Mensch, ich bin's nicht. Und nach einer Weile, etwa nach einer Stunde, bekräftigte es ein anderer und sprach: Wahrhaftig, dieser war auch mit ihm; denn er ist ein Galiläer. Petrus aber sprach: Mensch, ich weiß nicht, was du sagst. Und alsbald, während er noch redete, krähte der Hahn. Und der Herr wandte sich und sah Petrus an. Und Petrus gedachte an des Herrn Wort, wie er zu ihm gesagt hatte: Ehe heute der Hahn kräht, wirst du mich dreimal verleugnen. Und Petrus ging hinaus und weinte bitterlich" (Lukas 22,54-62).

Petrus steht draußen im Hof, wo das Feuer brennt und sich Soldaten und Bedienstete des Hohenpriesters versammelt haben. Jesus wird drinnen verhört, die Tür nach draußen scheint offen zu stehen, sodass Petrus wenigstens optisch verfolgen kann, was mit Jesus geschieht. Dreimal sprechen ihn die Leute, die mit ihm ums Feuer stehen, auf seine Verbindung zu Jesus an. Dabei rücken ihm die Fragenden immer dichter auf den Pelz – die Bedrohung für ihn nimmt zu. Er leugnet jedes Mal, zu

Jesus zu gehören, bleibt aber beim Feuer, immerhin mehr als eine Stunde, anstatt das Weite zu suchen und einer möglichen Mitverurteilung zu entkommen. Dann kräht der Hahn. Bei Lukas lesen wir darauf: *„Und der Herr wandte sich um und sah Petrus an"* (Lukas 22,61).

Jesus, mitten im Verhör, hört ebenso wie Petrus draußen am Feuer das Krähen des Hahns. Beide erinnern sich in diesem Moment an ihr Gespräch vom Vortag. Jetzt ist tatsächlich eingetreten, was Jesus ihm vorausgesagt hat. Jetzt weiß Jesus, dass auch der letzte seiner Jünger ihn im Stich gelassen hat und er nun allein seinen Gegnern gegenübersteht. Da wendet Jesus sich um, blickt zu Petrus hin. Ihre Blicke kreuzen sich. Sie sehen sich an. Sicherlich nicht besonders lange, aber sehr intensiv. Es war wohl einer jener Blicke, bei denen die Zeit stillzustehen scheint, ein Blick, so bedeutsam, dass man ihn nie vergisst, auch wenn die Umstehenden ihn gar nicht bemerkt haben. Nun wird Petrus sein Verrat bewusst. Ja, er steht Auge in Auge mit dem, den er verleugnet und enttäuscht hat.

> *„Verdammter Hahn. Jede Nacht hör ich ihn krähen und schmecke den Rauch des Wachtfeuers auf der Zunge. Und höre die pockennarbige Magd, die mit den Haarzotteln: Warst du nicht bei ihm? Und höre mich sagen: Nein. Und seh bei der Glut die Soldknechte würfeln. Und sehe die Hände, die mich befreiten, gefesselt"* (Rudolf Otto Wiemer, EKG, S. 195).

Was mag der Blick Jesu wohl ausgedrückt haben? Triumph, weil er Recht behalten hat? – „Da siehst du es, ich habe es ja gleich gesagt, du bist ein Versager!" – Tadel und Vorwurf? – „Petrus, wie konntest du nur?" Anklage? „Was, jetzt lässt auch du mich im Stich?" Ist Jesu Blick drohend? – „Petrus, wage nur nicht, mir noch einmal unter die Augen zu treten, es ist aus zwischen uns, mit dir kann ich nichts mehr anfangen."

Nichts von alledem! Es war ein Blick voller Liebe, Annahme und Vergebung. Sicher waren auch Schmerz und Trauer darin. Petrus hat diesen Blick wohl sehr intensiv erlebt. Plötzlich findet er sich außerhalb des Hofes wieder. Nun ist er außer Gefahr. Anspannung und Angst, die sich durch das „Verhör" am Feuer in ihm aufgebaut hatten, lassen nach. Nun kommt seine Enttäuschung über sich selbst durch, vielleicht auch sein Mitfühlen der Verlassenheit Jesu. Er schluchzt bitterlich. Aber im Gegensatz zu Judas, der nach seinem Verrat keinen anderen Weg mehr sieht als sich umzubringen, weiß er, dass nicht alles aus ist. Es muss wohl dieser Blick Jesu gewesen sein, der in ihm die Hoffnung nicht ganz verlöschen lässt. Er zieht sich nicht zurück, wirft nicht alles hin, sondern findet sich wieder bei den anderen Jüngern ein und wird später zu einem Augenzeugen des leeren Grabes. Ihm begegnet der auferstandene Jesus. Besonders interessant im Blick auf die Beziehung zwischen Petrus und Jesus ist das letzte Kapitel des Johannesevangeliums. Hier wird berichtet, wie Petrus und einige der Jünger in ihren alten Beruf zurückgehen wollen, nachdem Jesus ihnen nicht mehr erschien. Petrus scheint noch immer als Führer unter den Jüngern anerkannt zu sein. Wir wissen nicht, ob sie zu diesem Zeitpunkt von seinem Versagen im Hof des Hohenpriesters gewusst haben. Sie schließen sich ihm an, als er wieder fischen gehen will. Sie gehen nach Galiläa, an den See Genezareth, und werfen die ganze Nacht lang (die beste Zeit für den Fischfang) ihre Netze aus. Morgens kommen sie jedoch mit leeren Netzen zurück, ihr Fischzug hat ihnen nichts gebracht.

Am Ufer steht ein Mann, ein Unbekannter. Er ruft ihnen zu: „Fahrt noch einmal hinaus!" Sie tun es und werfen die Netze noch einmal aus. Sie machen einen sagenhaften Fang. Die Netze sind so voll, dass sie zu reißen drohen. Wer der Fremde am Ufer ist, haben sie noch nicht erkannt, auch Petrus nicht, der eine solche Begebenheit doch schon einmal erlebt hatte (vgl. Lukas 5,1-11). Bei seiner „ersten" Berufung hatte Jesus ihn dadurch beeindruckt, ja erschreckt, wie es heißt, dass er ihm zu einem solchen Fang, noch dazu zu ungünstiger Fangzeit, verholfen hatte. Jetzt scheint sich nicht nur die Situation, sondern auch ihr Anlass zu wiederholen. War Petrus nicht gerade dabei, wieder eigene Wege zu gehen, anstatt im Vertrauen auf Jesus zu warten, bis dieser sagen würde, wie es weitergeht? Diesmal ist es „der Jünger, den Jesus lieb hatte", der ruft: „Es ist der Herr!" (Johannes 21,7).

Stellen wir uns einmal vor, wir selbst wären in der Situation, in der sich Petrus nun wieder findet. Wieder mal ertappt! Erst haben wir Jesus dreimal verleugnet, und Jesus hat es nicht nur vorausgesagt, sondern auch direkt mitbekommen. Nun waren wir wieder untreu, indem wir nicht in Jerusalem gewartet haben bis, wie er sagte: „Die Kraft aus der

Höhe" auf sie kommen würde (Lukas 24,49). Unser erster Gedanke wäre wohl: „Nichts wie weg! Jetzt kann ich Jesus nicht mehr unter die Augen treten!" Uns würde unsere Schuld, unser Versagen, eher noch weiter von Jesus wegtreiben. Unser Gefühl, unwürdig zu sein, würde uns den Blick dafür verstellen, dass er uns ja nachgegangen ist. Wir würden gar nicht sehen, dass es seine Liebe zu uns ist, die unsere Beziehung erhält und immer wieder neu macht. „Er ist treu, selbst wenn wir untreu sind" – das scheint auch Paulus erfahren zu haben, denn er schreibt es an seinen Schüler (2. Timotheus 2,12). Eine solche Liebe ist kaum zu glauben! Wir würden uns selbst Bedingungen setzen, bevor wir es wagen könnten, wieder zu Jesus zu kommen. Jetzt zu kommen, das wäre ja wieder eine Bankrotterklärung. Jetzt, wo wir gar nichts Gutes vorzuweisen haben.

Petrus jedoch reagiert ganz anders: Er will gar nicht erst warten, bis die anderen mit dem Einziehen der Netze fertig sind. Der Fang interessiert ihn jetzt gar nicht mehr. Jesus ist da! Petrus wirft sich ins Wasser und schwimmt an Land, um vor allen anderen bei Jesus zu sein. Er will Zeit mit Jesus alleine haben. Was sie unter vier Augen besprechen, wird uns nicht berichtet. Sicher hat Petrus sehr persönliche Dinge mit Jesus geklärt. Als dann die anderen Jünger dazukommen, bietet Jesus ihnen allen ein Frühstück mit gebratenen Fischen an. Er gibt ihnen von sich aus, was sie sich selbst verschaffen wollten.

Nach dem Essen spricht Jesus in Gegenwart der anderen Jünger Petrus noch einmal ganz persönlich an: „Simon, Sohn des Johannes, hast du mich lieber, als mich diese haben?" (Johannes 21,15).

Diese Frage klingt seltsam. Seit wann vergleicht Jesus das Maß der Liebe seiner Jünger? Sie hatten sich einmal darüber gestritten, wer unter ihnen der Größte sei, und damals sagte er zu ihnen, dass es unter ihnen nicht um solche Vergleiche gehen sollte (vgl. Lukas 22,24-30). Wieso fragt Jesus nun, ob Petrus ihn lieber hat als die anderen? Will er Petrus erneut zu einer Selbstüberschätzung verleiten oder ihn demütigen?

Jesus spricht mit seiner Frage das alte Muster des Petrus an. Interessanterweise benutzt er auch seinen alten Namen: Simon, Sohn des Johannes. Er will wissen, ob Petrus immer noch der Beste sein will, mehr noch, er will ihm zeigen, dass es ihm (Jesus) darum überhaupt nicht geht und auch ihm (Petrus), nach allem, was war, nicht mehr darum geht.

Und tatsächlich, Petrus antwortet ganz anders, als man es von ihm gewohnt ist. Er geht in seiner Antwort nicht von sich selbst aus, sondern sagt: *„Ja, Herr, du weißt, dass ich dich lieb habe."* Er lässt sich nicht mehr auf einen Vergleich ein. Er muss überhaupt nichts mehr vorweisen. Er weiß, dass Jesus weiß, was mit ihm ist. Das genügt ihm. Noch ein anderer Gesichtspunkt ist an seiner Antwort erstaunlich, der in unserer Übersetzung leider nicht deutlich wird. In seiner Frage hatte Jesus für „lieben" das Wort „agapao" benutzt, das die höchste Form der Liebe, die selbstlose Liebe meint, wie Paulus sie in 1. Korinther 13 beschreibt. Jesus selbst hatte zu ihnen gesagt: *„Niemand hat größere Liebe als die, dass er sein Leben hingibt für seine Freunde"* (Johannes 15,13). Petrus verwendet in seiner Antwort das Verb „phileo: gut Freund sein". Er sagt sinngemäß: „Ja, Herr, du weißt, dass ich dein Freund bin/sein will." Er gebraucht ein schlichteres Wort, um seine Haltung zu beschreiben.

Liebe
Im Griechischen werden drei Begriffe unterschieden:
agapae: Liebe (urspr. in Ehren halten), freundlich begegnen. Im Neuen Testament ist dieser Begriff, der im klassischen Griechisch wenig spezifisch geprägt war, besonders bedeutungsvoll geworden, weil er für die Liebe Gottes und die von dorther begründete Existenz verwendet wird.
philia: Liebe, Freundschaft, Ergebenheit, Gunst bezeichnet allgemein eine Neigung zu einer Sache oder zu einem Menschen [philos: Verwandter, Freund]. Im Vordergrund steht die Liebe zu Verwandten oder Freunden, sichtbar z. B. an Philadelphia: Bruderliebe.
eros: bezeichnet die strebende, besitzergreifende Liebe.
Das Verhältnis von agapae, eros und sexus wird nirgends in der Bibel ausdrücklich behandelt (vgl. Theologisches Begriffslexikon, S. 895-906).

Jesus nimmt diese schlichtere Art der Liebe voll und ganz an, denn ohne Wenn und Aber ehrt er Petrus, obwohl der ihn verraten hat, mit dem Auftrag: „Weide meine Lämmer!" Er soll darauf achten, dass die Kleinen, die Jungen in der Herde, gut versorgt sind.

Jesus fragt jedoch ein zweites Mal: „Simon, Sohn des Johannes, hast du mich lieb?" Petrus antwortet wieder: „Ja, Herr, du weißt, dass ich dein Freund bin/sein will." Diesmal erweitert Jesus seinen Dienstauftrag: „Weide (hüte) meine Schafe!" (vgl. Dietzfelbinger, S. 508). Nun wird Petrus schon als Hirte eingesetzt. Hüten bedeutet schützen und bewahren.

Dann fragt Jesus noch ein drittes Mal, diesmal aber verwendet auch er „phileo": „Simon, Sohn des Johannes, bist du mein Freund?" Jesus kommt Petrus entgegen, er begegnet ihm auf der gleichen Ebene, sie treffen sich als Freunde – und da begegnen sie sich ganz. Petrus aber wird traurig, weil Jesus zum dritten Mal fragt. Nach der dreimaligen Verleugnung ist die dreimalige Frage wohl ein Ausdruck dafür, dass Jesus Petrus wirklich ganz annimmt. Petrus antwortet: „Herr, du weißt alle Dinge, du weißt, dass ich dein Freund bin/sein will." Petrus weiß, dass Jesus ihn durch und durch kennt. Er weiß um seine Impulsivität, seine Selbstüberschätzung, seine Sehnsucht, seinen Eifer, sein Versagen, seine Angst vor erneutem Versagen, sein Maß an Liebe ... „Jesus, du weißt alles!" Es geht auch Jesus nicht gleich wieder um die Bereitschaft, füreinander in den Tod zu gehen, das scheint Petrus zu berühren. Es geht um ihre Freundschaft. Sie wollen nicht getrennt sein, darauf kommt es an. Petrus möchte mit Jesus weitergehen, ihm nicht mehr vorangehen, sondern ihm folgen. Petrus hat gelernt, dass sein Versagen Jesus nicht davon abgebracht hat, ihn weiter als Freund an- und ernst zu nehmen, mit ihm weiterzumachen. Jesus kann und will ihn nach wie vor brauchen. Petrus erlebt, dass Jesus ihn ganz und gar annimmt und als Freund akzeptiert, obwohl er ihn genau kennt. Jetzt hat er Vergebung erlebt, nun weiß er, was Liebe ist. Nur weil er seinen Halt in sich selbst verloren hatte, konnte er erleben, dass Jesu Liebe ihn hält. Er hat die Liebe Gottes erfahren. Das ist sein wichtigstes Kapital, um seinen Auftrag im Sinne Jesu ausführen zu können. Der wird ihm noch einmal bestätigt: „Weide meine Schafe!" (vgl. Johannes 21,15-17).

Von dieser Liebe hatte Jesus schon einmal gesprochen (vgl. Lukas 7,40-50). Damals, im Haus des Pharisäers Simon, als eine Sünderin das Festmahl „störte", hatte er das Gleichnis von den beiden Schuldnern erzählt. Er stellte seinem Gastgeber die Frage, wer von beiden seinen Herrn wohl mehr liebe, der, dem viel vergeben worden war, oder der, der wenig Schulden gemacht hatte. Der Pharisäer Simon, der sich auf seine Rechtschaffenheit viel einbildete, musste Jesus antworten: „Ich denke, der, dem er am meisten geschenkt hat." Jesus antwortet ihm: „Du hast recht geurteilt." Das hat Petrus nun am eigenen Leib erfahren; auch das hat ihn zum Fels werden lassen, der fest und tief in der Liebe Gottes gegründet ist, denn wem viel vergeben ist, der liebt viel. Jetzt baut er nicht mehr nur auf sich selbst. Aus eigener Kraft hätte er die vor ihm liegenden Aufgaben niemals bewältigen können. Jetzt aber weiß Petrus: Jesus hält zu mir, er bricht die Beziehung nicht ab, wenn ich Fehler mache oder untreu bin. Jesus geht es um mich, mehr als darum, dass ich alles richtig mache. „... *wem aber wenig vergeben wird, der liebt wenig"* (Lukas 7,47).

„Da unsere Liebe zu Gott in dem Geschenk der Liebe Gottes zu uns gründet, wächst unsere Liebe zu Christus in dem Maße, wie wir uns von ihm beschenken lassen" (Eckstein, S. 101).

Petrus hat gelernt, sich von Jesus führen zu lassen. Außerdem hat er lieben gelernt. Sein Herz ist das eines Hirten geworden. Wir können das in seinen Briefen an die Gemeinden nachlesen: „*Die Ältesten unter euch ermahne ich, der Mitälteste und Zeuge der Leiden Christi, der ich auch teilhabe an der Herrlichkeit, die offenbart werden soll: Weidet die Herde Gottes, die euch anbefohlen ist; achtet auf sie, nicht gezwungen, sondern gemäß dem Wesen Gottes; nicht um schändlichen Gewinns willen, sondern von Herzensgrund; nicht als Beherrschende der Gemeinde, sondern als Vorbilder der Herde. So werdet ihr, wenn unser aller Hirte erscheinen wird, die unvergängliche Krone der Herrlichkeit empfangen"* (1. Petrus 5,1-4).

Wenn wir uns wie Petrus durch unser Versagen und unsere Schuld nicht von Jesus wegtreiben lassen, kann er uns verändern. Wenn wir lernen, immer schneller hin zu Jesus zu laufen, verliert die Sünde mehr und mehr Macht in unserem Leben. Sie kann uns nicht mehr von Jesus trennen. Ihre Auswirkungen werden immer kurzfristiger. Darum geht es: immer schneller den Weg zu Jesus zurückfinden, ihm immer mehr vertrauen, d. h. sich ihm anvertrauen. Unser Versagen kann uns in die Arme Jesu treiben. Wir dürfen die Gemeinschaft mit Gott jederzeit suchen, das hat Jesus uns ermöglicht. Durch sein Erbarmen und durch seine Vergebung werden wir verwandelt. Das müssen wir annehmen und bereit werden, uns immer genauer im Licht Gottes sehen zu lernen. Im Angenommensein von Gott, das in seiner Vergebung zum Ausdruck kommt, erfahren wir eine Liebe, die es sonst nirgends gibt. Ganz und gar kann nur Gott uns annehmen, denn nur er kennt uns ganz. Er will mit uns weitergehen, auch wenn wir Fehler machen. Er setzt auch die wieder ein, die sich etwas haben zuschulden kommen lassen. Er schreibt niemanden ab. Wir dürfen es deswegen auch nicht tun. Wir dürfen Menschen, die Fehler machen, nicht die Möglichkeit nehmen, Gott weiter zu dienen. Wenn Gott mit ihnen weitergeht, sollten wir das auch tun, selbst, ja gerade wenn es Leiter sind, die danebentreten. Unter Christen muss es die Möglichkeit der Vergebung geben. Wir dürfen uns gegenseitig nicht die Chance für einen Neuanfang bzw. eine Fortsetzung des Dienstes nehmen, denn aus Fehlern kann man am meisten lernen.

„Es ist nicht auszudenken, was Gott aus den Bruchstücken unseres Lebens machen kann, wenn wir sie ihm ganz überlassen" (Blaise Pascal, EKG, S. 517).

Kapitel 21

Hat Jesus selbst eigentlich vergeben?

„Etwas Festes muss der Mensch haben, daran er zu Anker liege, etwas, das nicht von ihm, sondern davon er abhängt.“

Matthias Claudius*

Ist Ihnen schon einmal aufgefallen, dass im ganzen Neuen Testament nie davon die Rede ist, dass Jesus denen vergeben hat, die ihm Böses getan haben? Es gibt keinen biblischen Hinweis darauf, dass er seinen Gegnern, von denen es ja eine ganze Menge gab, seine Vergebung zusagte. Wenn er von seinen Jüngern Vergebung verlangt, dann müsste er ihnen als ihr Meister doch darin Vorbild sein. Er hat von Vergebung gesprochen, wir haben das bereits anhand des Gleichnisses vom Schalksknecht gesehen. Dabei wurde deutlich, dass es für ihn um mehr ging als die Erlassung der Schuld. Er erweitert den Blick, indem er ihn auf den Schuldner lenkt. Für ihn ist Vergebung eine Herzenshaltung, die wir mit Erbarmen bzw. Barmherzigkeit bezeichnen. Er machte deutlich, dass barmherzig werden kann, wer Gottes Barmherzigkeit erlebt hat.

Ohne Zweifel war Jesus ein barmherziger Mensch. Wie hat sich diese Barmherzigkeit geäußert? Wie hat Jesus selbst vergeben? Es ist nicht überliefert, ob und wie er seinen Feinden seine Vergebung zusprach. Er selbst hat wohl kein großes Aufhebens darum gemacht. Es fand keine große Vergebungszeremonie unter seiner Beteiligung statt – zumindest finden wir darüber kein Wort. Sein Vertrauter Petrus, der ihn über Jahre aus nächster Nähe erlebt hat, schreibt in seinem ersten Brief an die christlichen Gemeinden darüber, wie Jesus sich angesichts des Unrechts, das ihm angetan wurde, verhielt. Dabei betont er, dass Jesus für uns gelitten hat, dass Leid ihm nicht fremd war. In seiner Art, mit dem Leid fertig zu werden, soll er uns zum Vorbild werden:

---

*   zit. nach Erd, S. 95

„Denn auch Christus hat für euch gelitten, und er hat euch ein Bei-
spiel gegeben, dem ihr folgen sollt. Er hat keine Sünde getan; keine
Lüge, kein betrügerisches Wort ist je über seine Lippen gekommen.
Wenn man ihn beschimpfte, hat er nicht zurückgeschimpft, wenn er
leiden musste, hat er nicht gedroht; sondern er gab es ganz persön-
lich weiter an den, der gerecht richtet" (1. Petrus 2,21-23, wörtliche
Übersetzung des Autors aus dem Griechischen).

Hier schildert uns Petrus, wie die Vergebung Jesu aussah. Er schildert
uns das Verhalten Jesu in den Situationen, in denen er verletzt wurde
und ihm Unrecht widerfahren ist. Es ist ihm wichtig, dass wir es ebenso
wie Jesus machen. Es geht hier nämlich um nichts Großes, das wir erst
mühsam einüben und lernen müssen, sondern um etwas ganz Schlichtes
und Natürliches. Petrus schreibt, dass Jesus niemals übel genommen
hat, weder das Böse, das ihm mit Worten zugefügt wurde, noch das
Leid und den Schmerz, den er zu spüren bekam.

„Wenn man ihn beschimpfte, hat er nicht zurückgeschimpft ..."
Jesus hat die Verleumdungen, die verbalen Schläge und Attacken seiner
Gegner nicht zum Anlass genommen, es ihnen zurückzugeben und
heimzuzahlen. Das griechische Verb loidoraeo bedeutet wörtlich „wort-
speeren", d. h. Worte wie einen Speer gegen den anderen schleudern. Er
hat das Böse nie zurückgegeben. Wenn ihn ein böses Wort traf, hat er
nicht versucht, seinen Gegner ebenfalls zu verwunden; sonst hätte er
dem Bösen nicht Einhalt geboten, sondern wäre selbst zum Diener des
Bösen geworden. Das heißt nicht, dass er nicht klar und unmissverständlich gesprochen hätte. Er hat teilweise sehr heftige Worte gebraucht, z. B. um den Pharisäern klarzumachen, dass sie am Wesentlichen vorbeigehen. Dies tat er aber nie mit der Absicht, zu verletzen oder
niederzumachen, sondern um etwas zu verdeutlichen.

„... wenn er leiden musste, hat er nicht gedroht."
Wenn er seinen Gegnern ausgeliefert war, hat er nicht damit gedroht,
den Spieß eines Tages umzudrehen. Auch hat er nicht versucht, ihnen
Angst zu machen oder Unheil für sie herbeizuwünschen. Er hat diese
Übel nicht zum Anlass genommen, neues Übel in die Welt zu bringen.

Wir sehen, dass er sich nicht über seine Gegner stellte und von oben herab Drohungen auf sie „niederstieß" (unsere Sprache bringt hier den empfundenen Niveauunterschied anschaulich zum Ausdruck). Was hat er dann getan? War er unverletzbar oder immun oder gar weit über den Dingen stehend? Sicher nicht, denn sonst hätte er nicht gelitten. Nahm er die Realität gar nicht wahr oder deutete sie um? Hat er das Übel geschluckt? Konnte er das als Sohn Gottes? War er doch nicht ganz Mensch wie wir und uns darin überlegen, dass er eben viel mehr ertragen konnte, ohne irgendwann zu explodieren? Wenn es so wäre, hätte Petrus ihn uns hier wahrscheinlich nicht als Vorbild empfohlen. Jesus hat das Übel nicht verdrängt und darüber hinweggesehen ...

„... sondern er gab es ganz persönlich weiter an den, der gerecht richtet."
Er hat das Übel nicht genommen und verdrängt, er hat es abgegeben. Das war seine Art zu vergeben. Wir erinnern uns: Vergeben heißt, an jemanden weitergeben, weggeben. Bei ihm konnte sich das Übel nicht einnisten, er hat es nicht in seinem Herzen behalten und mit sich herumgeschleppt. Das brauchte er nicht. Er wusste, dass sein himmlischer Vater ein gerechter Richter ist, der sich um ihn und sein Recht kümmern wird. Er konnte darauf vertrauen, dass einer da ist, der sieht, was ihm geschieht, und der für ihn eintreten und sorgen wird. Deshalb musste er weder die Tatsachen noch seine eigenen Empfindungen verdrängen, verleugnen oder verharmlosen, *„... sondern überließ es Gott, ihm zum Recht zu verhelfen"* (Vers 23, Gute Nachricht; Übersetzung). Er musste nicht dagegenhalten, nicht selbst gegen das Übel vorgehen. Luther fand eine besonders schöne Formulierung, das zum Ausdruck zu bringen: *„... er stellte es aber dem anheim, der gerecht richtet."* „Anheimstellen" heißt, dem Übel keine Heimat im eigenen Leben zu geben. Jesus wusste, dass es nur bei seinem himmlischen Vater an der rechten Stelle aufgehoben ist. Deshalb hat er es ihm ganz persönlich anbefohlen. Er hat es seinem Vater im Himmel gesagt, ihm (vor)gebracht, um nicht davon angesteckt zu werden. Er wusste, dass sein himmlischer Vater ihm zuhört.

Wir können in den Berichten über sein Leben immer wieder lesen, dass er sich zurückzog, um zu beten, d. h. mit seinem Vater im Himmel zu reden. Er stellte dann Gott all das anheim, was ihm widerfahren war. Er dankte ihm für das Gute, konnte aber auch all das Böse loswerden. Er vertraute, dass er sich nicht selbst mit dem Bösen befassen musste, sondern dass sein Vater sich dessen annehmen wird. Vertrauen bedeutet ja sich selbst zurücknehmen und einen anderen an die Sache lassen, einen, der vertrauenswürdig ist und es richten kann.

Jesus hat das Übel an seinen Vater im Himmel, an den, „der gerecht richtet", ver-geben. So konnte das Übel bei ihm nicht Raum nehmen. Es hatte keine zerstörerischen Auswirkungen in seinem Leben. Weil er all das Böse immer wieder loswurde und eine solch intensive Verbindung zu seinem Vater im Himmel hatte, konnte er das Gute, das Gott für ihn hatte, aufnehmen und weitergeben. Weil er Gott so vertraute, konnte ihn nichts umwerfen und aus der Ruhe bringen. Er wusste, dass sein himmlischer Vater ihn niemals aus den Augen lässt und immer für ihn da ist. Das ist Geborgenheit, Gewissheit, Sicherheit. Das ist es, was wahres Gottvertrauen, wahrer Glaube, bewirkt.

Nur weil nichts Übles auf ihm lastete, konnte Jesus die Schuld und Sünde aller Menschen auf sich nehmen. Er ist niemals selbst schuldig geworden oder anderen etwas schuldig geblieben. Mit Gott, seinem Vater im Himmel, stand er in ungetrübter Verbindung. Was ihm selbst an Bösem angetan wurde, hat er nicht übel genommen. Weil Jesus weder Übel tat noch Übel nahm, hatte das Böse keine Spuren bei ihm hinterlassen und keine Macht über ihn. Es war kein Übel in seinem Leben. So konnte er – wie es der Schreiber des Hebräerbriefs ausdrückt – der „wahre Hohepriester" werden, derjenige, der nicht erst für seine eigenen Sünden Vergebung erlangen musste. Er brauchte keinen Mittler und keinen Ausgleich für seine eigene Schuld, sondern konnte selbst zum Mittler für andere werden. Er konnte die Schuld der Welt auf sich nehmen, weil er von eigener und an ihm begangener Schuld unbelastet war. Nur deshalb war er tragfähig für die Last, die ihm von seinem Vater im Himmel auferlegt wurde: die Sünde der Welt. Er tat das freiwillig und bewusst. Es fiel ihm nicht leicht, aber er tat es aus Liebe zu Gott, seinem Vater und zu uns Menschen. Vor seinem Gang ans Kreuz hat Jesus nie etwas übel genommen, am Kreuz nahm er alles Übel auf sich: *„Er hat unsere Sünden selber mit seinem Leib an das (Marter-)Holz hinaufgetragen, damit wir, von den Sünden freigemacht (oder den Sünden ab-*

gestorben), der Gerechtigkeit leben möchten: Durch seine Wunden (Strieme= sein blutiges Leiden) seid ihr geheilt worden. Denn ihr seid *(einst) wie Schafe in die Irre gegangen; jetzt aber seid ihr dem Hirten und Hüter eurer Seelen zugewendet worden"* (1. Petrus 2,24.25).

Am Kreuz, angesichts seiner Mörder, wird uns ein Beispiel der Vergebung Jesu gezeigt. Auch hier vollbringt er keinen Akt großmütiger Herablassung, sondern wendet sich an „den, der gerecht richtet" mit den Worten: *„ Vater, vergib ihnen; denn sie wissen nicht, was sie tun!"* (Lukas 23,34). Selbst in Todesangst droht er nicht und wünscht nicht Böses, sondern betet für die, die ihn foltern. Er wendet sich an Gott und bezieht ihn in die Situation ein. Er vertraut sich und all das Böse, das ihm widerfährt, seinem himmlischen Vater an.

Kapitel 22

Wohin mit dem Übel?

*„Ich höre Ijob den Tag verfluchen, an dem ihn Gott geschaffen hat,
Jeremia Gott anklagen, dass er ihn zum Narren hält, und den Psalmisten
bitten, seine Feinde zu vernichten. Ich möchte ihnen gratulieren, dass
sie Gott gesagt haben, was wirklich in ihnen vorgeht. Sie haben gewusst,
wie man betet."*

John Powell*

Wenn wir uns Jesus zum Vorbild nehmen, können also auch wir Gott,
unserem Vater im Himmel, das anheimstellen, was uns im Leben begegnet, insbesondere das, was uns in die Quere gekommen ist. Der Vater ist
für uns da, er hört uns zu. Er weiß nicht nur, dass uns vieles trifft, was
andere gegen uns haben, er nimmt auch Anteil daran, er leidet mit. Er
wendet sich uns zu. Er weist uns nicht ab, er wartet vielmehr auf uns.
Ihm dürfen wir sagen, was uns beschäftigt. Er will, dass uns bewusst
wird, was sich in uns abspielt und wie uns zumute ist. Bei ihm ist
Raum dafür. Er will mit uns anschauen, was eigentlich los ist. Solche
Zuwendung zu erfahren tröstet.

Weil Gott uns sieht, brauchen wir nicht den Boden unter den Füßen
zu verlieren. Mich berührt, dass Gott, der weiß, wie es in mir aussieht,
mich nicht nur anhört, sondern für mich da ist. Ich darf mich ihm anvertrauen. Das muss nicht gleich heißen, dass ich sicher bin, dass er die
Situation zum Guten wenden wird. Allein mich an ihn wenden zu können macht es leichter, denn ich muss das Übel nicht allein tragen. Ich
kann es ja gar nicht. Ich darf es loswerden bei ihm, ich kann es ihm
anheimstellen.

Das heißt zunächst nur innehalten und Gott sagen, wie mir ums Herz
ist. Wenn wir unseren himmlischen Vater als Gegenüber, als Gesprächs-

---

* zit. nach Linn, S. 91

partner haben, müssen wir die Dinge nicht verdrängen und in uns schmoren lassen. Weil Gott barmherzig ist, geht ihm nahe, was uns bedrückt. Es stimmt nicht, „... dass das keinen interessiert". Dieses Gespräch mit Gott, mitten aus unseren verletzten Gefühlen heraus, wird kein frommes Gerede bleiben, sondern Ausdruck unserer Empfindungen: Zorn, Wut, Enttäuschung ... Er lädt uns ein, unser Herz vor ihm auszuschütten. „*Schreie laut zum Herrn, klage, du Tochter Zion, lass Tag und Nacht Tränen herabfließen wie einen Bach; höre nicht auf damit, und dein Augapfel lasse nicht ab. Steh des Nachts auf und schreie zu Beginn jeder Nachtwache, schütte dein Herz aus vor dem Herrn wie Wasser*" (Klagelieder 2,18.19).

In der Bibel gibt es eine Menge solcher „Privatgespräche" mit Gott. Viele der Psalmen sind Beispiele dafür. Hier schütten Menschen ihr Herz vor Gott aus: Da gibt es nicht nur die Lob- und Danklieder, da wird auch geklagt. Asaph, ein Liedermacher, Dichter und Sänger, schreibt in den Psalmen einige Lieder als „Lehrstück" („zur Unterweisung", „zum Nachdenken"), vielleicht als eine Anleitung zum Reden mit Gott. So könnte man, ausgehend von Psalm 74, in freier Übersetzung und in Anlehnung an andere Psalmen sein Gespräch mit Gott in etwa so formulieren: „*Herr, Gott, warum bist du denn nicht da? Hast du mich verworfen? Sieh' doch mal, was die, deine Feinde, da machen! Alles schlagen sie kaputt, alles liegt in Trümmern. Wild brüllen sie ihre Parolen: Zerstörung, Vernichtung, Mord und Totschlag! Kein Prophet ist mehr da. Niemand weiß, wie lange das noch dauern soll. Wie lange soll ich denn auf dich warten? Sie behaupten, es gibt keinen Gott. Kümmert dich das gar nicht? Willst du nicht endlich eingreifen?*" – Pause – „*Ja, du Gott, bist im Himmel. Du bist unser König. Das Weltall hast du gemacht, den Tag und die Nacht, Sommer und Winter. Aber ich, ich bin hier auf der Erde und ganz allein!*" – Pause – „*Du darfst mich nicht vergessen! Denke daran, es sind deine Feinde, auf dich fällt es zurück, wenn ich untergehe.*" – Und jetzt gibt der Beter Gott gute Ratschläge: „*Du darfst nicht vergessen ...! Denke daran ...! Du darfst mein Vertrauen nicht enttäuschen ...! Vergiss nicht ...!* – Pause – „*Und doch, ich vertraue auf dich!*"

Kann man so mit Gott reden? Darf man das überhaupt? Warum soll ich denn das alles Gott so sagen? Er weiß doch schon alles. Ja, er weiß das alles. Aber er will wissen, was ich weiß, was ich erlebe, was ich erfahre und wie ich mich dabei fühle. Er ist an mir und dem, was ich erlebe, interessiert. Uns ist es fremd, mit Gott so zu reden. In unseren Liedern und kirchlichen Liturgien kommen diese Passagen gar nicht vor, sie sind regelrecht herausgeschnitten! Warum eigentlich? Wollen wir diese Seite unseres Lebens nicht wahrhaben? Spalten wir die negativen Emotionen vom Rest unseres Empfindens ab? Dann müssen wir uns nicht wundern, wenn unserem Glaubensleben mit der Zeit Saft und Kraft ausgehen!

„In den real existierenden Gemeinden ist kein Raum für Unvollkommenheit, Angst, Scheitern, Versagen, Verzweiflung oder Wut. Oder haben Sie in Ihrer Gemeinde eine Veranstaltung, in der Sie Ihre Wut über Gott und seine oft unverständliche Welt herauslassen können? (…) Wir haben unsere Gemeinden zu Orten verkommen lassen, in denen sich eine Harmoniesucht, ein Traditionalismus, die Furcht, sich auf Unbekanntes einzulassen, und der Wunsch nach Gewohnheit zu breit gemacht haben, dass wir gar nicht mehr auf die Idee kommen, dass Gott uns vielleicht auch heute noch herausfordert" (Vogt, S. 174).

„Bestreut die Religion nicht mit Zucker, radiert an ihr nicht mit dem Gummi, kleidet nicht in rosarote Lumpen die Engel, die übers Schlachtfeld flattern, verweist die Gläubigen nicht an die Zimbeln der Kommentare – Ich komme ja nicht um Trost zu betteln, wie um einen Teller Suppe – Ich möchte nur endlich mein Haupt aufstützen auf den Stein des Glaubens" (Jan Twardowski, EKG, S. 1067).

Wie sollen wir denn ganz mit Gott leben, wenn wir ausblenden, was uns nervt, wehtut, womit wir unzufrieden sind? Stellen wir uns doch einmal vor Augen: Die Psalmen waren nicht nur persönliche Lieder, die Einzelne für einen bestimmten Moment ihres Lebens gedichtet haben, sondern das ganze Volk schrie und klagte gemeinsam solche Worte Gott gegenüber. *„Die Heiligen des Alten Testamentes erstaunen uns durch ihre Fähigkeit, laut aus der Tiefe zu beten. Ijob verflucht den Tag, an dem ihn Gott geschaffen hat, Jeremia stürmt auf Gott ein, dass er ihn* *zum Narren gehalten hat, und der Psalmist sagt, Gott möge die Köpfe seiner Feinde am Felsen zerschmettern. Wir überlesen diese Stellen meist, weil wir nicht vertraut damit sind, aus der Tiefe des Herzens zu beten"* (Linn, S. 91).

Wir brauchen uns nicht zu wundern, wenn es uns schwerfällt, von Herzen vergeben können, denn dazu müssten wir unserem Herzen erst einmal Raum geben und Luft machen. Das brauchen wir ja nicht dem anderen gegenüber zu tun und ihm die Dinge an den Kopf zu werfen. Wir können damit zu Gott gehen. Zu ihm können wir so reden, wie wir es empfinden. Das kann so weit gehen, dass wir Gott selbst Vorwürfe machen, ihn anklagen und uns bei ihm beklagen. Er hält das nicht nur aus, er hört es sich nicht nur an, er möchte sogar, dass wir ihm gegenüber nichts zurückhalten.

„Wie lange noch, Gott, willst du mich ganz vergessen, wie lange noch dein Antlitz vor mir verhüllen? Wie lange noch soll ich mich mit Sorgen quälen, Kummer in meinem Herzen tragen Tag für Tag? Wie lange noch dürfen mich meine Feinde bedrängen?" (Psalm 13,2-4)

„Du hast mich hinunter in die Grube gelegt, in die Finsternis und in die Tiefe. Dein Grimm drückt mich nieder, du bedrängst mich von allen Seiten. Meinen Freunden hast du mich entfremdet, du hast mich ihnen zum Abscheu gemacht" (Psalm 88,7-9).

„Herr, Gott, du behältst ja recht, wenn ich mit dir streite, und doch will ich über dein Verhalten mit dir reden: Warum ist das Tun und Lassen der Gottlosen so erfolgreich? Warum bleiben alle, die treulos an dir handeln, in Ruhe und Sicherheit? (...) Sie reden dauernd von dir, aber ihr Herz ist weit, weit weg von dir. Du hast geprüft, wie mein Herz zu dir steht. Raffe sie weg, führe sie ab wie Schafe zum Schlachten! Wie lange soll das Land noch trauern und die Pflanzen auf den Feldern verdorren? (...) Die Leute sagen von mir: „Was der da behauptet, wird niemals eintreffen..." (Jeremia 12,1-4)

„Du hast mich verführt, Herr, und ich habe mich verführen lassen; du hast mich überwältigt und bist Sieger geblieben. Zum Gespött bin ich geworden, tagaus, tagein, alle Welt lacht mich aus. (...) Verflucht sei der Tag, an dem ich geboren wurde, ausgelöscht der

Tag, an dem meine Mutter mich zur Welt gebracht hat. (...) Warum hast du, Gott, mich nicht im Mutterschoß sterben lassen? (...) Warum musste ich geboren werden? – um Kummer zu erleben und um in Schande zu sterben?" (Jeremia 20,7-19)

Kommen wir zurück zu der Frage, was „anheimstellen" für uns konkret heißen kann. Wenn wir verletzt oder enttäuscht wurden, wird es oft nicht gleich unser Herzenswunsch sein, dass Gott dem anderen vergibt, ihm Gutes tut und ihn segnet. Viel eher wollen wir doch, dass er gedemütigt wird und einsehen muss, was er uns angetan hat. Er soll merken, was er mit seinem Verhalten angerichtet und was uns das gekostet hat. In den „Rachepsalmen" finden wir dafür reichlich Beispiele: *„Gott zerschmettere ihnen* [den Gottlosen, den Unheilstiftern] *die Zähne. Zerbrich das Gebiss dieser Löwen. Lass sie verschwinden wie versickerndes Wasser – ihre Pfeile sollen das Ziel nicht treffen. Lass sie wie Schnecken im Schleim zerfließen. Wie Totgeburten sollen sie die Sonne nicht sehen. Es soll ihnen wie Dorngestrüpp ergehen: Der Wirbelsturm soll sie aus dem Boden reißen, noch ehe sie zu einer dichten Hecke zusammenwachsen, noch als grüne Ranken, ehe sie vertrocknet sind. Alle, die Gott gehorchen, werden sich freuen, wenn sie die Rache Gottes sehen. Sie werden waten (baden) im Blut der Unheilstifter (der Gottlosen)"* (Psalm 58,7-11).

„Gieß deine Ungnade aus über sie [meine Feinde] und dein grimmiger Zorn ergreife sie. Ihre Wohnstatt soll verwüstet werden, und niemand wohne in ihren Zelten" (Psalm 69,25ff).

Die Rachepsalmen ermutigen uns zu einem ehrlichen Einstieg in unser Gespräch mit Gott. Wir dürfen ihm unsere Gedanken, unsere „Empfehlungen" bezüglich seines Vorgehens gegenüber unseren Gegnern aussprechen. Wir müssen sie nicht zurückhalten; im Gegenteil: Wenn wir es ihm anheimstellen, dann dürfen wir ihm Vorschläge machen; ihm nicht nur den Tatbestand vorlegen, sondern auch sagen, wie er sich darum kümmern soll. Wenn das alles offen gelegt ist, können wir ihn machen lassen. Klage vorbringen, Bestrafung fordern und ihm dann vertrauen, dass er, der gerechte Richter, Gerechtigkeit walten lassen wird.

„Meine Tochter, erst vier Jahre alt, hatte einen 5 cm großen Abzess unter dem Fuß. Der Kinderarzt schickte uns zu einem Chirurgen, der uns sehr unfreundlich begrüßte. Zu meinem Mann sagte er, er solle das Knie meiner Tochter wie in einem Schraubstock festhalten, und ich meine Tochter an den Schultern fassen. Mit ziemlicher Brutalität haute er die Betäubungsspritze zwischen die Zehen, mein Kind schrie und war einer Ohnmacht nahe. In mir kam Wut und Verachtung auf.

Die folgenden Tage versorgte ich meine Tochter alleine und betrat die Praxis nie wieder. Wenn ich an die brutale Behandlung des Arztes dachte, stieg in mir Wut hoch und quälte mich. Tag für Tag wurde es schlimmer und in mir kamen Rachegedanken auf. Immer mehr nahm mich diese ganze Sache in Beschlag und ich entwickelte richtig gute Ideen. Ich wollte zum Beispiel eine Zeitungsanzeige aufsetzen, um seinen Ruf zu schädigen. Einmal, als ich an der Praxis vorbeiging, wollte ich sein Praxisschild zerkratzen. Ich hatte schon den Schlüssel in der Hand!

Als mich die ganze Sache zu sehr quälte, ging ich zu meiner Seelsorgerin. Ich wollte meinen Seelenfrieden wiederhaben und die quälenden Gedanken loswerden. Sie sagte mir aber, dass ich dem Arzt vergeben solle. Nein, das wollte ich gar nicht. Dann hätte ich ja nichts mehr gegen ihn in der Hand. Ich wusste, dass ich ihn dann ja nicht mehr deswegen anklagen konnte. Doch ich sah auch keine andere Lösung. Vom Kopf her und mit Jesu Hilfe vergab ich dem Arzt und bat um Vergebung für meine Rachegedanken. Ich bekam das Gefühl, dass die Sache weder mir noch meiner Tochter etwas anhaben konnte, die Wut und negativen Gedanken verschwanden, die Verletzungen heilten.

Nach einiger Zeit wurde mir durch einen Vortrag, den ich gehört hatte, bewusst, dass der Arzt für seine Schuld einstehen muss. Das füllte mich mit Zufriedenheit aus. Heute finde ich die Behandlungsmethode immer noch falsch, kann aber ohne Groll darüber sprechen und es schmerzt nicht mehr." (M. H.)

Das Klagen ist deshalb wichtig und hilfreich, weil es immer an jemanden gerichtet ist. Wir bleiben mit dem Übel nicht allein, sondern wenden uns nach außen, an einen, der hoffentlich helfen kann und helfen wird. Jammern dagegen bringt uns nicht weiter, denn wir kreisen dabei um uns selbst. Jammern ist nicht zielgerichtet, sondern zustandsorientiert, vergleichbar mit dem Selbstmitleid. Wir bleiben damit allein, haben als Adressaten letztlich nur uns selbst und erfahren so weder Trost noch eine Erweiterung oder Veränderung unserer Sichtweise. Wer jammert, will das Übel noch gar nicht loswerden, wer anheimstellt, der ist schon dabei, es loszulassen und wegzugeben.

Zu Beginn unserer Auseinandersetzung mit dem Unrecht, das uns angetan wurde, wollen wir meist nicht, dass dem Übeltäter Gottes Barmherzigkeit und Gnade zuteil werden. Wir wünschen uns, dass Gott für uns eintritt und den anderen spüren lässt, dass er so nicht mit uns umgehen darf. Gott soll ihn zur Rechenschaft ziehen, ihn klein machen. Der andere soll auch leiden. Solche Gedanken und Wünsche sind da, wir gestehen sie uns jedoch meist nicht ein; schon gar nicht, wenn wir zu Gott beten. Wir haben Angst, dass wir, wenn wir so beten, gegen Gottes Absichten stehen. Aber das ist ja erst der Einstieg. Wenn wir mit Gott in ein ehrliches Gespräch kommen wollen, dürfen wir das, was uns wirklich bewegt, nicht außen vor lassen. Wenn wir es ihm sagen, stehen wir nicht mehr alleine dem Übel gegenüber. Weil er unser Herz ja sowieso kennt, kann er darüber weder entsetzt noch überrascht sein. Wir schaffen die Verbindung zwischen dem Unrecht und ihm, wenn wir das Übel mit ins Gebet bringen. Gott ist größer als wir und stärker als das Böse, darauf dürfen wir vertrauen.

Sogar Zorn und Wut können uns der Vergebung näher bringen. Wir dürfen solche Gefühle nicht verdrängen, wenn wir Frieden im Herzen und Frieden mit dem anderen bekommen möchten. Wenn die Situation in ihrer ganzen Tiefe und Tragweite bereinigt werden soll, dann wird keiner umhinkommen, sich seine wahren Gefühle anzusehen und sich seinen Empfindungen zu stellen. Im Gleichnis vom barmherzigen König begann die Vergebung ja auch mit dem Willen zur Abrechnung, und wir haben gesehen, dass auch in Gottes Vergebung Zorn nicht fehlt.

„Wenn wir mit etwas Üblem konfrontiert werden, dann sind wir gezwungen, in irgendeiner Weise zu reagieren. Es gibt nur drei Möglichkeiten: Jesus sagt: Wenn dir jemand auf die eine Backe schlägt,

halte ihm die andere hin. Die zweite Reaktion wäre unsere natürliche Reaktion: Schlag zurück. Die geistliche Reaktion aber ist: Halt die andere Backe hin. Der größte Fehler wäre es, keines von beiden zu tun. Denn wenn du zurückschlägst, hast du dich immerhin abreagiert. Wenn du die andere Backe hinhältst, dann bist du innerlich frei. Doch wenn du die Sache nur schluckst und kochen lässt, dann hast du ein Problem. Denn man kann in einer solchen Situation nicht neutral sein" (Derek Prince, zit. nach Kix, S. 21).

Gott erwartet nicht, dass wir den zweiten Schritt vor dem ersten tun. Wir brauchen keine frommen Reden zu schwingen, wir brauchen uns nicht allein mit dem Übel herumzuschlagen. Er will unser Verbündeter sein. Allein kommen wir gegen das Böse nicht an, aber mit Gott kann verhindert werden, dass es uns überwindet. Wenn wir das uns widerfahrene Unrecht ihm anheimstellen, dann wird die Gefahr immer kleiner, dass es uns bezwingt und zu einer Reaktion treibt, die selbst wieder von Übel ist.

Wir dürfen unserem Herzen vor Gott Luft machen. So werden wir das Übel los und unsere Aggression muss sich nicht gegen den anderen richten. So entgehen wir auch der Lähmung und Vergiftung des Verdrängens. Jetzt, wo wir für das Übel einen Kanal gefunden haben, wo es nicht mehr bei uns oder zwischen uns und dem anderen stehen bleiben muss, kann Neues in die Situation kommen. Nun sehen wir nicht mehr nur auf das Unrecht und darauf, was es uns gekostet hat. Wir sehen Gott und auch den anderen. Wenn wir unser Herz vor Gott ausgeschüttet haben, kann er antworten. Die Beziehung zu ihm ist keine Einbahnstraße. Er will uns trösten. Keine Träne, die wir vor ihm weinen, geht verloren. Sein Trost wird unser Herz fester machen. Das Übel kann uns immer weniger angreifen.

Dieses Vertrauensverhältnis mit Gott haben wir jedoch nur, weil er barmherzig mit uns war und immer wieder ist. Unsere Nähe mit Gott ist nur möglich, weil er uns vergeben hat und immer wieder vergibt. Wenn wir mit ihm in Beziehung sind, werden wir auch immer wieder an die Punkte stoßen, an denen wir seine Barmherzigkeit und Vergebung brauchen.

Kapitel 23

Will ich, dass Gott dem anderen vergibt?

„Die Art Vergebung, die häufig praktiziert wird, ist ein Prozess der Ver-
drängung, Verzerrung, Isolierung oder des Ungeschehen-Machens, der
zu Verhaltensmustern des Ausweichens und Sichdistanzierens und zu
spirituelle Entfremdung führt. Jegliche Haltung der Überlegenheit, Su-
pergeistlichkeit oder einseitiger Selbstaufopferung reduziert die Chance
echter Buße und Versöhnung. "

David Augsburger*

Wir haben bereits am Gleichnis vom Schalksknecht in den Kapiteln 6
bis 11 gesehen, dass Jesus Gottes Barmherzigkeit mit uns in Verbindung
bringt zu der Schuld, die andere uns gegenüber haben. Wenn wir uns in
unserer Auseinandersetzung mit der Schuld des anderen an Gott wenden, können wir das nicht trennen von der Erfahrung, wie Gott mit unserer Schuld umgegangen ist. Neben unseren Gedanken und Gefühlen,
die das empfundene Unrecht in uns auslösen, ist da auch die Erfahrung
von Gottes Gnade und Liebe. Das wird unsere Sicht und Haltung verändern. Jede solche Erfahrung mit Gott wird uns verändern.

So kann in unserem Herzen der Wunsch wachsen, dass Gottes Güte
und Gnade auch unseren „Gegner" erreicht. Sie ist unbegrenzt für alle
da. Sie geht nie zu Ende. Sie reicht nicht nur für uns, sondern auch für
den anderen. Wir kommen nicht zu kurz, wenn wir sie auch anderen, ja
selbst unseren Gegnern „gönnen". Wir können anfangen, unser Gebet
zu verändern. Wir können anfangen zu bitten, dass Gott auch dem anderen gnädig sein kann. Je tiefer uns Gottes Barmherzigkeit erreicht,
desto mehr werden wir wünschen, dass auch der andere Vergebung erleben kann. Dafür muss er seine Schuld einsehen und selbst Zutrauen in
Gottes Vergebung finden. Das können wir ihm doch wünschen! Dafür

---

* zit. nach Kix, S. 27

können wir sogar beten. Seine Umkehr und Einsicht sollen nun aber nicht mehr in erster Linie uns zuliebe, sondern seinetwegen geschehen. Auch er soll Vergebung erleben. „Vater im Himmel, ich weiß, dass dir das Unrecht wehtut, das mir angetan wird. Mein Schmerz geht dir nahe, aber dir geht auch nahe, was der andere empfindet. Du weißt, was ihn dazu treibt, mir wehzutun. Ich wünsche mir, dass er davon frei werden kann. Das er deine Vergebung erleben darf und dass auch dieses Unrecht ganz aus der Welt geschafft wird."

Jetzt geht es nicht mehr um Rache, sondern darum, dass Gottes Güte sichtbar wird. Seine Gnade gilt auch meinem „Feind" und sie reicht aus für uns beide. Ein weiterer Aspekt kommt noch hinzu: Wenn mein „Schuldiger" die Vergebung Gottes für seine Schuld erführe, wäre das mir geschehene Unrecht endgültig aus der Welt geschafft. Dann hätte Gottes Vergebung sie getilgt und für immer beseitigt. Dann hätten wir das Guthaben, welches durch den Tod Jesu am Kreuz zur Verfügung steht, auch für den anderen genutzt. Denn auch für ihn und seine Schuld hat Jesus bezahlt.

„Friede allen Menschen, die bösen Willens sind, und ein Ende aller Rache und allen Reden über Strafe und Züchtigung. Die Grausamkeiten spotten allem je Dagewesenen, sie überschreiten die Grenzen menschlichen Begreifens, und zahlreich sind die Märtyrer.

Daher, o Gott, wäge nicht ihre Leiden auf den Schalen deiner Gerechtigkeit, fordre nicht grausame Abrechnung, sondern schlage sie anders zu Buche: Lass sie zugute kommen allen Henkern, Verrätern und Spionen und allen schlechten Menschen, und vergib ihnen um des Mutes und der Seelenkraft der andern willen.

All das Gute sollte zählen, nicht das Böse. Und in der Erinnerung unserer Feinde sollten wir nicht als ihre Opfer weiterleben, nicht als ihr Albtraum und grässliche Gespenster, vielmehr ihnen zu Hilfe kommen, damit sie abstehen mögen von ihrem Wahn.

Nur dies allein wird ihnen abgefordert und dass wir, wenn alles vorbei sein wird, leben dürfen als Menschen unter Menschen, und dass wieder Friede sein möge auf dieser armen Erde den Menschen, die guten Willens sind, und dass dieser Friede auch zu den andern komme" (Gebet aus dem Frauen-KZ Ravensbrück, EKG, S. 200).

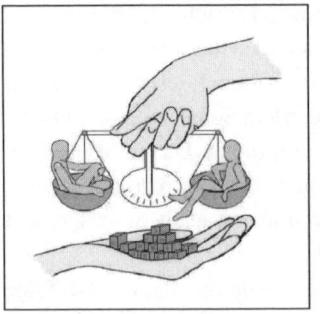 Durch die Blickerweiterung wird die Beziehungswaage zur Hängewaage. Die göttliche Chance, das Übel aus der Welt zu schaffen, besteht darin, Schmerz und Schuld ihm anheimzustellen, in seine Hand zu werfen und so loszuwerden. Echter Frieden und ein ausgewogenes Miteinander entsteht, wenn beide sich mit dem anderen auf gleicher Ebene (vor Gott) sehen und anerkennen, letztlich an Gottes „Ja" zu ihrem Leben, an seiner Barmherzigkeit zu „hängen".

Wir sollen Jesus zum Vorbild nehmen und wie er das Übel „dem anheimstellen (an den vergeben), der gerecht richtet". Das ist zunächst einmal alles. Es klingt so einfach. Hier geht es nicht um große Tugenden und fromme Leistungen. Aus der Welt schaffen können wir die Schuld anderer ja sowieso nicht. Vergeben kann nur Gott, vor dessen Maßstab und Willen unser Tun oder Unterlassen überhaupt erst zur Schuld wird. Wir sehen an Jesu Vorbild, dass es zunächst einmal „nur" darum geht, nicht selbst zu richten, das erlittene Unrecht nicht zum Anlass zu nehmen, selbst Unrecht zu tun. So verstanden ist vergeben keine Sache eigener Überwindung und Willensanstrengung, sondern in erster Linie Ausdruck von Vertrauen. Vertrauen, dass Unrecht immer auch Unrecht vor Gott ist; Vertrauen, dass Gott uns sieht. Deswegen müssen wir nicht selbst richten, sondern können das Urteilen getrost unserem Vater im Himmel überlassen. So wie Jesus vertraut, dass Gott sich seiner Sache annehmen wird, selbst in Todesgefahr, so dürfen auch wir uns in Gottes Hand wissen.

Bei Jesus ist Vergeben mehr als passives Abgeben, er wünscht vielmehr, dass die Übeltäter dahin kommen, dass Gott ihnen vergeben kann. Er möchte, dass die Gnade Gottes in das Leben derer, die ihm Übles antun, hineinkommt und darin wirksam wird.

Vergeben heißt also, dass wir am Ziel Gottes mit seiner Schöpfung aktiv mitwirken. Wir können dazu beitragen, dass das, was am Kreuz geschehen ist, eingelöst wird. Wir können selbst unseren Feinden Vergebung wünschen. Vergebung im Sinne Jesu bedeutet also, nicht (länger) dagegen anzugehen (in unserem Denken, Reden und Handeln), dass Gottes Gnade allen Menschen zukommt; auch denen, die uns gegenüber schuldig wurden.

Jedes Mal, wenn wir anderen vergeben, werden wir selbst frei. Wir müssen nicht mehr weiter all das mit uns herumschleppen, was wir anderen nachtragen. Wir können lernen, es Gott zu geben, so wie er uns unsere eigene Schuld ja auch abnimmt. Eigentlich ist das Vergeben etwas ganz Schlichtes: So, wie ich Gott meine eigene Schuld bringe, darf ich auch die Schuld, die mir angetan wurde, an ihn abgeben – vergeben. Das heißt, auch auf die Möglichkeit verzichten, die alte Schuld des anderen wieder herauszuziehen und sie ihm vorzuhalten. Wir dürfen darauf vertrauen, dass Gott sich unserer Sache annimmt und uns nicht zu kurz kommen lässt.

Unser Verständnis von Vergebung hat sich verändert, erweitert. Immer noch heißt vergeben, auf Rache zu verzichten. Aber dieser Verzicht heißt nicht, zu kurz zu kommen oder gar leer auszugehen. Wir sollen unsere Vorwürfe und unseren Groll Gott sagen und auf diese Weise loswerden. Wir müssen den anderen und unsere Beziehung zu ihm damit nicht belasten. Wir brauchen dem anderen nichts nachzutragen, denn es geht bei Gott nicht unter oder verloren. Die Schuld, die Gott anheim gestellt ist, muss nicht mehr zwischen uns und dem anderen stehen. Gott wird immer Richter sein, das lässt er sich nicht nehmen. Wir wollen, dass er uns Recht verschafft. Gleichzeitig möchten wir, dass er barmherzig mit uns ist. Wenn er bei uns Gnade walten lassen soll, was berechtigt uns dazu, dem anderen Ungnade zu wünschen oder selbst ungnädig mit ihm zu sein? Gottes Gnade gilt ihm wie mir. Jeder Groll und Vorwurf meinerseits wird ihm den Zugang zur Gnade Gottes nicht gerade erleichtern. Deswegen ist es am besten, Gott Richter darüber sein und bleiben zu lassen.

Wenn wir dem anderen Gutes wünschen, können wir sogar dafür eintreten. Wir können in die „Für-bitte" treten. Wir können Gott bitten, dass er unserem Gegner vergibt. Dann wäre dessen Schuld endgültig aus der Welt geschafft. Als Stephanus gesteinigt wird, fällt er auf die Knie und ruft laut: *„Herr, rechne ihnen diese Sünde nicht an"* (Apostelgeschichte 7,60). Er weiß, dass die Schuld der anderen Schuld bleibt. Sie zählt bei Gott. Aber Gott kann vergeben. Nicht nur uns, sondern auch all unseren Schuldigern. Darum macht es Sinn, für sie einzutreten.

„Fürbitte tun heißt nichts anderes, als den Bruder vor Gott bringen, ihn unter dem Kreuz Jesu sehen als den armen Menschen und Sünder, der Gnade braucht. Da fällt alles ab, was mich von ihm abstößt, da sehe ich ihn in aller seiner Bedürftigkeit und Not, da wird seine Not und seine Sünde mir so groß und so bedrückend, als wäre sie meine eigene, und nun kann ich nicht mehr anders als bitten: Herr, handle du selbst, du allein mit ihm, nach deinem Ernst und deiner Güte. Fürbitte tun heißt: Dem Bruder dasselbe Recht einräumen, das wir empfangen haben, nämlich vor Christus zu stehen und an seiner Barmherzigkeit Anteil zu haben" (Bonhoeffer, Gemeinsames Leben, S. 74).

Vergeben von Herzen geschieht nie ‚von oben herab'. Ehrlich für den anderen beten können wir nur, wenn wir uns nicht über ihn stellen. *„Wer mir Vergebung anbietet, für den ist bereits klar, was zwischen uns steht, nämlich meine Schuld. Die Ursache der Beziehungsstörung ist damit – meist einseitig – festgeschrieben und bewertet. Vergebung enthält immer eine Schuldzuweisung, und das macht die Sache schwierig"* (Donsbach, S. 6).

Vergeben heißt im Kern also, was wir selbst brauchen, auch dem anderen zu wünschen: Gottes Vergebung, die Erfahrung seiner Gnade und Barmherzigkeit. Wenn wir die kennen gelernt haben, wollen wir diese Erfahrung mit anderen teilen – und wir brauchen keine Angst zu haben, zu kurz zu kommen.

Kapitel 24

Die andere Wange hinhalten

„Das bedeutet ganz gewiss nicht, man müsse sich preisgeben oder schwächlich fügen; sondern der Mensch soll sich aus dem irdischen Herüber und Hinüber von Stoß und Gegenstoß, von Recht und Wider-Recht herausheben. Er soll über das Getriebe der innerweltlichen Mächte und Ordnungen hinaussteigen, und frei werden von Gott her."

Romano Guardini*

Vergebung ist Begnadigung trotz bestehender Schuld. Wir verzichten auf Rache und lassen Gott Richter darüber sein. Dadurch übersetzen wir das Evangelium für die Menschen dieser Welt in die Sprache, die wir am besten verstehen: das konkrete, alltägliche Leben. Es geht also um mehr als lediglich eine Re-Aktion. Vergeben ist ein aktives Tun, um dem Übel ein Ende zu setzen. Vergebung ist die Konsequenz der Hoffnung, dass in einer Beziehung Neues möglich ist. Vergeben ist das Gegenteil von Resignation, bedeutet es doch eine Investition in die Zukunft, einen aktiven Beitrag zu einer möglichen Versöhnung. Der Kern von Vergebung ist Erbarmen, die Bereitschaft, nicht nur sich selbst, sondern den anderen zu sehen und sich nicht hinter Schutzmauern zu verstecken. Jesus spricht von dieser aktiven, offenen Haltung zu seinen Jüngern in der Bergpredigt. Wir wollen uns im Folgenden einige Teile daraus näher ansehen:

„Ihr habt gehört, dass gesagt ist: ,Auge um Auge, Zahn um Zahn.'
Ich aber sage euch, dass ihr nicht widerstreben sollt dem Übel, son-
dern: Wenn dich jemand auf deine rechte Backe schlägt, dem biete
die andere auch dar. Und wenn jemand mit dir rechten will und dir
deinen Rock nehmen, dem lass auch den Mantel. Und wenn dich

---

* zit. nach Guardini, Der Herr, S. 83

jemand nötigt, eine Meile mitzugehen, so geh mit ihm zwei. Gib dem,
der dich bittet, und wende dich nicht ab von dem, der etwas von dir
borgen will" (Matthäus 5,38-42).

„Auge um Auge, Zahn um Zahn" – dieser Satz war damals als Begrenzung gedacht, um einer Eskalation von Gewalt und Gegengewalt ent-
gegenzutreten. Für einen ausgeschlagenen Zahn durfte man dem Gegner eben nicht gleich mehrere ausschlagen. Das Böse sollte nicht unge-
straft und ohne Konsequenzen bleiben, aber auch nicht eskalieren. *„Das*
alttestamentliche Gesetz stellt das Recht unter den göttlichen Schutz der
Vergeltung. Es soll kein Böses ohne Vergeltung geben. Es geht ja um die
Herstellung der rechten Gemeinschaft, um die Überwindung und Über-
führung des Bösen, um seine Beseitigung aus der Gemeinschaft des
Volkes Gottes. Dazu dient das Recht, das durch Vergeltung in Kraft
bleibt" (Bonhoeffer, Nachfolge, S. 134).

Wörtlich heißt es im Bibelvers: „Auge anti Auge. Zahn anti Zahn."
Die Haltung, die deutlich wird, ist eine Anti-Haltung, ein Gegen-etwas-
gerichtet-Sein. Es folgt nun das „Aber" Jesu:

„Ich aber sage euch, dass ihr nicht widerstreben sollt dem Übel."
Jesus erteilt dieser Anti-Haltung eine Absage. Er fordert seine Jünger
auf, sich nicht dadurch zu definieren, dass sie gegen das Übel antreten.
Er möchte etwas Umfassenderes als bloßen Widerstand gegen das Böse
(und den dahinter stehenden Bösen) in unserer Welt. Solange wir *gegen*
etwas sind, werden wir davon bestimmt. Solange unser Leben gegen das
Übel gerichtet ist, bleiben wir unter seiner Macht und werden von ihm
beeinflusst.

Jesus führt hier eine radikal neue Haltung ein, die sich nicht mehr
gegen etwas oder jemanden richtet, sondern *für* (pro) etwas, *für* jemanden ist. Die wahre Vergeltung besteht allein darin, dass dem Bösen nicht
widerstanden wird. Wir müssen uns fragen, wohin wir ausgerichtet sind.
Schauen wir auf das Übel und werden von dorther motiviert (Gegenreaktion), oder haben wir eine Quelle, aus der wir das empfangen, wofür
wir eintreten? Wir können nicht gegen das Böse der Welt antreten, ohne
ihm auf Dauer zu erliegen/unterliegen. Das Böse können wir nicht be-
siegen, müssen wir aber auch nicht. Das hat Jesus am Kreuz bereits
getan. Wir müssen uns also fragen, *wofür* wir eintreten. Wie können

wir aus dem Muster von Reaktion und Gegenreaktion, das letztlich zum Stillstand führt, aussteigen? Doch nur, indem wir etwas Neues hineinbringen. Aus einer Abwehrhaltung oder dem Versuch, das Böse zurückzutreiben oder gar auszurotten, wird kein neues Leben entstehen. Wie können wir Gutes austeilen?

Damit nicht Böses zu Bösem hinzugefügt wird, muss der Kreislauf durchbrochen werden. *„Die Überwindung des Anderen erfolgt nun dadurch, dass sein Böses sich totlaufen muss, dass es nicht findet, was es sucht, nämlich Widerstand und damit neues Böses, an dem es sich umso mehr entzünden könnte. Das Böse wird darin ohnmächtig, dass es keinen Gegenstand, keinen Widerstand findet, sondern willig getragen und erlitten wird. Hier stößt das Böse auf einen Gegner, dem es nicht mehr gewachsen ist. Freilich nur dort, wo auch der letzte Rest von Widerstand aufgehoben ist, wo der Verzicht, Böses mit Bösem zu vergelten, restlos ist. Das Böse kann hier sein Ziel nicht erreichen, Böses zu schaffen, es bleibt allein"* (Bonhoeffer, Nachfolge, S. 135-136).

Diese Haltung nennt Rienecker „Liebes-Vergeltung". Sie hat ihr Vorbild und ihren Grund in der Agape-Liebe Gottes (vgl. 1. Korinther 13).

„Die Agape-Liebe ist nämlich die Liebe, die den liebt, der der Liebe nicht wert und würdig ist, der durch sein Verhalten und Gebaren die Liebe verwirkt hat, der einen Backenstreich nach dem anderen dem Christusnachfolger ausgeteilt hat. Einen solchen dennoch zu lieben, fort und fort, das ist gemeint mit diesen Anweisungen des Heilandes" (Rienecker, S. 65).

Für Leo Tolstoi war dieser Vers (Matthäus 5,39) der „Schlüssel des Ganzen" (vgl. Tolstoi, S. 21). *„Christus sagt: Ihr wollt das Böse durch das Böse vernichten. Das ist unvernünftig. Damit kein Böses sei, tut nichts Böses. Und dann führt Christus die Fälle an, in denen wir gewohnt sind, Böses zu tun, und sagt, in diesen Fällen sollten wir es nicht tun"* (Tolstoi, S. 114). Tolstoi hat wohl erkannt, dass wir uns vom Bösen überhaupt nicht von dem abbringen lassen müssen, was wir Gutes wollen, weil wir nicht mehr allein im Kampf gegen das Böse stehen müssen. Jesus macht deutlich, dass Gott unser liebender Vater ist, der für uns ist, jederzeit Gutes für uns bereit hat. Deshalb sind wir nicht mehr begrenzt auf unsere eigenen kläglichen Versuche, dem Bösen Herr zu werden. Was von Gott zu uns kommt, kommt dadurch auch in die Welt hinein, denn wir können es weitergeben! So ist seine Begeisterung nachvollziehbar: *„Wer die Lehre Christi begreift, hat dasselbe Gefühl wie ein Vogel, der bis dahin nicht wusste, dass er Flügel besitzt, und nun plötzlich begreift, dass er fliegen, frei sein kann und nichts mehr zu fürchten braucht"* (Tolstoi, EKG, S. 986).

Nun folgen vier Beispiele, wie sich „dem Bösen nicht widerstreben" im Alltag der Jünger praktisch auswirkt:

„Wenn dich jemand auf die rechte Backe schlägt, dem biete die andere auch dar."

Laut Rienecker (S. 64), wusste damals jeder Jude, was Jesus mit diesem Wort meinte. Nach jüdischen Zivilrecht wurde jemand, der einem anderen auf die rechte Wange schlug, mit 400 Sus (130 Euro) bestraft. Dieser Schlag, mit dem Handrücken der rechten Hand ausgeführt, galt als Ehrenverletzung. Jesus sagt nun: *„Ihr als meine Jünger sollt nicht die Gemeinheit des anderen zum Maßstab des eignen Verhaltens machen. Ihr sollt euch in eurer Handlungsweise nicht bestimmen lassen von der Bosheit des anderen. Ihr sollt nicht Sklave der anderen werden, Sklave ihrer Launen und Untaten, um dann mit noch größerem Unrecht, mit noch schwererer Beleidigung zurückzuzahlen, sondern ihr Jünger sollt innerlich frei sein in eurem Verhalten dem Nächsten gegenüber, völlig unabhängig von seinem Verhalten. Nicht des anderen Reden und Tun soll euch bestimmen, sondern Gottes Wort ganz allein"* (Rienecker, S. 64).

So zu handeln ist einerseits Ausdruck innerer Freiheit, andererseits von Vertrauen, dass es richtig ist, sich nicht zu wehren. *„Gottes Arm ist länger. (...) Lieber Unrecht erleiden, als nur auch selbst das geringste Unrecht in Gedanken und Worten und Handlungen tun (...), da ist* [einer], *der recht richtet, ja der Unrecht in Segen verwandeln kann, der das, was Menschen gedachten, Böses zu tun, gut machen kann. Das wirkt die göttliche Weisheit"* (Rienecker, S. 64-65).

Die Aufforderung, die andere Wange auch hinzuhalten, sagt aber noch mehr: *„Und wer dich auf die eine Backe schlägt, dem biete die andere auch dar..."* (Lukas 6,29)

Stellen wir uns die Situation einmal bildlich vor: Jemand schlägt uns ins Gesicht. Vielleicht sieht man noch den Abdruck der Hand auf der Wange. Normalerweise würden wir ihm bei jeder folgenden Begegnung wieder unsere verletzte Wange hinhalten. Wir würden ihm das Übel immer wieder vorhalten, im wortwörtlichen Sinne. „Du bist der, der mir das angetan hat! Sieh dich nur vor! Du hast noch eine Rechnung offen..." Unsere Beziehung ist nunmehr durch diesen Vorfall definiert. Die Verletzung steht zwischen uns. Der andere stößt immer wieder darauf, wenn er es mit mir zu tun hat. Wir fühlen uns im Recht und wundern uns, dass der andere sich nun mit uns schwer tut. Wir merken gar nicht, dass wir ihn und unsere Beziehung festgelegt haben und wenig bis keine Chance besteht, dass sie wieder in Gang kommt, herzlich wird und Versöhnung geschieht.

Jesus fordert uns auf, auch die andere Backe, also nicht (nur) unsere verletzte Seite hinzuhalten. Wir sollen dem anderen sein Unrecht nicht immer wieder vorhalten, sondern uns von der unverletzten Seite zeigen. Nur so bekommt die Beziehung eine neue Chance. Dies zu tun ist ein Vertrauensschritt gegenüber Gott, denn wir verzichten auf die Wiederherstellung unserer Ehre, auf die Genugtuung vom anderen und auch darauf, dies als Bedingung für eine neue Beziehung zu stellen. Gott hat versprochen, sich unserer verletzten Wange anzunehmen. Er will für uns eintreten und uns Recht schaffen. Wir müssen nicht selbst um Genugtuung kämpfen. „Der Herr schafft Gerechtigkeit und Recht allen, die Unrecht leiden" (Psalm 103,6; siehe auch Psalm 140,13; Psalm 146,5-7; Psalm 9,5 u. v. a.).

Darüber hinaus will Gott uns heilen. Er kann an die verletzte Seite erst heran, wenn wir sie ihm zuwenden. Das geht nicht, solange wir sie noch dem anderen hinhalten. Wenn wir ihm nun aber die unverletzte Seite zuwenden, so kann sich Gott um unsere geschlagene Wange kümmern. Dann hindern ihn nicht länger unsere Gedanken und Gefühle von Hass, Wut, Stolz, Ablehnung ... Wenn wir unser Verletztsein Gott anheim stellen, all das an ihn vergeben, wird seine Antwort nicht ausbleiben. Dann wird der Verzicht auf Zurückschlagen oder Vorhaltungen uns zur Kraftquelle werden, einen Neuanfang in der Beziehung zu wagen. Wenn wir Gott so viel zutrauen und das Übel an ihn persönlich weitergeben, hat das Böse keinen Raum mehr, Gutes kann wachsen. In der

Beziehung entsteht Raum für neues Leben. Das wird der andere spüren. Nun kann auch er sich neu zeigen, wenn er es will.

Die andere Wange hinhalten heißt nicht, dass wir jedem, der uns Unrecht tut, wieder vertrauen müssen. Vertrauen hat eine Voraussetzung: Vertrauenswürdigkeit. Niemand verlangt von uns, sich kaputtmachen zu lassen. Das möchte auch Gott nicht. Im Gegenteil, er sagt, wir sollen klug und wahrhaftig sein, wenn wir wie Schafe unter die Wölfe geschickt werden (Matthäus 10,16). In Johannes 18,22 u. 23 wird beschrieben, wie Jesus ins Gesicht geschlagen wird. Er hält in der Folge nicht auch noch die andere Wange hin, sondern fragt zurück: „Warum schlägst du mich?" Mit anderen Worten: „Wenn es einen Grund dafür gibt, dann erkläre ihn mir; und wenn nicht, dann schlag mich nicht." Jesus akzeptiert nicht einfach, dass ihn jemand ohne Grund misshandelt, denn er weiß, Gott will nicht, dass er über das Maß hinaus leiden muss.

Indem wir auch die andere Wange hinhalten, gehen wir das Risiko ein, erneut verletzt zu werden. Das ist jedoch das Wagnis jeder zwischenmenschlichen Beziehung. Jesus fordert uns heraus, eine solche Offenheit zu wagen. Das ist mehr als passiver, gewaltloser Widerstand. Sich dem anderen neu zuwenden, das ist aktiver, investierender Lebensstil! Dazu braucht es Menschen der Hoffnung. Dafür brauche ich Gottes Kraft und den Glauben, dass er für mich da ist und diese Lebenseinstellung zu Gutem führen wird. So wird das Böse überwunden, weil es keine Gegenreaktion zeigt.

„Wenn jemand mit dir rechten will und dir deinen Rock nehmen, dem lass auch den Mantel."

Auch hier ist der zeitgeschichtliche Hintergrund zu beachten. In der Praxis der Pharisäer hatte einer, der jemandem etwas geliehen hatte, das Recht, dessen Ober- oder Untergewand als Pfand zu nehmen. Wenn er es nicht bekam, konnte er die Herausgabe durch einen Gerichtsprozess erzwingen. Nach 5. Mose 24,10-13 sollte er aber das Gewand für den Zeitraum, in dem der Besitzer es brauchte (z. B. wenn er kein anderes besaß), herausgeben (vgl. Rienecker, S. 65). So war die Rechtslage. Ein Jünger Jesu aber soll nicht mehr (nur) der Regel gemäß leben, sondern darüber hinaus. Um des anderen willen, um ihn zu gewinnen, soll er bereit sein zu verzichten: nicht nur auf den Gerichtsstreit, sondern auf alles, was ihm von Rechts wegen zusteht. Stattdessen soll er Liebe und Barmherzigkeit üben. Wir können aktiv und kreativ werden! Wir können Gelegenheiten nutzen, in denen wir scheinbar zur Passivität verurteilt sind, um Neues und Gutes in die Welt zu bringen. Wir brauchen nicht nur zu re-agieren, sondern können die Welt mitprägen.

„Wenn dich jemand nötigt, eine Meile mitzugehen, so geh mit ihm zwei."

Diese Aufforderung betrifft die jüdische Sitte, einen Reisenden zu begleiten, denn es war gefährlich, allein unterwegs zu sein. Wurde diese „Pflicht des Geleites" versäumt und ein Unfall geschah, wurde die Ortsgemeinde, in deren Bezirk sich der Unfall ereignet hatte, für den Schaden verantwortlich gemacht. Auch hier geht es nicht in erster Linie um die Begrenzung einer Hilfeleistung durch allgemein gültige Regelungen, der Jünger Jesu soll vielmehr zu „jeder Begleitung bereit sein" und über die Pflichtmeile hinaus mitgehen (vgl. Rienecker, S.65). Wieder lautet der Grundsatz: Entgegenkommen mit Freundlichkeit und Hilfsbereitschaft statt aufrechnen und lediglich Erwartungen oder Pflichten erfüllen.

„Gib dem, der dich bittet, und wende dich nicht ab von dem, der etwas von dir borgen will."

Einem Jünger Jesu ist der Mensch wichtiger als der eigene Besitz. Hier wird keine Einschränkung gemacht, wer zum Kreis derer gehört, die für würdig erachtet werden oder gar meinen, ein Recht darauf zu haben, von mir etwas geschenkt oder geliehen zu bekommen. Wir können auf den Menschen sehen und nicht nur auf die Einhaltung von Regelungen oder unser Recht. Wir können von uns aus freigiebig und großzügig sein. Wir sollen uns von Güte leiten lassen, ohne Ausnahme, denn uns gilt die Güte Gottes ebenso ohne Ausnahme. Weil wir jederzeit Gottes Hilfe in Anspruch nehmen dürfen, kann das Bedürfnis, anderen zu helfen und für sie da zu sein, auch beständig in unserem Herzen sein.

Jesus führt seine Worte von der Haltung, die für den anderen ist, mit dem Gebot der Feindesliebe fort:

„Ihr habt gehört, dass gesagt ist: ‚Du sollst deinen Nächsten lieben und deinen Feind hassen.' Ich aber sage euch: Liebt eure Feinde und bittet für die, die euch verfolgen [liebt eure Feinde, segnet, die euch fluchen, tut wohl denen, die euch hassen, und bittet für die, die euch beleidigen und euch verfolgen], damit ihr Kinder seid eures Vaters im Himmel. Denn er lässt seine Sonne aufgehen über Böse und Gute und lässt regnen über Gerechte und Ungerechte. Denn wenn ihr liebt, die euch lieben, was werdet ihr für Lohn haben? Tun nicht dasselbe auch die Zöllner? Und wenn ihr nur zu euren Brüdern freundlich seid, was tut ihr Besonderes [perisson: über das normale Maß hinaus]? Tun nicht dasselbe auch die Heiden? Darum sollt ihr vollkommen sein [telilos: gemäß dem gesetzten Endziel], wie euer Vater im Himmel vollkommen ist" (Matthäus 5,43-48).

Jetzt geht es darum, was Paulus das Größte nennt: die Liebe (1. Korinther 13,13). Wenn Jesus sagt: *„Ihr habt gehört, dass gesagt ist: ‚Du sollst deinen Nächsten lieben und deinen Feind hassen'"*, tritt er gegen eine traditionelle Ansicht an, die aus der Aufforderung zur Liebe des „Nächsten" den Hass gegenüber allen anderen ableitet. Genau darum geht es Jesus nicht! Auch im Alten Testament gibt es nirgends einen Satz, der zum Feindeshass auffordert, schon dort ist an einigen Stellen vielmehr von Feindesliebe die Rede (z. B. Sprüche 25,21.22; 2. Mose 23,4.5). Es geht Jesus um die Überwindung des Feindes mit Liebe: Das ist der Sieg, den seine Nachfolger erringen sollen.

„Als Cato, ein Ratsherr zu Rom, sich erstochen hatte, sagte Julius Cäsar, der oft von Cato angegriffen worden war: ‚Nun ist mir mein höchster Sieg genommen, denn ich gedachte, dem Cato alle Beleidigungen, die er mir zugefügt hatte, zu vergeben'" (Baun, S. 658).

Jesus wendet sich gegen eine Trennung in Feind und Nächster. Er lässt eine Beschränkung des Liebesgebotes nicht gelten. Für Jesus ist der Nächste jeweils der Mensch bzw. sind es die Menschen, mit denen er lebt, die ihm begegnen, auf die er zugeht, in welcher Absicht auch immer. Er antwortet auf die Frage eines Schriftgelehrten: „Wer ist mein Nächster?" im Gleichnis vom Barmherzigen Samariter (Lukas

10,29-37) völlig überraschend für seine Zuhörer. Jesus dreht die Frage um und sagt: „Es geht nicht darum, wen du für deinen Nächsten hältst, sondern wem du bereit bist, Nächster zu sein bzw. zum Nächsten zu werden." Die richtige Frage lautet also: „Wem bin ich der Nächste? Wem kann ich Nächster sein? Wer braucht Hilfe von mir?" Es kann demnach nicht von vornherein festgelegt werden, wer der Nächste ist, sondern das ergibt sich in der jeweiligen Situation. *„Was der ‚Nächste‘ ist, kann man nicht definieren, man kann es nur sein"* (Kittel, Bd. 6. S. 316). *„Mein Nächster ist der in der Funktion als mein Wohltäter an mir handelnde Mitmensch"* (Karl Barth, zit. nach Theologisches Begriffslexikon, S. 150).

„Der Feind ist im Neuen Testament immer der, der mir feindlich ist. Mit einem, dem der Jünger Feind sein kann, rechnet Jesus gar nicht. Dem Feind aber soll zukommen, was dem Bruder zukommt, die Liebe des Nachfolgers Jesu. Das Handeln des Jüngers soll nicht bestimmt sein durch das Handeln der Menschen, sondern durch das Handeln Jesu an ihm. Es hat darum nur eine Quelle, den Willen Jesu" (Bonhoeffer, Nachfolge, S. 141-142).

Nur durch Gnade sind wir mit Gott versöhnt, nur durch Gnade können wir mit anderen versöhnt leben. Nur weil Gott so an uns gehandelt hat, können auch wir so an anderen handeln, und nur deswegen verlangt er es von uns. Einen heiligen Hass gegen Menschen kennt Jesus nicht. Lieben bedeutet, den anderen zu segnen, ihm Gutes zu tun, sich ihm zuzuwenden, ihn und seine Bedürfnisse zu sehen, nicht nur mich und die meinigen. Es geht also auch hier wieder um mehr als Verzicht auf Vergeltung, wir sollen nicht nur nicht gegen unseren Feind sein, sondern für ihn.

„Vom Feind ist die Rede, also von dem, der Feind bleibt, ungerührt von meiner Liebe; der mir nichts vergibt, wenn ich ihm alles vergebe; der mich hasst, wenn ich ihn liebe; der mich umso mehr schmäht, je ernster ich ihm diene. (...) Aber nicht danach soll die Liebe fragen, ob sie erwidert wird, vielmehr sucht sie den, der ihrer bedarf. Wer aber ist der Liebe bedürftiger als der, der selbst ohne alle Liebe in Hass lebt? Wer ist also auch der Liebe würdiger als mein Feind?" (Bonhoeffer, Nachfolge, S. 142)

Was ist Liebe?

Gott ist Liebe. Wir können von uns aus nicht definieren, was Liebe ist. Wir können sie nur erfahren. Gott möchte sie uns erweisen, denn Liebe, die zur Tat wird, kennzeichnet sein Wesen schlechthin. Wir leben in einer Welt, die vergänglich ist, die Liebe aber bleibt. *„Darin ist erschienen die Liebe Gottes unter uns, dass Gott seinen eingeborenen Sohn gesandt hat in die Welt, damit wir durch ihn leben sollen. Darin besteht die Liebe: nicht, dass wir Gott geliebt haben, sondern dass er uns geliebt hat und gesandt seinen Sohn zur Versöhnung für unsere Sünden. (...) Und wir haben erkannt und geglaubt die Liebe, die Gott zu uns hat. Gott ist die Liebe; und wer in der Liebe bleibt, der bleibt in Gott und Gott in ihm"* (1. Johannes 4,9.10.16).

Liebe [agapae] ist niemals eine dem Menschen entspringende Leistung, sondern immer nur eine Reaktion auf das, was wir von Gott erfahren haben: *„Jemanden lieben heißt, ihm als Zeuge der Liebe begegnen, mit der Gott ihn liebt"* (Mohr, zit. nach Stein, S. 128).

Paulus gibt im „Hohelied der Liebe" im ersten Korintherbrief, Kapitel 13, eine Beschreibung dessen, wie die Liebe [agapae] sich äußert. Er schildert die Liebe Gottes uns gegenüber und spricht erst in zweiter Linie davon, wie wir einander lieben können, denn unsere Liebe kann nur Antwort auf die Liebe Gottes sein.

„Die Liebe ist langmütig und freundlich, die Liebe eifert nicht, die Liebe respektiert Wesen und Persönlichkeit, sie täuscht nicht etwas vor, was hohl und leer ist, sie verstößt nicht gegen gute Grundsätze, sie sucht nicht das ihre, sie teilt keine Seitenhiebe aus, sondern ist geradlinig, sie sammelt keine Minuspunkte [logos] sondern rechnet mit Gutem, sie kennt keine Schadenfreude, sie freut sich an der Wahrheit, sie überspannt alles, wie ein Dach, alles erwartet sie, sie verlässt nicht den Ort, wo sie stützt und trägt, sie wird niemals unwirksam gemacht" (1. Korinther 13,4-8a, Übersetzung incl. Worterklärungen nach Baader, S. 844-875).

„Die Hauptsumme aller Unterweisung aber ist Liebe aus reinem Herzen und aus gutem Gewissen und aus ungefärbtem Glauben" (1. Timotheus 1,5).

„Liebt eure Feinde, segnet, die euch fluchen, tut wohl denen, die euch hassen, und bittet für die, die euch beleidigen und euch verfolgen ...“
Unser Denken, Reden und Tun sollen nicht ein Echo der Feindseligkeit, sondern ein Echo auf Gottes Güte sein. Im Gebet können wir eintreten für jeden Menschen, nicht nur für die, die nach Gottes Willen leben. Im Gegenteil, Jesus kam, um gerade jene zu gewinnen, die gegen Gott und ihn selbst standen. Auch wir gehör(t)en dazu. Wir können jetzt tun, was unser „Feind“ nicht kann: in Liebe für ihn beten.

Segnen: eulogeo

eulogeo: gut reden von, rühmen, segnen wird in der griechischen Übersetzung des Alten Testaments für das hebräische barakh: segnen (ursprünglich: mit heilvoller Kraft begaben) verwendet und bildet den Gegensatz zu verfluchen (kataraomai). Segen wird im Alten Testament als selbstständig wirkende, übertragbare, heilvolle Macht verstanden, die im Gegensatz zur zerstörerischen Wirkung des Fluches steht. Zum Vollzug des Segens im Alten Testament gehören ein machtgeladenes Wort und eine bekräftigende Handlung. Die Übertragung geschieht durch Handauflegung, Umarmung, Kuss, Berührung von Kleidern oder Ähnlichem.

Segen wirkt unbedingt und unwiderruflich. Die geläufigste Ausdrucksform des Segens ist der Gruß bei Begegnung und Abschied. Häufig wird an Wendepunkten des Lebens ein Segen erteilt. Im Neuen Testament hat eulogeo an 40 von 68 Stellen die Bedeutung loben, preisen, rühmen. Jesus sprach vor und nach den Mahlzeiten einen Segen als Tischgebet. Wo eulogeo segnen bzw. Segen bedeutet (28 der 68 Belege), wird an die Selbstverständlichkeit des Alten Testaments angeknüpft. Bedeutsame Stellen in den Evangelien sind die Segnung der Kinder (Markus 10,13-16), die Aussendungsrede (Matthäus 10,1-16) oder der Abschiedssegen des auferstandenen Jesus (Lukas 24,50f). Dort wo segnen als Gegensatz zu fluchen verwendet wird, ist auch die freundliche Zuwendung gemeint, als Ausdruck der Feindesliebe (vgl. Theologisches Begriffslexikon, S. 1119-1127).

Zur Vertiefung

„... *damit ihr Kinder seid eures Vaters im Himmel* ...“

Der Grund, warum wir so handeln sollen, ist, es ‚um Gottes Willen‘ zu tun, damit sein Wesen, das er uns mitteilt (mit uns teilt), in seiner Schöpfung sichtbar wird. Wenn wir tun, was Jesus sagt, handeln wir als Kinder unseres Vaters, die etwas von seinem Wesen mitbekommen haben. Dann stehen wir dafür ein, was in seinem Reich gilt. So leben können wir nicht aus eigener Kraft, sondern nur als Jünger Jesu, denn: „... *jegliche Voraussetzungen bei dem Nicht-Jünger fehlen*“ (Rienecker, S. 65). Das geht nur, wenn wir nicht zuerst darauf blicken, was der andere uns angetan hat, sondern was Jesus für uns getan hat. Wir selbst sind ja von der Liebe Jesu überwunden worden. Jesus hat uns, als wir noch seine Feinde waren, als Freunde angenommen. Was für uns gilt, gilt auch für jeden anderen und so auch für meine „Feinde“.

> *„Darin macht die Liebe den Nachfolgenden sehend, dass sie auch den Feind eingeschlossen sieht in die Liebe Gottes, dass sie den Feind unter dem Kreuz Jesu Christi sieht“* (Bonhoeffer, Nachfolge, S. 144).

„*Denn er lässt seine Sonne aufgehen über Böse und Gute und lässt regnen über Gerechte und Ungerechte.*“

Wir sollten uns an Gottes Freiheit und Großzügigkeit ein Beispiel nehmen. Wir haben die Wahl, den anderen zu lieben oder es ihm zu vergelten. Wir müssen uns aber nicht mehr vom Übel des anderen in unserer Reaktion bestimmen lassen. Lukas fügt in diesem Zusammenhang noch an: „*Und wie ihr wollt, dass euch die Leute tun sollen, so tut ihnen auch!*“ (Lukas 6,31). Wir können und sollen den anderen so behandeln, wie wir selbst an seiner Stelle behandelt werden möchten. Wir müssen nicht auf sein Handeln re-agieren und uns von ihm unser Verhalten vorgeben lassen. Wir können so mit ihm umgehen, als wenn er an unserer Stelle wäre. Denn Gott hat ihn nicht weniger lieb als uns, er ist Gott auch nicht weniger wert als wir. Gottes Güte ist nicht von unserem Wohlverhalten abhängig: „... *denn er ist gütig gegen die Undankbaren und Bösen*“ (Lukas 6,35). Wir ahnen, dass eine solche Freiheit viel mehr vermag als Bestimmungen oder die Erwartung anderer. Das Handeln aus göttlicher Liebe heraus lässt sich nicht begrenzen. Unser himmlischer

Vater nennt nicht nur diejenigen seine Geschöpfe, die auch wir für ‚gut‘ halten. Wenn Jesus von der Sonne spricht, die über allen Menschen aufgeht, dann ist damit nicht nur das Licht gemeint, sondern vor allem Gottes Wort und die Erlösung Jesu, die jedem gilt. Die menschliche Praxis, das Natürliche, Selbstverständliche, Reguläre, für jeden Nachvollziehbare, lautet: Ich liebe, die mich lieben; ich bin freundlich zu denen, die mir gegenüber freundlich sind. Dies ist nicht, was Gott von uns erwartet. Die Frage ist, wie etwas Neues unter uns Menschen kommt. Wie können wir das bloße Hin und Her bedingter Liebe erweitern?

„... was tut ihr Besonderes (griech. perisson)?"

Das griechische Wort „perisson" heißt: „über das normale Maß hinaus". Hier geht es um etwas, das den Rahmen sprengt und völlig außerhalb des Normalen, Gewohnten liegt; um etwas Unerhörtes, weil nicht mehr Nachvollziehbares. Hier geht es genau um den Unterschied. Gott gibt uns aus einer anderen Quelle, er zeigt uns ein anderes Ziel: das Besondere, das die Welt überwindet, weil es über sie hinausreicht. Dieses Neue, das uns durch Jesus zugänglich gemacht wurde, ist Gottes Erbarmen, seine Liebe. Wir können unsere Beziehungen dafür öffnen, können ein Kanal für diese Liebe sein. Sie strömt in und durch unser Leben, damit wir sie weitergeben, und je mehr wir das tun, desto reicher wird sie nachfließen. Sind wir unsererseits nicht zu lieben bereit, reißt der Strom ab.

„Und stellt euch nicht dieser Welt gleich [griech.: syschematizesthai], *sondern ändert euch* [griech.: metamorphousthai] *durch Erneuerung eures Sinnes, damit ihr prüfen könnt, was Gottes Wille ist, nämlich das Gute und Wohlgefällige und Vollkommene"* (Römer 12,2).

Mit anderen Worten: „Lasst euch nicht mit der Welt in deren Schema [griech. schema: äußere Gestalt] pressen, sondern werdet umgestaltet bzw. verwandelt [Metamorphose], indem euer Denken neu gemacht wird; dahin führend, dass ihr das Richtige herausfinden könnt, was der gute und wohlgefällige und vollendungsgemäße Wille Gottes ist."

Bei der Liebe zum Gegner („Feindesliebe") handelt es sich um Liebe, die nicht in unserem natürlichen Wesen gründet, sondern die in Gott verankert ist. Durch Menschen, die Jesus nachfolgen und von ihm verändert wurden, strahlt etwas vom Licht Gottes in diese Welt hinein. Solch ein Handeln wird nicht verborgen bleiben. Darin liegt Kraft, Gottes Kraft. Das Neue, das Besondere, ist die Liebe Jesu. Aus Liebe tat er das Unerhörte: Er ließ sich für uns ans Kreuz schlagen. Am Kreuz hat Jesus die Welt überwunden. Hier wurde die Weisheit der Welt zur Torheit gemacht. Mit dem Tod Jesu am Kreuz zerriss der Vorhang, der unsere Wirklichkeit von der Gegenwart Gottes trennte. So kommt das Außerordentliche durch das Kreuz auch in unser Leben. Mit denen, die wie wir daran glauben, sind wir als „Leib Christi" verbunden, nimmt dieses Außerordentliche Gestalt an, wird sichtbar. Als reich Beschenkte gilt es nun, unser Kreuz zu tragen, das bedeutet, nicht mehr so zu leben, wie es unseren eigenen Vorstellungen entspricht, sondern den Willen des Vaters zu erkennen und zu tun. *„Vergeben heißt: göttlich großzügig sein ..."* (Ralf Luther, S. 220) Dieses Tun ist ein fortwährendes Er-Tragen (Ihn-Tragen), ein Verzicht auf den Kampf um das eigene Recht, ein Einstehen für diese Welt und Miterleiden der Not in ihr.

„Darum sollt ihr vollkommen sein ..."

Vollkommen, griech. telilos, ist von „telos: Ziel" abgeleitet und wird von Baader mit „vollendungsgemäß, gemäß dem gesetzten Endziel" übersetzt (vgl. Baader, Bd. 2, S. 418,969). Wir sollen uns an dem Ziel orientieren, das Gott mit uns hat. Es geht nicht um ethische Vollkommenheit, um einen Zustand des Gut-Seins, sondern um die Zielorientierung, immer mehr von Gott her zu leben. *„Ihr Jünger sollt in jeder Weise so geartet sein, wie euer Vater geartet ist, ihr sollt eben so, wie euer Vater der ganz andere ist, auch die ganz anderen sein, nämlich auf Hass mit der Agape-Liebe, auf Verfolgen mit dem Gebet antworten"* (Rienecker, S. 67). So leben können wir nur, wenn wir Schritt für Schritt Jesus nachfolgen. Das ist der „neue Weg" – nicht die breite Straße, die ins Verderben mündet und auf der viele laufen, sondern der schmale Weg, der zum Leben führt! (vgl. Matthäus 7,13-14)

> *„Der Mensch, der präzis wissen will, wen er zu lieben habe und wen nicht, wird nun nach seiner vermeintlichen Liebe gefragt, mit der er so ökonomisch umgehen will, während sie doch mit unwiderstehlicher Gewalt aus ihm hervorbrechen und zu ihrer Tat finden müsste.*

Sie ist ihrem Wesen nach zuerst nicht Handeln, sondern Sein, näm-
lich Gotteskind-Sein, „Vollkommen-Sein" wie der Vater im Himmel
(...). Solche aus dem Geliebt-Sein entspringende Liebe ist über-
haupt nicht fähig, nach ihren Grenzen zu fragen" (Kittel, Bd. 6,
S. 315).

Bei Lukas finden wir im Anschluss an die Worte von der Feindesliebe
noch folgende Ergänzung:

„Werdet barmherzig, so wie euer Vater barmherzig ist. Richtet nie-
mand, dann wird Gott euch nicht richten. Verurteilt niemand, dann
wird Gott auch euch nicht verurteilen. Verzeiht, dann wird Gott euch
verzeihen. Schenkt, dann wird Gott euch schenken; ja er beschenkt
euch so überreich, dass ihr gar nicht alles fassen könnt" (Lukas
6,37-38a).

Kapitel 25

Müssen wir uns denn alles gefallen lassen?

„Das Christentum (...) trennt den Sünder von der Sünde, die er begangen hat. Dem Sünder müssen wir siebzigmal siebenmal vergeben. Die Sünde selbst aber dürfen wir keinesfalls entschuldigen."

G. K. Chesterton*

Vergeben bedeutet nicht, das Böse entschuldigen. Es geht nicht um ein Verharmlosen oder gar Billigen von Unrecht. Im Gegenteil: Beim Vergeben erkläre ich Schuld erst zu dem, was sie ist: Schuld („Abrechnen"), verzichte jedoch auf Rache und überlasse das Richten meinem himmlischen Vater.

„Aber zwischen Vergeben und Entschuldigen besteht ein Riesenunterschied. Vergebung heißt: ‚Ja, du hast das getan, aber ich nehme deine Abbitte an; ich werde es dir nie wieder vorhalten, und alles zwischen uns beiden wird genauso sein wie vorher.' Entschuldigen aber heißt: ‚Ich sehe, du konntest nicht anders handeln oder es war nicht beabsichtigt; du bist nicht eigentlich schuldig.' Ist man aber nicht eigentlich schuldig, dann gibt es auch nichts zu vergeben. In diesem Sinn sind Vergeben und Entschuldigen beinahe Gegensätze" (C. S. Lewis, S. 416).

Wir haben häufig Probleme mit Schuld und Unrecht. Wir kehren die Dinge lieber unter den Teppich, um sie nicht ansprechen zu müssen. Wir haben große Angst, mit unserem eigenen Fehlverhalten konfrontiert zu werden oder andere auf das ihre anzusprechen. Wir befürchten, das harmonische Miteinander zu gefährden. Für viele heißt vergeben eben doch, die Sache im stillen Kämmerlein mit sich selbst auszuma-

---

* zit. nach Smith u. Foster, S. 102

chen, das Unrecht zu schlucken und auszuhalten. So gehen wir jeglicher wahrhaftigen Auseinandersetzung mit dem Übel, und damit auch dessen Verursacher, aus dem Weg. Auf diese Weise wird Schuld jedoch nicht aus der Welt geschafft. Es bildet sich lediglich ein Deckmantel, unter dem die Dinge immer weiter in die falsche Richtung laufen. *„Wir gingen alle in die Irre wie Schafe, ein jeder sah auf seinen Weg."* (Jesaja 53,6)

Wenn uns andere genauso wichtig wären, wie wir selbst es uns sind, würden wir Konflikte nicht so sehr scheuen. Warum fragen wir nicht nach, wenn wir etwas nicht nachvollziehen können oder falsch finden, was ein anderer tut? Warum machen wir uns so selten die Mühe, zu klären, was unverständlich ist oder „atmosphärisch" im Raum schwebt? Das Konfrontieren des anderen beinhaltet nicht nur die Chance der Klärung und anschließende Verständigung, vielleicht sogar Vertiefung der Beziehung, sondern gibt dem anderen auch die Möglichkeit, etwas zu erkennen, es einzusehen und sich zu ändern.

„Darum ermahnt euch untereinander, und einer erbaue den andern, wie ihr auch tut" (1. Thessalonicher 5,11).

Vergebung kann uns innerlich frei machen, Unrecht in Liebe anzusprechen. Es ist unsere Verantwortung als Mensch, insbesondere als Christ, jemandem nicht auf einem falschen Weg ins Verderben laufen zu lassen. Wir sind aufgefordert, mit auf unsere Geschwister zu achten. Dieses „Ermahnen" ist nach biblischem Verständnis ein Ausdruck der Liebe, nicht von Verletztheit. Diese Liebe kann erst entstehen, wenn ein Vergebungsprozess zumindest angefangen hat. Ermahnung wird der andere nur annehmen können, wenn er spürt, dass wir innerlich frei sind und die Sache um seinetwillen ansprechen und nicht nur im eigenen Interesse.

Wenn wir vergeben, werden wir bereit, den anderen so zu nehmen, wie er ist. Manchmal muss jemand auch erleben, wohin ihn sein Tun führt, bis er bereit wird, umzukehren. Wir sollen nicht die Sünde akzeptieren, aber durch die Vergebung den Sünder lieben. In der einen oder anderen Situation mögen es nur Missverständnisse sein, die dazu führen, dass die herzliche Offenheit füreinander verloren geht oder gar gute

Freundschaften zerbrechen. In anderen Fällen wollte der andere uns vielleicht wirklich etwas Böses antun. Wenn wir selbst angesichts des Bösen um Frieden und Versöhnung ringen und nicht gleich wieder aufgeben, dann kämpfen wir auf Gottes Seite.

Zu vergeben bedeutet nicht, so tun zu müssen, als wäre nichts geschehen. Im Gegenteil: Nur wenn wir Schuld erkennen, können wir sie auch vergeben. *„Vision beginnt mit Empörung über den Status quo und entwickelt sich zu einer ernsthaften Suche nach einer Alternative. Beides sehen wir deutlich in der öffentlichen Wirksamkeit Jesu. Er empörte sich über Krankheit und Tod sowie über den Hunger des Volkes, denn er merkte, dass diese Dinge dem Ratschluss Gottes entgegenwirkten. Darum hatte er mit ihrem Opfern Erbarmen. Empörung und Erbarmen – welch eine kraftvolle Kombination"* (Stott, S. 42).

Im Gleichnis vom Schalksknecht forderte der König ja nicht den Erlass der Schuld, sondern das Erbarmen mit dem Schuldner. Darum geht es: den anderen zu sehen und mitzuhelfen, damit er vom Bösen frei werden kann. Wenn dazu unser Verzicht nötig ist, dann ist das gerechtfertigt, aber es geht nicht um Verzicht um des Verzichts willen. Vorher, im selben Kapitel, spricht Jesus vom Zurechtweisen. Das Gleichnis von der Vergebung folgt auf seine Mahnung, das Böse nicht Eingang finden zu lassen in die menschliche Gemeinschaft und einfach zu ertragen und dem Bösen gar einen „Schutzraum" zu geben.

„Sündigt aber dein Bruder an dir, so gehe hin und weise ihn zurecht zwischen dir und ihm allein. Hört er auf dich, so hast du deinen Bruder gewonnen. Hört er nicht auf dich, so nimm noch einen oder zwei zu dir, damit jede Sache durch den Mund von zwei oder drei Zeugen bestätigt werde. Hört er auf die nicht, so sage es der Gemeinde. Hört er auch auf die Gemeinde nicht, so sei er für dich wie ein Heide und Zöllner" (Matthäus 18,15-17).

Jesus betont, dass das Unrecht zunächst unter vier Augen angesprochen werden soll. Erst einmal geht es keinen Dritten etwas an. So verhindern wir, dass der Schaden sich weiter vermehrt, der durch das Unrecht sowieso schon entstanden ist. Jesus geht davon aus, dass beim anderen auch tatsächlich Schuld vorliegt. Wie oft unterstellen wir aber anderen etwas, was diese gar nicht getan haben! Wie oft unterstellen wir ein Motiv, das gar nicht vorlag. Wie oft schließen wir hier von unseren eigenen Motiven auf die des anderen, ohne zu wissen, was sich in ihm abspielt(e)?

„Was siehst du aber den Splitter in deines Bruders Auge und nimmst nicht wahr den Balken in deinem Auge? Oder wie kannst du sagen zu deinem Bruder: Halt, ich will dir den Splitter aus deinem Auge ziehen?, und siehe, ein Balken ist in deinem Auge. Du Heuchler, zieh zuerst den Balken aus deinem Auge; danach sieh zu, wie du den Splitter aus deines Bruders Auge ziehst" (Matthäus 7,3-5).

Wenn der andere bereit ist, sich korrigieren zu lassen, dann wird Gott ihm die Schuld vergeben. Es ist absolut nicht nötig, dass weitere Personen davon wissen. Im Gegenteil: Sie könnten durch ihr Wissen gegenüber jener Person negativ beeinflusst werden, so dass auch noch weitere Beziehungen leiden würden. Das kann jedoch verhindert werden, indem man die Sache zunächst unter den unmittelbar Betroffenen anspricht.

Hört der Betreffende trotz einer ‚liebevollen Ermahnung' nicht, so soll man zwei oder drei Zeugen mitnehmen. Ein Klärungsversuch oder eine Konfrontation in Anwesenheit neutraler, also nicht selbst betroffener Personen als Vermittler kann sehr hilfreich sein. Sie können beide Seiten anhören, eventuelle Missverständnisse klären helfen und, wenn nötig, die Ermahnung bekräftigen. Diese Maßnahme dient also sowohl der Objektivierung als auch dem Schutz beider Seiten.

„Manchmal ist es angebracht bei einem Klärungsversuch, der allein misslungen ist, Zeugen mitzunehmen. Dass ich Vermittler hatte, die bereit waren, mich zu übersetzen, da, wo ich noch nicht ganz so sauber gewaschen war, hat die Sache sehr erleichtert. Auch die andere Person hat dadurch gemerkt, dass es mir ernst war. Es ging ja nicht darum, dass ich groß rauskomme, sondern dass eine Beziehungsstörung überwunden wurde. Jetzt wächst Vertrauen neu in dieser Beziehung. Es gilt dranzubleiben, damit die Liebe, die wir untereinander haben, auch wirklich gelebt wird. Daran müssen wir aktiv arbeiten. Dazu gehört auch, Konfrontation und Klärungsprozesse

nicht zu scheuen, sondern zu investieren in die Beziehungen. Von
alleine klärt sich gar nichts" (Teilnehmerin eines Seminars, Kasset-
tenmitschnitt).

Führt auch dies nicht zur Einsicht, soll es vor der ganzen Gemeinde
angesprochen werden. Somit bekommt der Betreffende dreimal die
Chance, umzukehren. Ist er daraufhin immer noch nicht bereit, sich
auf den rechten Weg weisen zu lassen, soll er aus dem Kreis der Kinder
Gottes ausgeschlossen werden. Dies sind harte Worte. Der Ausschluss
erfolgt jedoch nicht, weil er gesündigt hat (sonst könnte keiner von uns
weiter zur Gemeinde, dem Leib Jesu, gehören), sondern weil er definitiv
nicht bereit ist, sich korrigieren zu lassen und umzukehren. Er will sich
gar nicht ändern bzw. verändert werden. Was sollte er dann noch in der
Gemeinde Gottes, in der Schar der Nachfolger Jesu?

Jesus redet über Zurechtweisung, in einem ganz bestimmten Zusammenhang. Es ist kein Zufall, dass er unmittelbar zuvor das Bild vom
verlorenen Schaf und dem Hirten, der ihm nachgeht, zeichnet.

„Was meint ihr? Wenn ein Mensch hundert Schafe hätte und eins
unter ihnen sich verirrte: lässt er nicht die neunundneunzig auf den
Bergen, geht hin und sucht das verirrte? Und wenn es geschieht,
dass er's findet, wahrlich, ich sage euch: er freut sich darüber mehr
als über die neunundneunzig, die sich nicht verirrt haben. So ist's
auch nicht der Wille bei eurem Vater im Himmel, dass auch nur eines
von diesen Kleinen verloren werde" (Matthäus 18,12-14).

Jesu Zurechtweisen, d. h. auf den rechten Weg zurückführen, ist ein
Nachgehen, ein Suchen, ein Finden, Aufheben und (Mit-)Tragen. Der
„Verlorene" soll für das Gute zurückgewonnen werden, der Verirrte zu
den anderen zurückfinden. Jesus betont vor allem die Freude Gottes,
wenn sich jemand zurechtweisen lässt.

Kapitel 26

Vergebung und Gemeinschaft

„Es sind doch gerade die, die einem am nächsten stehen, die die größten Enttäuschungen bereiten. Es sind die, mit denen man immer wieder in Konflikt kommt, Verletzungen und Verbitterungen erfährt. Von Feinden erwartet man das doch nicht anders, aber von Freunden! Für Feinde sein Leben hingeben, das ist ruhmvoll, entspricht meiner Märtyrerhaltung. Aber für diesen chaotischen, unzuverlässigen, unmöglichen Haufen meiner Nächsten das eigene Leben einzusetzen, das ist wenig anziehend ... "

Cornelia Geister*

Gemeinschaft kann nur durch Vergebung erhalten bleiben. Jesus hat Voraussetzungen geschaffen, die Gemeinschaft unter Christen in Gottes Sinn ermöglichen. Gemeinschaft im Sinne des Neuen Testamentes ist nichts, das wir erst schaffen müssen. Sie besteht längst, und wir bekommen Anteil daran, wenn wir Jesus als Herrn über unser Leben anerkennen und begonnen haben, mit ihm zu leben. Dann sind wir Teil der Familie Gottes geworden und in den Kreis derer hineingezogen, die sich zu Jesus bekennen und ihm ebenfalls nachfolgen. Für mich ist das Kreuz auch ein Symbol für diese Gemeinschaft. Der Längsbalken steht für die Gemeinschaft mit Gott. Gott gibt uns Anteil an sich und nimmt Anteil an uns. In Jesus zeigt sich das am deutlichsten, denn er hat sich an diesem Balken dafür martern lassen. Die Gemeinschaft, die Gott uns anbietet, ist wie der vertikale Balken fest in die Erde gerammt und ragt nach oben. An ihm hängt wie der Querbalken bei einem Kreuz die Gemeinschaft der Kinder Gottes, das Miteinander der Christen. Nur weil Gottes „Ja" zu jedem seiner Kinder feststeht, können wir ein „Ja" zueinander finden.

---

* zit. nach Geister, S. 54

Je enger wir mit Jesus, dem Zentrum und Haupt dieser Gemeinschaft, verbunden sind, umso enger und natürlicher wird auch die Verbundenheit mit den anderen, die an Jesus hängen. Gemeinschaft (griech.: koinonia) heißt so viel wie Teilhabe (aneinander). Das geht nur, wenn wir aneinander Anteil nehmen, aber auch einander Anteil geben. Christliche Gemeinschaft heißt, an Jesus Anteil zu haben und dadurch auch miteinander verbunden zu sein. Das ist eine Realität, der wir Ausdruck verleihen und in unserem Leben Raum geben dürfen. Gemeinschaft mit Jesus heißt aber auch, dass Jesus an uns Anteil nimmt. Weil Jesus da ist und an uns Anteil nimmt, uns kennt, schützt und für uns da ist, können wir es wagen, anderen Anteil an uns zu geben, uns zu öffnen – voreinander und füreinander. Diese Öffnung heißt nicht, sich völlig bloßstellen zu müssen. Es heißt auch nicht, dass die anderen uns immer ganz und gar verstehen können, sondern was möglich ist, teilen, um einander Hilfe zu sein. Teilen ist etwas Freiwilliges. Nehmen können und wollen wir nur, was der andere auch geben möchte, was er uns (mit-)teilt (d. h. mit uns teilt).

„Die eigentliche Gemeinschaft hat ihren Entscheidungspunkt darin, dass ich den Anderen anerkenne, nicht nur in seinem verständlichen Eigensein, sondern auch in seiner Fremdheit. Dass ich dem Anderen zuerkenne: Im Letzten kann er vielleicht überhaupt nicht verstanden werden" (Guardini, Vom Sinn der Gemeinschaft, S. 33-34).

Niemals können und dürfen wir das Geheimnis, das der andere ist, mit Gewalt zu entschlüsseln versuchen.

Verbunden sind Christen nicht in erster Linie aufgrund menschlicher Sympathien, gemeinsamer Interessen oder äußerer Merkmale, sondern durch Jesus. Wir werden die Menschen wiedersehen und mit ihnen in der ewigen Gemeinschaft des Vaters verbunden sein, die Jesus treu geblieben sind bis zum Tod. Mit ihnen bereits hier in tiefem Frieden gelebt zu haben ist nicht nur jetzt auf Erden, sondern dann auch im Himmel viel wert.

Kennzeichen der Gemeinschaft in Christus ist die Liebe untereinander. *„Ein neues Gebot* [Innenziel] *gebe ich euch, dass ihr euch untereinander liebt, wie ich euch geliebt habe, damit auch ihr einander lieb* habt. *Daran wird jedermann erkennen, dass ihr meine Jünger seid, wenn ihr Liebe untereinander habt"* (Johannes 3,34.35). Der erste Johannesbrief greift dieses Thema auf (insbesondere 1. Johannes 4,7-21). Weil Gott Liebe ist und uns seine Liebe schenkt(e), können und sollen wir einander lieben. Weil Gott jeden von uns so sehr liebt, gibt es keinen Grund, dass wir als Kinder Gottes einander nicht lieben sollten. An unserer Liebe zu anderen erkennen wir, dass wir mit ihm verbunden sind. Johannes schreibt sogar, dass man Gott gar nicht lieben kann, ohne auch seine (Glaubens-)Geschwister bzw. Nächsten zu lieben: *„Wenn jemand spricht: Ich liebe Gott, und hasst seinen Bruder, der ist ein Lügner. Denn wer seinen Bruder nicht liebt, den er sieht, wie kann er Gott lieben, den er nicht sieht? Und dies Gebot haben wir von ihm, dass, wer Gott liebt, dass der auch seinen Bruder liebe"* (1. Johannes 4,20.21).

Unsere Liebe ist meist jedoch eingeschränkt und an Bedingungen gebunden: *Normalerweise lieben wir den anderen nur bis zu einem bestimmten Grad. Ist dieser überschritten, so geben wir nicht unser Leben für ihn hin, sondern wir geben* ihn *dahin, um unser eigenes Überleben zu sichern"* (Hummel & v. Ungern, S. 64). Das aber ist eingeschränkte Liebe. Hier ist die Angst, selbst zu kurz zu kommen, stärker als die Bereitschaft zur Hingabe an den anderen und das Vertrauen auf Gott, dass er für mich sorgt. *„Der Nächste steht uns in Wahrheit nicht im Wege, sondern am Rande eines Abgrundes, als Schutzengel, der uns hindert, aus den Realitäten des Lebens hinaus in die Illusionen zu treiben"* (Paul Schütz; zit. nach Hummel & v. Ungern, S. 65).

Liebe ist niemals etwas, das man sich verschaffen kann, sondern immer freies Sich-Verschenken an den anderen. Wer Gottes Liebe in der Vergebung und Barmherzigkeit unseres himmlischen Vaters kennen gelernt hat, der kann sie an andere weitergeben. Wer weiß, dass er Barmherzigkeit nicht weniger braucht als alle anderen, der kann barmherzig sein. *„Der Ausschluss des Schwachen und Unansehnlichen, des scheinbar Unbrauchbaren aus einer christlichen Lebensgemeinschaft kann geradezu den Ausschluss Christi, der in dem armen Bruder an die Tür klopft, bedeuten. Darum sollen wir hier sehr auf der Hut sein"* (Bonhoeffer, Gemeinsames Leben, S. 29).

Durch das Gleichnis von der Vergebung im Reich Gottes macht Jesus deutlich: Wichtiger als alle für den Kampf gegen das Böse notwendigen

Regelungen ist die Vergebung, die bereits hier auf Erden etwas vom Reich des Himmlischen Vaters verkörpert. Allein sie kann das schaffen, was Gott für unser Miteinander schon jetzt vorgesehen hat: tiefen, dauerhaften Frieden. So wichtig der Kampf gegen die Sünde ist, die sich unter uns nicht breit machen will, die Barmherzigkeit mit dem Sünder ist viel wichtiger. Denn: *„Weißt du nicht, dass dich Gottes Güte zur Umkehr treibt?"* (Römer 2,4) Nicht die Angst vor Strafe ist es, die uns in unserem Inneren verändern kann, sondern die Liebe Gottes. Wenn wir diese Liebe kennen lernen, verliert alles, was uns von Gott wegziehen könnte, seine Macht. Warum sollten wir einen Surrogatextrakt trinken, wenn es auch echten Bohnenkaffee gibt? Gott hat für uns das wahre Leben bereit, er will uns nichts vorenthalten oder uns billig abspeisen. Er, der uns in Jesus bereits sein Liebstes gab, wie sollte er uns nicht auch alles andere schenken (Römer 8,32)?

Vergeben führt nicht automatisch zur Versöhnung, Vergebung macht uns versöhnungsbereit.

Versöhnung kann nicht einseitig zustande kommen. Wir können uns nicht mit jemandem versöhnen, der sich nicht mit uns versöhnen will. Vergeben ist eine Voraussetzung für Versöhnung mit dem anderen, die wir unabhängig vom Verhalten des anderen, schaffen können. Echte Vergebung zieht den Wunsch und die Bereitschaft nach Versöhnung mit sich, denn das Ziel von Vergebung ist immer Versöhnung. Durch Vergeben werden wir innerlich frei und so entstehen Raum und Möglichkeiten für Neues. Versöhnung bedeutet: Gott führt zwei Menschen, die sich innerlich voneinander entfernt haben, jeweils an einen Punkt, an dem sie sich offen begegnen können. Dies ist aber vom freien Willen des anderen genauso abhängig wie von dem meinen. Ich kann meinen Teil zur Versöhnung beitragen, anders ausgedrückt: Ich kann verhindern, Versöhnung zu verhindern. Dazu muss ich im Herzen bereit sein, mit dem anderen neu anzufangen.

Am besten ist es, wenn beide Vergebung von Gott für ihre Schuld erfahren haben und die Schuld ganz aus der Welt geschafft ist. Wenn wir selbst an einem anderen Menschen schuldig wurden, sind wir ebenfalls nicht zur Passivität gezwungen. Hoffen wir dann nur darauf, dass der andere uns und das Vorgefallene nicht anspricht? Wollen wir, dass die Sache ungeklärt bleibt? Wir können auf ihn zugehen und ihn um Vergebung bitten. *„Der Mensch ist nie so schön, als wenn er um Verzeihung bittet oder selbst verzeiht"* (Jean Paul, EKG, S. 445). Jesus sagt, wenn wir bemerken, dass irgendjemand etwas gegen uns hat, dann sollten wir das klären und aus der Welt schaffen. Wir sollen dann auch nicht in eine fromme Welt flüchten, sondern das konkret in Ordnung bringen, was uns von unseren Mitmenschen entzweit: *„Darum: wenn du deine Gabe auf dem Altar opferst und dort kommt dir in den Sinn, dass dein Bruder etwas gegen dich hat, so lass dort vor dem Altar deine Gabe und geh zuerst hin und versöhne dich mit deinem Bruder und dann komm und opfere deine Gabe"* (Matthäus 5,23.24). *„Und wenn ihr steht und betet, so vergebt, wenn ihr etwas gegen jemanden habt, damit auch euer Vater im Himmel euch vergebe eure Übertretungen"* (Markus 11,25).

Wenn wir einen Menschen um Vergebung bitten, dieser sie uns jedoch verweigert, kann es zunächst keine Versöhnung geben. Wir haben keine Möglichkeit sie herzustellen, denn sie ist vom anderen ebenso abhängig wie von uns selbst. Wir haben zwar unseren Teil getan, dadurch haben wir aber keinen Anspruch auf Versöhnung. Der andere muss wollen. Wir können ihn nicht dahin bringen, sondern nur hoffen, dass der andere bereit wird, uns zu vergeben und sich mit uns zu versöhnen.

„Der Schmerz, den wir erleben, wenn wir mehr zu verschenken haben, als der andere annehmen kann, ist der Schmerz Gottes mit uns" (Schaffer, S. 59).

Eine verweigerte Versöhnungsbitte tut weh. Der andere will unserer Versöhnungsangebot und unserer Bitte um Vergebung nicht stattgeben. Jetzt merken wir, was uns dadurch entgeht. Aber wir können nichts tun, wir können nur versöhnungsbereit bleiben und aufpassen, dass wir nicht bitter werden oder innerlich (erneut) dichtmachen. Es hilft uns aber, uns zu erinnern, dass Gott uns vergeben hat, wenn wir ihm die Schuld bekannt haben. Die Versöhnung mit Gott kann uns kein Mensch nehmen. Sie gilt unabhängig von der Vergebungsbereitschaft dessen, an dem wir schuldig geworden sind.

Wir haben am Beispiel vom barmherzigen König gesehen, dass Vergeben heißt, den anderen freizugeben und ihn nicht durch unser Bild von ihm und unsere Erwartungen an ihn festzulegen. Freigeben setzt den Blick auf den anderen voraus. Solange wir uns nur mit uns selbst und unserer Sicht der Situation beschäftigen, bleiben wir beim Übel stehen.

„Ein dauerhaftes Gleichgewicht kann nur hergestellt werden, wenn beide den Fehler suchen und nicht einen Sündenbock. Dazu muss ich aufhören, die Vergebung als Trumpfkarte zu benutzen, mit der ich den andern zum Verlierer mache. Wo wir aneinander schuldig werden, gibt es keine Gewinner. Alle verlieren etwas" (Donsbach, S. 15).

Versöhnung heißt eben nicht, dass der andere dem Bild, das wir von ihm haben, entsprechen muss. Jegliche Manipulationsversuche – und seien sie noch so fromm getarnt – machen Versöhnung schwerer. Wir können, zu unserem Glück, nicht über andere verfügen.

„Keine menschliche Begegnung findet statt ohne die Möglichkeit von Schmerz, Verletzung, Leiden und Entfremdung. Ohne Vergebung ist Gemeinschaft nur möglich, wo Menschen in sicherem Abstand und auf Vorsicht bedachter Oberflächlichkeit bleiben. Durch Vergebung sind wir freigesetzt, einander wirklich zu begegnen, wahrhaftig zusammenzuarbeiten, es zu riskieren, einander mit Integrität und Echtheit zu begegnen" (David Augsburger, zit. nach Jäkel, S. 25).

Kapitel 27

Josef und seine (Halb-)Brüder

„Die Vergebung, die wir denen schenken, die uns Böses getan haben,
stellt unsere Gemeinschaft in horizontaler Richtung nach allen vier
Windrichtungen wieder her."

Jan Peters*

Die Geschichte von Josef und seinen Brüdern, die ausführlich im ersten
Buch Mose geschildert wird (vgl. 1. Mose, Kapitel 37-50), zeigt, was es
heißt, Gott Richter sein zu lassen und langsam das genommene Übel
loslassen zu können.

Die Vorgeschichte

Josef hatte ein faustdickes Beziehungsproblem, das ihn viele Jahre lang
beschäftigte: das Verhältnis zu seinen (Halb-)Brüdern. Er war der zweit-
jüngste der zwölf Söhne seines Vaters Jakob. Jakob hatte zwei Frauen:
Lea und Rahel. Rahel war seine Lieblingsfrau, auch wenn sie ihm lange
keine Kinder gebären konnte. Josef nun war der erste Sohn Rahels und
von daher etwas ganz Besonderes für seinen Vater. Er hatte einen jüngeren Bruder Benjamin, die anderen zehn Brüder waren Söhne der Lea
oder der Mägde der Frauen seines Vaters und somit seine Halbbrüder.
Josef genoss bestimmte Privilegien, sein Vater bevorzugte ihn. Sichtbar
wurde das u. a. an einem farbenprächtigen, kostbaren Gewand, das er
geschenkt bekam. Es lässt darauf schließen, dass er weniger, oder zumindest weniger hart arbeiten musste als seine Brüder. Diese beneide-
ten ihn, er war anders als sie, er hatte eine Sonderstellung inne.

Als Josef 17 Jahre alt war, hatte er einen Traum, den er als Verheißung Gottes ansah. Er träumte, dass er und seine Brüder Garben banden,

---

*   zit. nach Harz, S. 5

deren Garben sich vor seiner als größter verneigten, und von Sonne, Mond und elf Sternen (Vater, Mutter und seine Brüder), die vor ihm niederfielen. Diese Träume schienen sein Selbstbild, jemand ganz Besonderes zu sein, zu bestätigen. In seinem jugendlichen Übermut war er nicht gerade bescheiden, sondern sprach sie seinen Brüdern gegenüber unbedacht aus. Das brachte das Fass zum Überlaufen, nun waren ihr Neid und Hass auf Josef so groß geworden, dass sie damit nicht länger hinterm Berg halten konnten. So viel Anmaßung wollten sie nicht länger ertragen.

Also beschlossen die Brüder, Josef umzubringen. Aber Ruben, der Älteste, wollte seinen Tod nicht, und auf seinen Rat hin warfen sie ihn in eine ausgetrocknete Zisterne, um ihn dort seinem Schicksal zu überlassen. Ruben wollte ihn heimlich seinem Vater zurückbringen und verließ seine Brüder. Als eine Handelskarawane auf ihrem Weg nach Ägypten vorüberzog, kam Juda, der Zweitälteste, auf die Idee, ihn als Sklaven an diese Kaufleute zu verkaufen. Als Ruben zurückkehrte, war er entsetzt, dass Josef verschwunden war. Er hatte als Ältester gegenüber seinem Vater doch die Verantwortung für den Jüngeren. Nun wussten sie sich nicht anders aus der Affäre zu ziehen, als sein Gewand mit dem Blut eines Ziegenbocks zu tränken, es dem Vater vorzulegen und so den Anschein zu erwecken, ein wildes Tier habe Josef getötet. Josef, dessen Leben als Lieblingssohn eines ehrwürdigen Patriarchen und Sippenoberhauptes in Palästina so verheißungsvoll begonnen hatte, war plötzlich ganz unten: als Sklave in ein fremdes Land verkauft, einem unbestimmten Schicksal entgegensehend.

So kam Josef nach Ägypten. Dort wurde er Sklave im Hause des Potifar, des Kämmerers und Obersten der Leibwache Pharaos, des Königs von Ägypten. *„Und der Herr war mit Josef, sodass er ein Mann wurde, dem alles glückte"* (vgl. 1. Mose 39,2). So wurde er zum obersten Verwalter eines in Ägypten sehr hoch stehenden Mannes. Diesen Posten hatte er allerdings nicht lange inne, denn die Frau des Potifar versuchte, mit ihm eine Liebschaft zu beginnen. Als Josef längere Zeit hartnäckig blieb und sich nicht von ihr verführen ließ, drehte sie den Spieß um und behauptete, er habe ihr nachgestellt. Natürlich wurde der Frau des angesehenen Ägypters eher geglaubt als einem ausländischen Sklaven, sodass Josef den zweiten Absturz in seinem Leben zu verkraften hatte: vom Verwalter mit eigenen Befugnissen zum angeblichen Straftäter, der ins Gefängnis geworfen wurde.

Da saß er nun im Verlies des Pharao, mehr als zwei Jahre lang. Wieder ganz unten. In Dunkelheit und Ketten, ohne Aussicht auf Freilassung. Vermutlich hielt er nicht mehr viel von seinen früheren Träumen. Alle hatten ihn offenbar vergessen. Wahrscheinlich war es in seinem Herzen ebenso finster wie in seinem Kerker. Doch sogar im Gefängnis, in scheinbar aussichtsloser Lage, durfte er erleben, dass das nicht das Ende war. Der Gefängnisdirektor fasste Vertrauen zu ihm und übertrug ihm alle Obliegenheiten der Strafanstalt. So kam Josef in Kontakt zu seinen Mitgefangenen, darunter der Mundschenk und der Bäcker des Pharao. Als diese beiden Träume hatten, konnte Josef sie ihnen auslegen. Er bat den Mundschenk, der gemäß seiner Deutung wieder in sein Amt eingesetzt wurde, noch, sich seiner zu erinnern, doch dieser vergaß Josef.

Zwei Jahre später träumte der Pharao selbst etwas, das ihm bedeutungsvoll erschien: Der Traum von sieben fetten Kühen, die dann von sieben mageren gefressen wurden, sowie von sieben mageren Ähren, die sieben volle verschlangen, beunruhigte und beschäftigte ihn sehr. Er ließ all seine Wahrsager und Weisen kommen, doch keiner konnte die Bedeutung der Träume herausfinden. Da erinnerte sich schließlich Josefs ehemaliger Zellengenosse, der Mundschenk, an ihn und man brachte ihn vor den Pharao. Dieser forderte ihn auf, die Träume auszulegen. Josef antwortete: *„Das steht nicht bei mir; Gott wird jedoch dem Pharao Gutes verkünden"* (1. Mose 41,16).

So geschah es dann auch: Josef konnte die Träume des Pharao als Prophezeiung von sieben fetten und sieben mageren Jahren auslegen und darüber hinaus weise Maßnahmen zum Abwenden einer drohenden Hungerkatastrophe vorschlagen. Das beeindruckte den Herrscher von Ägypten so sehr, dass er Josef zum Vorsteher über sein Haus und über sein Volk machte. Josef, inzwischen 30 Jahre alt geworden, war in diesen 13 wechselvollen Jahren in Ägypten höher aufgestiegen als jemals zuvor, jetzt wurde er zum zweitmächtigsten Mann in ganz Ägypten.

Das Wiedersehen mit den Brüdern

In dieser Stellung trifft Josef wieder mit seinen Brüdern zusammen. Sie haben die vorhergesagte Hungersnot im Land Kanaan (heute Palästina), wo sie lebten, zu spüren bekommen und sind nach Ägypten gezogen, um Korn aus den vollen Speichern zu holen, die Josef hatte anlegen lassen. Benjamin ist nicht dabei, denn Jakob wollte ihn keiner Gefahr aussetzen, ihn nicht auch noch verlieren wie Josef.

Die Brüder erkennen Josef in dem Ägypter nicht. Josef, an seine Träume erinnert, stellt sich fremd gegen sie und wirft ihnen vor, feindliche Kundschafter zu sein. Er lässt sie drei Tage ins Gefängnis werfen. Dann bietet er ihnen an, sie unter der Bedingung ziehen zu lassen, dass einer von ihnen als Geisel zurückbleibt und sie Benjamin mitbringen. Als die Brüder ihre missliche Lage auf das Unrecht zurückführen, das sie damals ihrem Bruder Josef angetan haben, weint dieser heimlich. Dann lässt er ihre Getreidesäcke füllen und legt ihnen den Kaufpreis wieder dazu. Außerdem gibt er ihnen noch Proviant für den Rückweg mit. Simeon bleibt im Gefängnis zurück. Als die Brüder unterwegs das Geld entdecken, erschrecken sie sehr, denn sie können sich aus dem Verhalten des mächtigen Ägypters keinen Reim machen.

Jakob weigert sich zunächst, seine Söhne mit Benjamin noch einmal nach Ägypten ziehen zu lassen. Als jedoch die Hungersnot andauert und sie kein Korn mehr haben, bietet Juda sich als Bürge für Benjamin an und erklärt, er würde die Schuld für den Fall, dass er ihn nicht heil zurückbrächte, sein Leben lang auf sich nehmen. Daraufhin lässt Jakob sie schweren Herzens ziehen und gibt ihnen Geschenke und doppelt so viel Geld mit. Josef lässt sie in sein Haus führen und lädt sie ein, mit ihm zu essen. Das beunruhigt sie, denn sie glauben, er wolle sie für das Geld, das sie in ihren Säcken fanden, zur Rechenschaft ziehen. Aber er beschwichtigt sie und lässt Simeon aus dem Gefängnis holen. Als Josef den Raum betritt, fallen sie vor ihm auf die Erde nieder. Josef erkundigt sich freundlich nach ihrem Vater und wendet sich seinem Bruder Benjamin zu. Das geht ihm so zu Herzen, dass er den Raum verlassen muss, um in seinem Zimmer seinen Tränen freien Lauf lassen zu können. Erst als er sich wieder gefangen hat, kann er mit ihnen essen.

Vor ihrer Abreise bringt Josef seine Brüder, die ihn ja immer noch nicht erkannt haben, ein weiteres Mal in große Schwierigkeiten. Er schmuggelt seinen Trinkbecher in Benjamins Kornsack und lässt sie abreisen, aber nur, um sofort seine Leibwache hinterherzujagen mit dem Vorwurf, sie hätten seinen Becher gestohlen. Und tatsächlich wird der Becher bei Benjamin gefunden. Als sie zu Josef zurückgeführt werden, fallen sie wieder vor ihm auf die Erde. Josef erschreckt sie noch mehr mit der Frage: „Wie habt ihr das tun können, wusstet ihr nicht, dass ein solcher Mann, wie ich bin, wahrsagen kann?" Juda bietet sich und seine Brüder als Sklaven an, Josef will jedoch nur Benjamin haben. Da tritt erneut Juda mutig vor und spricht von seinem Vater ins Spiel, der, wie er sagt, den Verlust Benjamins nicht überleben würde, da ihm schon der Verlust Josefs so viel Schmerz bereitet hatte. Er bietet sich als Sklaven an Benjamins Statt an. Nun kann Josef nicht länger an sich halten, weint lauthals und gibt sich seinen Brüdern zu erkennen: *„Ich bin Josef, euer Bruder, den ihr nach Ägypten verkauft habt. Und nun bekümmert euch nicht und denkt nicht, dass ich darum zürne, dass ihr mich hierher verkauft habt; denn um eures Lebens willen hat Gott mich vor euch hergesandt"* (1. Mose 45,4.5).

Er redet mit ihnen, erzählt ihnen, wie er durch Gottes Eingreifen Vizekönig von Ägypten wurde, und schickt sie mit Geschenken nach Hause, um den Vater und die ganze Sippe nach Ägypten zu holen.

Die jüdische Dichterin Nelly Dix stellt sich diese Szene in ihrer Erzählung „Joseph der Träumer" folgendermaßen vor: *Joseph stand unter der Tür seines Hauses und sah dem Aufbruch der Brüder zu. (. . .) Ach, es war ein schrecklich peinlicher Tag gewesen, und alle waren froh, dass es vorbei war und bestrebt, so wenig wie möglich davon zu reden. (. . .) Joseph konnte sich nicht freuen – keiner konnte das, auch die Brüder nicht, die nun mit Geschenken beladen nach Hause reisten. Vielleicht, wenn sie das nächste Mal kämen, würden sie alle viel ungezwungener und harmloser miteinander umgehen können; aber heute hatten es alle eilig – die Brüder, wegzukommen, und Joseph, sie reisen zu sehen. Einer nach dem anderen bestieg seinen Esel und nahm den Knechten die Leitseile der Packesel ab. (. . .) Einer nach dem andern ritt langsam aus dem Tor, im Vorbeireiten Joseph zuwinkend, als letzter Benjamin. „Wiedersehen, Joseph!", rief Benjamin. (. . .) Joseph hatte das Gefühl, als habe er eine Rechnung bezahlt und bleibe nun ohne einen Pfennig zurück. Er wunderte sich, dass er keinerlei Genugtuung empfand, weder über die Rache, die er genommen hatte, noch auch über die Geschenke, mit denen er seine Brüder zuletzt überschüttet hatte. Irgendwie war das alles zu spät, und es war im Grunde genommen egal, was er tat. Vielleicht hätte ich alles ganz anders machen müssen. Aber wie sollte das so einer wie ich wissen? (...) Eben drehte sich Benjamin noch mal um und winkte. Er ritt als Letzter. Sein weißer Esel hatte einen roten Sattel mit Goldfransen. Eine Staubwolke verhüllte die Beine des Esels, und es sah aus, als schwebte er mit seinem Reiter davon. Joseph legte die Hände an den Mund. „Benjamin!", rief er. Benjamin hielt einen Augenblick an. „Zankt euch nicht auf dem Heimweg!"* (Dix, S. 107-108)

„Zankt nicht auf dem Wege!" (1. Mose 45,24) – über diese Worte lohnt es sich nachzudenken. Für mich drücken sie Verlegenheit aus. Warum sagt Josef das? Will er auf diese Weise seine Verbundenheit mit den Brüdern zum Ausdruck bringen? Will er ihnen, nachdem er sie ja ziemlich geplagt hatte, nun etwas Liebes sagen, und ihm fällt nichts Besseres ein? Tut es ihm jetzt Leid, dass er die Brüder so in Angst und Unruhe versetzt hat? Will er damit den Wunsch ausdrücken, dass die Beziehungen im Hause Israel künftig besser werden? Merkt er, dass die Brüder das alles noch wie im Traum erleben und es auf dem Heimweg zerreden könnten? Hat er Sorge, dass sie sich gegenseitig die Schuld an dem Unrecht ihm gegenüber in die Schuhe schieben könnten (wer damals die Idee hatte, ihn umzubringen, und wer nur mitgemacht habe)? Will er ihnen durch diese Aufforderung noch einmal versichern, dass es von seiner Seite her nun wieder gut ist und die Vergangenheit nicht noch einmal hervorgeholt werden muss? Es klingt fast väterlich, was er da sagt. Er scheint zu merken, dass er im Verarbeiten dieser Sache schon weiter ist als seine Brüder.

Als die elf Söhne Jakobs zu Hause ankommen, hält ihr greiser Vater die Einladung nach Ägypten zunächst für einen üblen Scherz, doch die Geschenke überzeugen ihn und er bricht mit seiner ganzen Sippe auf, nachdem ihm Gott diesen Weg bestätigt hatte. Beim ersten Wiedersehen weint Josef lange am Hals seines Vaters. Jakob kann nur sagen: *„Ich will* *nun gerne sterben, nachdem ich dein Angesicht gesehen habe, dass du noch lebst"* (1. Mose 46,30). Und sie wohnen in der fruchtbaren Weidelandschaft Goschen im Nildelta.

So weit die Vorgeschichte. Wir wollen uns die Frage stellen, ob und wie weit die Beziehung zwischen Josef und seinen Brüdern wieder ganz in Ordnung gekommen war. Haben bei der tränenreichen Wiedervereinigung zwischen ihm und seinen Halbbrüdern Vergebung und Versöhnung stattgefunden? Können sich beide Seiten wieder von Herz zu Herz und als Brüder begegnen – so, als wäre nichts vorgefallen? Das Letzte, was uns in der biblischen Geschichte dazu überliefert wurde, war jener Satz Josefs: *„Zankt nicht auf dem Wege!"* Dass längst nicht alles wieder gut ist, zeigt der letzte Abschnitt der Josefsgeschichte, den wir im Folgenden näher betrachten wollen. Hier erst dürfen wir miterleben, wie Versöhnung geschieht.

Der lange Weg zu echter Versöhnung

„Die Brüder Josefs aber fürchteten sich, als ihr Vater gestorben war, und sprachen: Josef könnte uns gram sein und uns alle Bosheit vergelten, die wir an ihm getan haben. Dann ließen sie ihm sagen: Dein Vater befahl vor seinem Tode und sprach: So sollt ihr zu Josef sagen: Vergib doch deinen Brüdern die Missetat und ihre Sünde, dass sie so übel an dir getan haben. Nun vergib doch diese Missetat uns, den Dienern des Gottes deines Vaters! Aber Josef weinte, als sie solches zu ihm sagten. Und seine Brüder gingen hin und fielen vor ihm nieder und sprachen: Siehe, wir sind deine Knechte. Josef aber sprach zu ihnen: Fürchtet euch nicht! Stehe ich denn an Gottes Statt? Ihr gedachtet, es böse mit mir zu machen, aber Gott gedachte es gut zu machen, um zu tun, was jetzt am Tage ist, nämlich am Leben zu erhalten ein großes Volk. So fürchtet euch nun nicht; ich will euch und eure Kinder versorgen. Und er tröstete sie und redete freundlich mit ihnen. So wohnte Josef in Ägypten mit seines Vaters Hause und lebte hundertundzehn Jahre und sah Ephraims Kinder bis ins dritte Glied" (1. Mose 50,15-23).

Jakob, der Vater der zwölf Brüder, ist gestorben. Als Familienoberhaupt war er die absolute Autorität und Schutzmacht im Hintergrund, der Anführer, der die ganze Sippschaft zusammenhielt, der Einzige, dem gegenüber alle anderen verantwortlich waren und vor dem alle Respekt hatten. Der Schriftsteller Thomas Mann stellt sich in seinem Romanzyklus „Joseph und seine Brüder" diese Szenerie nach der Bestattung Jakobs in einer vermauerten Höhle folgerndermaßen vor:

„Verschlossen das Haus, beseitigt der Vater, Zehn blicken starr auf den Ziegel der letzten Lücke. Was ist ihnen denn? Sie blicken so fahl, diese Zehn, und kauen die Lippen. Verstohlen schielen sie nach dem Elften und schlagen die Augen nieder. Ganz offenkundig: sie fürchten sich. Verlassen fühlen sie sich, beklemmend verlassen. Der Vater ist fort, der Hundertjährige dieser Siebzigjährigen. Bis jetzt noch war er zugegen gewesen, wenn auch in Wickelgestalt, nun ist er vermauert, und plötzlich entsinkt ihnen das Herz. Und plötzlich ist ihnen, als sei er ihr Schirm und Schutz gewesen, nur er, und habe gestanden, wo nun nichts und niemand mehr steht, zwischen ihnen und der Vergeltung" (Mann, S. 1353-1354).

Nun, da Jakob tot ist, tritt die bisher im Hintergrund lauernde Angst der Brüder zutage. Jetzt wird deutlich, dass über Jahre, die sie in Ägypten unter der Obhut Josefs gelebt hatten, nur ein Scheinfriede geherrscht hatte, hinter dem sich weiterhin Befürchtungen *und Argwohn ver*bargen. Das, was zwischen ihnen und Josef stand, war längst nicht aus der Welt geschafft, sondern schwelte im *Unter*grund weiter: *„Josef könnte uns gram sein und uns alle Bosheit vergelten, die wir an ihm getan haben."* Im hebräischen Text finden wir das Verb „satam: anfeinden, verfolgen" (Fohrer, S. 269) und „schuw: vergelten", das hier noch verstärkt wird: „gewiss vergelten". Man könnte wörtlich übersetzen: *„Dass uns Joseph nicht anfeinde und uns all das kräftig zurückgebe, was wir ihm angetan haben."*

Ist diese Sorge der Brüder berechtigt? Aus ihrer Sicht wohl schon, denn sie haben ja erlebt, dass Josef sie ganz schön hat zappeln lassen. Was hindert ihn nun noch, nachdem der Vater tot ist? Er hat sie doch sicher nur aus Rücksicht ihm gegenüber bisher verschont. Diese Rücksicht ist nun nicht mehr nötig. Jetzt muss er die ihm angetane Schmach nicht länger tragen, sondern kann sich Genugtuung verschaffen. Jetzt macht er sicher da weiter, wo er um Jakobs willen aufgehört hatte, damals, bevor er sich ihnen zu erkennen gab. Jetzt wird er sein Urteil vollstrecken.

Außerdem war es der Schmerz des Vaters über seinen vermeintlichen Tod und der drohende Schmerz angesichts des Verlustes von Benjamin, der Josef bewogen hatte, sein Spiel mit ihnen zu beenden. Die Brüder kannten kein anderes Prinzip als das der Rache, ja der Blutrache. Sie haben vermutlich folgendes Bild von der Situation: „Josef hat uns zwar damals alle gerettet. Dies tat er um seines Vaters willen, aus Liebe zu ihm. Aber jetzt, wo der Vater tot ist, jetzt wird es uns an den Kragen gehen. Jetzt ist er keinem mehr Rechenschaft schuldig, jetzt hat er keinen Grund mehr, seinen Zorn, seinen Wunsch nach Rache und Vergeltung, nach Wiederherstellung seiner Ehre uns gegenüber zurückzuhalten."

Ihre Angst ist nachvollziehbar. Jetzt könnte Josef ihnen alles heimzahlen. So wagen sie es nicht, selbst zu ihm hinzugehen. Darum schicken sie einen Boten, eine neutrale, selbst nicht betroffene Person. (Noch heute ist es Sitte in arabischen Ländern, im Konfliktfall einen Unterhändler zu schicken.) Der Bote kommt zu Josef: „Dein Vater sagte uns vor seinem Tod, dass wir dir sagen sollen, er hätte uns gesagt, wir sollten dir sagen, dass du uns vergeben sollst." Eine merkwürdige Nachricht! Ich glaube nicht, dass sie der Wahrheit entspricht: Sie klingt konstruiert. Wenn sich Jakob wirklich Sorgen um die Beziehung zwischen Josef und seinen Brüdern gemacht hätte, hätte er doch diesen selbst darum gebeten, sich nicht an ihnen zu rächen. Zu ihm hatte er doch den besten Draht. Es entbehrt jeglicher Logik, jemandem zu sagen: „Sag ihm, dass ich gesagt habe, dass du ihm sagen sollst, dass er dir vergeben soll."

Dieses Scheinargument gebrauchen die Brüder, weil sie sich fürchten. Sie versuchen in dieser Situation, die „Schutzmacht" des Vaters noch über dessen Tod hinaus aufrechtzuerhalten, indem sie sich auf seinen angeblichen letzten Willen berufen. Es wirkt unecht und fadenscheinig, was sie Josef ausrichten lassen. Aber immerhin geben sie zu, übel an Josef gehandelt zu haben.

Bei Thomas Mann ist es Benjamin, den die zehn Halbbrüder mit ihrer Botschaft zu Josef schicken: *„Benjamin", sagten sie mit lahmen Lippen, „pass auf, es ist dies. Wir haben eine Botschaft des [zu den Ahnen] Versammelten an Jehosiph [Josef], deinen Bruder, und dir steht es am besten an, sie zu überbringen. Denn kurz vor seinem Tode, in seinen letzten Tagen, als jener nicht da war, befahl uns der Vater und sprach: ‚Wenn ich tot bin, sollt ihr eurem Bruder Joseph sagen von mir: Vergib doch deinen Brüdern die Missetat und ihre Sünde, dass sie so übel an dir getan haben. Denn zwischen euch und ihm will ich sein wie im Leben, so auch im Tode und lege es dir als Vermächtnis auf und als letzte Weisung, dass du ihnen nichts Übles tust und dich der Rache entschlägst für alte Dinge, auch wenn ich scheinbar nicht da bin. Lass sie ihre Schafe scheren, sie aber lass ungeschoren.'" „Ist das denn wahr?", fragte Benjamin. „Ich war nicht dabei, als er's sagte." „Bei nichts bist du dabei gewesen", antworteten sie, „darum rede nicht! So ein Kleinchen muss nicht überall dabei gewesen sein. Aber verweigern wirst du's ja nicht, deinem Bruder, Gnaden Joseph, den letzten Wunsch und Willen des Vaters zu überbringen. Gehe gleich zu ihm! Wir aber folgen dir nach und warten auf deinen Bescheid"* (Mann, S. 1354).

An der Stelle, die im Luthertext mit „vergib doch" übersetzt wurde, steht im hebräischen Text das Verb „nasa: davontragen, wegnehmen, vergeben" (Fohrer, S. 182), ursprünglich „nasa: heben, erheben, aufheben" (Gesenius, S. 523). Die Brüder bitten also: „Ertrage doch unsere Übeltat, halte es doch weiter aus, dass wir dir übel mitgespielt haben und du dir nicht völlige Genugtuung verschafft hast!" Sie bitten nicht um Vergebung – wie denn auch, sie wissen ja gar nicht, was das ist. Sie können ein „Sei uns von Herzen wieder gut!" nicht einmal denken. Sie bitten Josef, weiter diesen Zustand des ungesühnten Unrechts zu ertragen und die Rache weiter zurückzuhalten: „Ertrage weiter die Demütigung, deine Macht nicht an uns erwiesen zu haben." Da gibt es nicht den Wunsch nach Versöhnung, nach neuer Qualität, sondern nur den Versuch, den momentanen Zustand aufrechtzuerhalten. Sie haben keine Hoffnung, es könne je besser werden, es könne je Frieden geben, je „still werden" zwischen ihnen und in ihnen. Sie wollen lediglich den Waffenstillstand beibehalten, bis der Tod den Konflikt zwischen ihnen beendet. Es folgt sogar noch ein frommer Absicherungsversuch: „... uns, den Dienern des Gottes deines Vaters." Neben dem Vater wird noch eine weitere Schutzmacht auf den Plan gerufen, um ihnen das Leben zu retten: der heilige Gott Israels. Als Josef diese Botschaft hört, weint er.

„Also ging Benjamin zum Erhöhten ins Zelt und sagte verlegen: ‚Joseph-el, verzeih die Störung, aber die Brüder lassen dir kundtun durch mich, der Vater habe auf seinem Sterbebett dich heilig ersuchen lassen, dass du ihnen kein Leides tust für das Verjährte nach seinem Tode, denn auch danach wolle er zwischen euch sein zu ihrem Schutz und dir die Rache verwehren.' ‚Ist denn das wahr?', fragte Joseph und bekam feuchte Augen. ‚So besonders wahr ist's wahrscheinlich nicht', antwortete Benjamin. ‚Nein, denn der wusste, es sei nicht vonnöten', setzte Joseph hinzu, und zwei Tränen lösten sich von seinen Wimpern" (Mann, S. 1354).

Erneut muss Josef erst einmal seine Gefühle verarbeiten, bevor er imstande ist, sich seinen Brüdern zuzuwenden. Es ist ja nicht das erste Mal, dass er bei einer Begegnung mit ihnen weinen muss (vgl. 1. Mose 42,24. 43,30. 45,2.14f; 46,29; 50,1.17). Warum weint Josef? Genau wissen wir das natürlich nicht. Aber wir können versuchen, uns in ihn einzufühlen. Eine ganze Reihe von Gedanken und Gefühlen könnte dahinter stecken: Zunächst zeigt es seine Betroffenheit. Er steht nicht über den Dingen. Er fühlt den Schmerz über den Verrat seiner Brüder noch immer. Alles kommt jetzt noch einmal hoch, alles, was ihn der Neid und die Eifersucht seiner Brüder gekostet haben. Wahrscheinlich hatte er in letzter Zeit, seit sie zusammen in Ägypten lebten, gar nicht mehr so viel daran gedacht, und jetzt wird er so massiv daran erinnert.

Vielleicht weint er auch, weil er sieht, dass seine Brüder noch immer voller Misstrauen sind. Er durchschaut sicherlich, dass sie ihn anlügen und ihm unterstellen, er sei immer noch gegen sie. Sie können sich anscheinend nicht vorstellen, dass er ihnen gut und für sie ist. Josef muss sich eingestehen, dass seine Brüder ihn nicht verstehen. Sie haben nicht begriffen, warum er sie damals nach Ägypten geholt hat. Sie wissen gar nicht, dass er sie trotz allem, was passiert ist, als seine Brüder achtet, und will, dass es ihnen gut geht. Er merkt, dass ihre Beziehung zueinander nur oberflächlich ist, dass sie nicht miteinander, sondern höchstens nebeneinander hergelebt haben. Sie haben immer noch Angst vor ihm.

Abgesehen von allen in ihm vergrabenen Gefühlen, die nun zum Vorschein kommen, gelangt Josef vielleicht auch zu der Einsicht, dass er sich zu wenig um die Beziehung zu seinen Brüdern gekümmert hat. Nun, nach dem Tod des Vaters, zeigen sich ihre Angst und ihr Misstrauen deutlich. So weint er vielleicht auch, weil er sein Versäumnis wahrnimmt: Er hat keine Herzensbeziehung zu seinen Brüdern aufgebaut. Es ist ihm nicht gelungen, dass sie sich unter seiner Obhut in Ägypten wohl fühlen.

Der Überbringer der Botschaft an Josef erlebt, wie der zweitmächtigste Mann Ägyptens, ein hoher, angesehener Herr, aufgrund dieser – an sich harmlosen – Nachricht in Tränen ausbricht. Mit dieser Reaktion kann er nichts anfangen. Er macht kehrt und berichtet es seinen Auftraggebern, den Söhnen Jakobs. Nun gehen die Brüder selbst zu Josef. Auch sie verstehen wohl nicht, warum er weint. Sie haben immer noch, ja vielleicht noch mehr Angst. Nun fallen sie vor Josef nieder und sagen: *„Siehe, wir sind deine Knechte (wörtlich: Sklaven)!"*

Sie unterwerfen sich ihm, sie sind bereit, ihren Stand als Freie, die sein Gastrecht genießen, aufzugeben. Die Verwandtschaft mit Josef, die ihnen viele Privilegien verschafft hatte, erscheint ihnen nun gefährlich. Als Brüder haben sie Schuld auf sich geladen und Vergeltung, ja vielleicht den Tod verdient. Um ihr Leben zu retten, wechseln sie lieber die Beziehungsebene. Vielleicht können sie als Knechte unter seine Augen treten und so verschont werden? Als Knechte liegt ja nichts gegen sie vor, da können sie neu anfangen und das Alte vielleicht loswerden, das ihnen anhaftet und weswegen sie solche Angst haben müssen. „Josef, wir sind es nicht wert, deine Brüder genannt zu werden. Wir haben diese Beziehung verspielt und verloren. Lass uns deine Knechte sein, schenke uns auf diese Weise neues Leben! Lass uns am Leben! Wir wollen von jetzt an für dich arbeiten. Dann kannst du vielleicht aushalten, dass wir hier in deiner Nähe sind."

Wieder keine Bitte um Vergebung – im Gegenteil. Sie wollen nichts geschenkt haben, sondern selbst etwas geben. Es wäre für sie unvorstellbar, Josef zu bitten, ihnen das Leben, oder gar ein familiäres Miteinander zu schenken. Es gibt eine ganz ähnliche Geschichte im Neuen Testament, die Jesus erzählt, um die Liebe und Vergebung Gottes zu zeigen. Es ist das Gleichnis vom liebevollen Vater, das bei uns als „Gleichnis vom verlorenen Sohn" bekannt geworden ist. Der Sohn, der sein Vaterhaus verlassen hatte, um sein Glück auf eigene Faust zu versuchen, hat seine ganze Erbschaft verschleudert. Er hat das, was eigentlich noch seinem Vater gehört, verspielt und verloren und weiß nun nicht mehr, wohin. Er sieht keinen anderen Ausweg, als zu seinem Vater zurückzugehen, denn dort hofft er, wenigstens nicht zu verhungern. Er nähert sich seinem Vater mit den Worten: *„Ich bin hinfort nicht mehr wert, dass ich dein Sohn heiße; mache mich zu einem deiner Tagelöhner!"* (Lukas 15,18.19.21).

Wir begegnen hier demselben Muster wie bei Josefs Brüdern. Der Sohn ist überzeugt, dass er seine Sohnesrechte verspielt hat. Also bleibt ihm scheinbar nichts anderes übrig, als auf einen Neuanfang als Sklave zu hoffen. Um Vergebung bitten, das kommt auch hier nicht vor – Jesus will durch die Haltung des Vaters ja erst deutlich machen, wie Gott zu uns Menschen steht, und uns zu einer zuversichtlichen Rückkehr, die nicht in einem Sklavendasein endet, ermutigen.

Zurück zu Josef: Schon als der Bote den angeblich letzten Willen Jakobs brachte, hat er wohl die Angst der Brüder gespürt, die sie zu dieser Nachricht veranlasst hatte. Nun sieht er sie mit eigenen Augen, als sie selbst kommen, um sich ihm zu unterwerfen. Er spricht diese Angst direkt an: „Fürchtet euch nicht! Stehe ich denn an Gottes Statt?" „Ihr braucht keine Angst zu haben! Bin ich denn euer Richter? Bin ich denn derjenige, der über Recht und Unrecht befinden muss? Muss denn ich selbst für meine Ehre und Gerechtigkeit kämpfen?" Diese rhetorische Frage enthält schon die Antwort, dass er es Gott überlässt, die Brüder zur Rechenschaft zu ziehen. Gott allein ist der Richter und stellt Gerechtigkeit her. Deshalb kann Josef die Brüder freigeben, was immer sie ihm auch angetan haben. Josef beweist hier ungeheure innere Freiheit und großes Vertrauen.

Er hat Gott als den kennen gelernt, der ihn nie vergessen hat, auch wenn sein Weg menschlich gesehen ohne Aussicht auf Veränderung oder Weiterkommen war. Er hat erlebt, dass Gott ihm immer wieder

Möglichkeiten gab und ihm auch zu dieser machtvollen Position in Ägypten, mit all dem Reichtum und dem Einfluss, der damit verbunden war, verholfen hatte. Wir haben die Höhen und Tiefen seines Weges zu Beginn dieses Kapitels skizziert. Josef weiß, dass er auf Gott vertrauen, d. h. ihm seine Angelegenheiten anvertrauen kann. Das hindert ihn jedoch nicht daran, das Geschehene zu sehen. Er benennt das Unrecht deutlich, auch wenn es ihm immer noch wehtut. Gerade dadurch wird er fähig, sich mit seinen Brüdern und seiner Beziehung zu ihnen auseinander zu setzen, sich ihnen neu zuzuwenden, ihnen zu vergeben. Er beschönigt nichts; er sagt nicht: „Ach, das war doch alles nicht so schlimm. Schwamm drüber! Ihr konntet ja gar nicht anders handeln, nachdem unser Vater mich so bevorzugt hat. Außerdem hat es mich nicht wirklich getroffen, ich stand da immer drüber. Ihr seht ja, dass es mich nur reifer und stärker gemacht hat." Er nennt das, was sie getan bzw. beabsichtigt haben, was es ist: böse. Aber er weiß: Es ist auch vor Gott nicht richtig gewesen. Die Brüder haben eine Rechnung mit Gott offen. Das Unrecht ihm gegenüber wird Gott richten. Er braucht es seinen Brüdern nicht nachzutragen, er kann es aus der Hand geben, ja er hat es wohl längst Gott anheim gestellt. Nach allem, was er mit Gott erlebt hat, kann er mit Überzeugung sagen: Er hat Gott als den Mächtigen und Versorger kennen gelernt. Deshalb kann er nun auch von sich und seiner Verletztheit wegschauen. Obwohl Josef in einer Zeit lebte, als Gott erst wieder anfing, sich einzelnen Menschen persönlich zu offenbaren, war er für ihn in diesem Punkt zuverlässig und real. Er wusste: Gott ist der zuverlässige und gerechte Richter über die Menschen, über Recht und Unrecht, ich kann diese Angelegenheit getrost ihm überlassen.

In der Übersetzung der fünf Bücher Mose von Buber & Rosenzweig wird noch ein anderer Aspekt deutlich: *„Fürchtet euch nimmer! Bin ich denn an Gottes Statt? Habt ihr, ihr Böses wider mich geplant, Gott hat's umgeplant zum Guten, um zu tun, wies heut am Tag ist: ein großes Volk am Leben zu halten"* (Buber & Rosenzweig, S. 148-149).

Die bösen Pläne der Brüder und ihr Versuch, sie umzusetzen, haben Gott nicht schachmatt gesetzt. Im Gegenteil: Gott hat aktiv eingegriffen und aus der Situation das Beste für alle gemacht. Er hat das Böse umgewandelt in Gutes. So mächtig ist er! Natürlich hat Josef der Weg, den er gehen musste, viel abverlangt. Er kann diesen Teil seines Lebens nicht vergessen oder gar ungeschehen machen. Aber Gott hatte immer gute Absichten. Er hat sein Ziel mit der Sippe Israel über die Schuld der Söhne Jakobs hinweg erreicht. Er hat ihr Leben bewahrt. Alles kann er in seine Pläne verwandeln, er behält sein gutes Ziel immer im Auge.

Josef schafft es, über den Tellerrand seiner eigenen Verletztheit zu blicken. Was er hat durchmachen müssen, war schlimm, aber er bleibt nicht dabei stehen. Er macht sich nicht zum Mittelpunkt, indem er alles auf sich bezieht. Wie schnell würden wir eine solche Situation nutzen, um nochmals etwas für uns herauszuholen, z. B. Mitleid Dritter einholen oder den Brüdern nochmals ein schlechtes Gewissen bereiten? Josef vergibt diese Gelegenheit, er nutzt die Situation nicht für sich aus. Er hat die beschränkte Sichtweise des Opfers längst aufgegeben: „Was wäre denn gewesen, wenn ich nicht nach Ägypten und in diese Position gekommen wäre? Unsere ganze Familie und viele andere wären wohl verhungert! Gott hat durch mein Leid viele errettet."

Josef hat das Unrecht, das seine Brüder ihm angetan haben, innerlich losgelassen und an Gott vergeben, abgegeben. Er scheint es ihnen nun wirklich nicht mehr nachzutragen und es mit sich herumzuschleppen. „So fürchtet euch nun nicht" – er betont es noch einmal: „Ihr braucht vor mir wirklich keine Angst zu haben."

„Ich will euch und eure Kinder versorgen. Und er tröstete sie und redete freundlich mit ihnen." Jetzt geht es um die neue Beziehung. Josef fängt an, mit seinen Brüdern zu reden. Er tröstet sie. Baader übersetzt das zugrunde liegende hebräische Wort „nicham: trösten" (Fohrer, S. 174) mit: „er stimmte sie um" (Baader, Bd. I, S. 90). Mir gefällt dieser Ausdruck. Jeder, der einmal eine Gitarre oder ein anderes Instrument auf einen neuen Grundton umgestimmt hat, weiß, dass dies Zeit braucht. Beim Umstimmen und Einstimmen aufeinander muss einer auf den anderen hören und ihm Zeit lassen, sich auf den neuen Ton einzustellen. Da geht es hin und her, bis zuletzt ein harmonischer Gleichklang, eine Einheit, entsteht. Josef stimmt das Herz seiner Brüder um. Er investiert neu in die Beziehung zu ihnen.

Die Atmosphäre, die nach der Aussprache Josefs mit seinen Brüdern entstanden ist, beschreibt Thomas Mann:

„So sprach er zu ihnen, und sie lachten und weinten zusammen und alle reckten die Hände nach ihm, der unter ihnen stand, und rührten ihn an und er streichelte sie auch" (Mann, S. 1355).

„So wohnte Josef in Ägypten mit seines Vaters Hause ..." Nun ist wirklich durch Vergebung Versöhnung geschehen. Dieser Konflikt, der bis zum Tod Jakobs, also siebzehn Jahre lang, geschlummert hatte (1. Mose 47,28), ist nun endgültig überwunden. Jetzt ist alles geklärt. Endlich ist bei den Brüdern angekommen, worum es Josef ging. Nun verstehen sie ihn und haben sicher auch Gott besser kennen gelernt. Er ist nicht mehr nur „der Gott deines Vaters". Durch Josef haben sie diesen Gott und sein Wirken selbst erlebt. Obwohl Josef ihnen wahrscheinlich schon bei ihrem Wiedersehen in Ägypten vergeben hatte (vgl. z. B. 1. Mose 45,15), ist die Heilung ihrer Beziehung erst jetzt zum Abschluss gekommen. Erst jetzt hat vollständige Versöhnung stattgefunden, Annäherung von beiden Seiten, Frieden, gegenseitige Beziehung, Liebe.

Im Sterben nimmt Josef den Brüdern noch einen Eid ab, durch den sie bzw. ihre Nachkommen verpflichtet werden, seine Gebeine in sein Heimatland Kanaan zu bringen und dort zu beerdigen. Das geschieht dann auch nach dem Einzug ins Gelobte Land viele Jahre später, denn Josef genießt auch dann noch bei den Kindern Israels höchstes Ansehen (vgl. 2. Mose 13,19; Josua 24,32) – wieder ein Hinweis dafür, wie sehr Josef seinen Brüdern und sogar ihren Nachkommen wert und lieb geworden war und wie sehr sich sein Verzicht auf Vergeltung, seine Versöhnungsbereitschaft und sein Vertrauen auf Gott ausgezahlt haben.

Was hat Josef dieses Verhalten ermöglicht?
Josef hat gelernt, Gottes Führung in seinem Leben wahrzunehmen, nicht in dem, was ihn aufwärts führte, sondern auch darin, was schwer war und scheinbar gegen ihn stand. Mir fallen dazu Worte ein, die keiner leichthin aussprechen sollte, denn sie sind kein billiger Trost. Ihnen liegen tiefe Erfahrungen zugrunde, Erfahrungen, wie sie auch Josef gemacht hat: *„Wir wissen aber, dass denen, die Gott lieben, alle Dinge zum Besten dienen ..."* (Römer 8,28)

Wie Josef dürfen wir wissen, dass Gott, unser Herr, niemals die Herrschaft über unser Leben aus der Hand gibt, solange wir uns nicht von ihm lossagen. Es geschieht nichts, was er nicht sieht. Wir haben allen Grund zur Dankbarkeit gegenüber Gott, wenn es uns gut geht. Aber wir dürfen Gottes Handschrift nicht darauf beschränken, was in unser Bild von ihm passt. Wir sollen Gott überhaupt nicht in einem Bild festlegen, denn wir werden ihn niemals ganz erfassen und begreifen können. Wenn wir nur das, was wir als gut empfinden, mit Gottes Handeln identifizieren, machen wir uns abhängig von der jeweiligen äußeren Situation. Dann hängt unsere Stabilität an äußeren Faktoren, die wechseln und uns keinen Halt geben können. Dann haben wir den Halt in Gott, der größer ist, als was uns widerfährt, noch nicht gefunden und kommen ins Schleudern, wenn die Dinge nicht gut laufen. Dann scheint Gott machtlos oder gar von uns abgewandt zu sein. Gott aber bleibt hinter den Ereignissen in dieser Welt der unergründliche und verborgene Gott, auch hinter denen, die wir für gut halten.

„Bewahre mich vor dem naiven Glauben, es müsste im Leben alles glatt gehen. Schenke mir die nüchterne Erkenntnis, dass Schwierigkeiten, Niederlagen, Misserfolge, Rückschläge eine selbstverständliche Zugabe zum Leben sind, durch die wir wachsen und reifen" (Antoine de Saint-Exupéry, EKG, S. 1059).

Wir können Gott nur in Jesus Christus erkennen. In Jesus ist er uns nahe gekommen, an unsere Seite getreten. Wir können in allem, was uns zustößt, mit ihm reden, mit ihm in Verbindung treten. Wir haben es heute sicher besser als Josef, der diese persönliche Verbundenheit mit Gott nicht hatte. Er konnte Gott im Nachhinein an seinem Wirken, seiner Fürsorge erkennen. Wir bekommen es von Jesus zugesagt: Auch wenn alles gegen uns zu stehen scheint, Gott bleibt in Christus auf unserer Seite.

Wir sehen, wie viel leichter Vergebung wird, wenn wir Gott in den Vergebungsprozess einbeziehen. Oftmals wird sie dadurch erst ermöglicht. Gott zu kennen, seine Gnade selbst erfahren zu haben schafft eine stabile Grundlage für den Umgang mit Konflikten, der dann wirklich die Bezeichnung „Vergebung" verdient. Wenn uns aufgeht, welch zentrale Rolle Gott für unser Vermögen, uns gegenseitig zu vergeben, spielt, dann wird Vergeben nicht mehr nur eine fromme Pflichterfüllung sein, sondern wieder ein existentiell zwischenmenschliches Geschehen, das mit Gottes Hilfe real und immer wieder lebendig werden kann. Vergebung ist mehr als Verzicht auf Rache und Strafe, Vergebung ist mehr als das Abgeben an Gott, der richten wird. Vergebung ist aktiv, die Freigabe der anderen Person und ein Schritt auf sie zu. Im Sinne Gottes haben wir erst dann vergeben, wenn unsere Vergebung die Versöhnung mit dem Gegner zum Ziel hat.

Von Josef können wir viel lernen. Er nimmt Gott ernst und rechnet fest mit seinem Wirken. Das hilft ihm loszulassen, was er sonst gegen seine Brüder in der Hand behalten würde. Dieses Loslassen ist die Voraussetzung für Vergebung. Er weiß, dass er es nicht ins Leere gibt, dass er es nicht wird bereuen müssen, dass er am Ende selbst nicht leer ausgehen wird. Er vergibt nicht mit großen Worten, er stellt sich nicht über seine Brüder, sondern mit ihnen unter Gott. Er tritt neben sie und lässt Gott Richter sein. Seine Entscheidung, den Brüdern zu vergeben, ihnen das Unrecht nicht nachzutragen, führt zu einer freundlichen Einstellung ihnen gegenüber und wird in seinem Verhalten sichtbar. Ihm selbst wird nun leichter.

Ich wünsche mir, zu einer ähnlich vertrauensvollen und klaren Haltung im Hinblick auf die Menschen, die mich verletzt haben, zu gelangen. Diese Geschichte macht mir Hoffnung, dass Beziehungen wieder neu werden können, egal, wie verfahren sie zurzeit erscheinen mögen. Leute wie Josef sind Vorbilder, die uns zeigen, wie wir dazu beitragen können, dass Gottes Plan sich auch in unserem Leben verwirklicht. Natürlich ist Josefs Lebensweg einzigartig und sein Verhalten den Brüdern gegenüber herausragend, aber wir dürfen nicht vergessen: Wir haben denselben Gott! Der Gott, der ihn aus dem Gefängnis geholt und an die Spitze ganz Ägyptens gestellt hat, ist jetzt und heute mit uns und wird jeden Tag unseres Lebens bei uns bleiben. Er ermöglicht uns, wie Josef zu lernen, was Vergeben bedeutet. Eigentlich sind wir sogar in einer besseren Position als Josef: Wir können Gott in Jesus ganz persönlich kennen lernen. Jesus hat uns den Weg zu Gott, den wir unseren Vater nennen dürfen, gezeigt und eröffnet. Er geht ihn mit uns.

Kapitel 28

Hilfen auf dem Weg der Vergebung

„Weil uns Gott seine Vergebung in unverdienter Weise gibt, hat auch jene Vergebung, die wir unseren Mitmenschen austeilen wollen, unverdient zu sein. "

Walter Nitsche*

Der klare Wille zu vergeben

Die klare Entscheidung, sich auf den Weg der Vergebung machen zu wollen, ist wichtig, denn dadurch beginnen wir, die passive Opfermentalität zu verlassen. Das hat Auswirkungen auch auf die gefühlsmäßige Wahrnehmung der Situation und markiert einen Punkt, hinter den man nicht wieder zurückfallen darf, selbst wenn es auf dem Weg schwer werden sollte. Mit der Entscheidung, vergeben zu wollen, mache ich mir Gott ganz bewusst zum Verbündeten, denn ich weiß, dass Vergeben seinem Willen entspricht und er mir dabei helfen möchte. Jeden Gehorsamsschritt wird er belohnen.

Wir können um Gottes Hilfe bitten

Als Jünger Jesu darf ich jederzeit den Vater im Himmel um Hilfe bitten, dem anderen von Herzen vergeben zu können. Dies wird ein Gebet in Gottes Sinne sein, das er sehr gerne erhört. Wir müssen und können die Schritte auf dem Weg der Vergebung nicht alleine, aus eigener Kraft, gehen, sondern dürfen uns Schritt für Schritt von seiner Hand führen lassen.

---

* zit. nach Nitsche, S. 34

Selbst um Vergebung bitten lernen

Die Erfahrung, dass und wie uns selbst vergeben wird, hilft uns, selbst zu vergeben. Das gilt nicht nur für unser Verhältnis zu Gott, sondern auch zu unseren Mitmenschen. Je klarer uns bewusst ist, dass wir genauso wie jeder, der an uns schuldig geworden ist, auf Vergebung angewiesen sind, desto leichter können wir vergeben. Wenn die Einteilung in „Täter" und „Opfer" wegfällt, wird Vergeben leichter. Das können wir lernen, wenn wir in den Fällen, wo wir selbst schuldig geworden sind, andere ganz bewusst um Vergebung bitten. Nur allzu schnell hoffen wir, dass der andere darüber hinweggeht und wir ohne diese Auseinandersetzung durchkommen. Zur Vergebung gehört das Bitten darum ebenso wie das Weitergeben. Das ist wichtig, damit wir nicht anfangen, Vergebung doch wieder zu unserem Geschäft zu machen und vom hohen Ross aus zu betreiben. Barmherzigkeit und Demut gehören dazu, der Mut, sich nicht besser darzustellen, als man ist. Jede Bitte um Vergebung macht unser eigenes Vergeben natürlicher und glaubhafter.

Die eigenen Schuldanteile sehen

Es gibt kaum Beziehungsschwierigkeiten, an denen nur einer schuldig ist. Wenn wir nicht bereit sind, die eigenen Schuldanteile zu sehen, fällt es uns schwer, barmherzig mit dem anderen zu sein. Wer sich über den anderen stellt, hält an der Opferrolle fest und wird das Übel nicht los.

Wir dürfen uns die nötige Zeit zugestehen

Vergebung von Herzen ist keine schnelle Einmal-Aktion, die auf einen Schlag geschehen (sein) muss. Die Entscheidung, zu vergeben, ist erst der Beginn eines Prozesses, in dessen Verlauf sich derjenige, der vergibt, verändert und meist auch die Beziehung ändert. Wir alle müssen lernen, mit begangenem und erlittenem Unrecht ehrlicher umzugehen. Viel zu schnell sagen wir: „Ich habe vergeben, die Sache ist erledigt und vergessen." Es wäre manchmal ehrlicher und heilsamer zu sagen: „Es fällt mir im Moment noch schwer zu vergeben. Ich möchte das gerne, aber ich merke, da sperrt sich innerlich noch einiges. Ich will aber dranbleiben und mich nicht resigniert abwenden." Wie bei einer Zwiebel geht es Schicht für Schicht näher an den Kern heran. Schritt für Schritt gehen wir auf dem Weg der Vergebung. Damit wir jeden Schritt ganz (von Herzen) gehen, dürfen wir uns nicht selbst unter Druck setzen oder vermeintlich abkürzen, indem wir uns selbst übergehen. Oft verstehen wir erst mit der Zeit, wie tief uns etwas verletzt und was diese Verletzung in uns alles angerichtet hat. Immer näher kommen wir unserem eigenen Herzen und immer umfassender und tiefer kann unser Erbarmen mit dem werden, bis dahin, dass wir ihn freigeben. Je mehr ans Licht kommt, umso mehr kann aus der Welt geschafft werden. Genauso wie ich Gottes Vergebung an mir immer tiefer kennen lerne und ihm immer mehr zutraue, lerne ich auch, barmherzig und liebe-voll zu handeln.

„Das Leben ist nicht Frommsein, sondern ein Frommwerden, nicht eine Gesundheit, sondern ein Gesundwerden, nicht ein Sein, sondern ein Werden, nicht eine Ruhe, sondern eine Übung. Wir sind's noch nicht, wir werden's aber. Es ist noch nicht getan oder geschehen, es ist aber noch im Gang und im Schwang. Es ist nicht das Ende, es ist aber der Weg. Es glüht und glänzt noch nicht alles, es reinigt sich aber alles" (Martin Luther, EKG, S. 396).

Wir müssen nicht Gottes Aufgabe übernehmen
„Gott gebe mir die Gelassenheit, Dinge hinzunehmen, die ich nicht ändern kann; den Mut, Dinge zu ändern, die ich ändern kann; und die Weisheit, das eine vom anderen zu unterscheiden." (Reinhold Niebuhr, EKG, S. 1109) Schuld vergeben, sie wirklich aus der Welt schaffen, das kann nur Gott selbst. Wir können keinen Menschen wieder unschuldig machen. Ist er schuldig an uns geworden, dann ist er auch schuldig an Gott, denn wir sind Gottes Geschöpfe. Unsere Vergebung betrifft unsere eigenen Gedanken, Worte und unser Verhalten dem anderen gegenüber. Wir machen oft ein großes Geschäft aus der Vergebung und vergessen, dass es um etwas Schlichtes geht, das keiner großen Worte oder Gesten bedarf. Wir verzichten darauf, dem anderen das Unrecht vorzuhalten, es ihm nachzutragen. Damit entschuldigen wir den anderen nicht, sondern wir nehmen dem Unrecht die Macht, das letzte Wort zu haben und über uns und die Beziehung zum anderen zu bestimmen. Vergeben bedeutet nicht, das Verhalten der anderen Person zu entschuldigen. Unrecht bleibt Unrecht vor Gott, auch wenn wir es dem anderen verzeihen.

„... Schuld bleibt Schuld vor Gott, so lange, bis der Schuldige persönlich dafür um Vergebung bittet. Meine Vergebung klärt lediglich die Beziehung zwischen mir und dem anderen. So wie ich für meine Vergehungen verantwortlich bin, ist das jeder andere auch. (...) Gleichgültig wie schuldig ich bin, wenn jemand an mir schuldig wird, muss er sich dafür verantworten, ob ich nun Rache einklage, oder nicht" (Schewe, S. 19).

Wir müssen nicht auf die Einsicht des anderen warten

Vergeben ist nicht von einem Geständnis oder der Reue des anderen abhängig. Wir sind nicht darauf angewiesen, dass der andere das Unrecht einsieht und es zugibt, um ihm vergeben zu können. Wir können innerlich davon frei werden, ohne an die Sicht und das Verhalten des anderen gebunden zu sein. Vergeben erfordert keine übereinstimmende Auffassung über die Vergangenheit. Es ist zwar hilfreich, wenn Gespräche zustande kommen, die das beiderseitige Verstehen fördern, aber die Möglichkeit zu vergeben ist davon nicht abhängig. Der andere braucht unsere Sicht seines Fehlverhaltens nicht anzuerkennen, bevor wir ihm vergeben können. Selbst wenn er ausdrücklich auf seiner Sicht des Geschehenen beharrt oder wenn er nicht darüber zu sprechen bereit ist, müssen wir es trotzdem nicht länger nachtragen oder gar vorhalten. Wenn wir vergeben wollen, wird uns niemand daran hindern können!

Wir können über die Sache in geschütztem Rahmen sprechen

Um versöhnungsbereit zu werden, ist es eine Hilfe, die Gedanken, Empfindungen und Absichten, die in uns stecken, ans Licht zu holen. Es gibt Menschen, die meinen, sie würden oder müssten den anderen oder ihre Familie schützen, indem sie über ihre wahren Gefühle mit niemandem sprechen. Vor Gott, in Freundschaften oder in der Seelsorge kann aber ein so sicherer Raum des Vertrauens sein, dass ein geeigneter Rahmen da ist, in dem wir aussprechen können, wie es wirklich in uns aussieht. Durch Schweigen und Verharren in Bitterkeit und Hoffnungslosigkeit schützen wir den anderen nicht, im Gegenteil, wir binden ihn und uns und erschweren die Heilung der Beziehung. Öffnung gegenüber Gott (und/oder einem vertrauten Menschen, den Gott als Werkzeug benutzen kann) kann das in Bewegung setzen, was festgefahren ist.

EXKURS: Die fragwürdige Praxis mancher Erfahrungsberichte
In einigen Gemeinden und christlichen Gruppen werden Menschen gebeten, „Zeugnis abzulegen", das heißt aus ihrem Leben zu berichten, um andere zu ermutigen und Beispiele zu nennen, wie Gott heute im Leben von Menschen wirkt. Dies ist für den Glauben der anderen oft hilfreich. Manchmal gehen solche Berichte jedoch in eine Richtung, die nicht das Handeln Gottes in den Mittelpunkt stellen, sondern den Erzähler selbst. Immer wieder berichten Menschen öffentlich davon, wie schlimm ihre Kindheit war, was ihre Eltern oder andere ihnen alles vorenthalten oder angetan haben und wie Gott sie davon freigemacht und geheilt hat. Ich muss mich bei solchen Berichten oft fragen, ob die Betreffenden das, was sie hier wieder lebendig werden lassen, überhaupt vergeben haben, wie sie vorgeben. Würden sie all das auch dann erzählen, wenn ihre Eltern oder die anderen Betroffenen jetzt im Raum säßen? Geht es ihnen wirklich nur darum, Gott die Ehre zu geben, oder steckt dahinter nicht doch unter anderem das Motiv, es den anderen im Nachhinein noch einmal indirekt heimzuzahlen? Es schafft scheinbar Genugtuung, wieder in die Opferrolle zu schlüpfen. Vergebung bedeutet eigentlich, darauf zu verzichten, sich weiter von jenem Unrecht her zu definieren. Wer von Herzen vergeben hat, will in der Regel gar nicht mehr davon erzählen. Wenn man spürt, wie wichtig es einem ist, andere seine negativen Erfahrungen wissen zu lassen, wäre es angebrachter, sich zu fragen, warum man dieses Bedürfnis hat und ob man diese Erfahrungen wirklich ganz loslassen will. Sicher gibt es Situationen, wo es gut ist, von einer schweren Erfahrung und Gottes Hilfe darin zu erzählen, um anderen dadurch weiterzuhelfen. Aber wir müssen uns immer wieder die Frage stellen: Was ist unsere Motivation? Auch sollten wir, wenn die beteiligten Personen abwesend sind, immer so über sie sprechen, als wären sie zugegen.

Trost suchen, sich trösten lassen

Wer verletzt wurde, möchte getröstet werden. Wie leicht versuchen wir, uns in einer solchen Situation selbst zu trösten oder wenigstens zu bemitleiden. Gerade im Selbstmitleid kann man sich richtiggehend „baden". Selbstmitleid ist Pseudotrost, es hindert uns, Neues an uns und am anderen wahrzunehmen. Es hält uns aber auch davon ab, echten Trost zu suchen und zu finden. Wahrer Trost kommt immer von außen, kann und muss nicht selbst gemacht werden. Trost bedeutet (innere) Festigkeit und hängt begrifflich mit „treu", „trauen" zusammen (gotisch: trausti = Vertrag, Bündnis; auch: Zuversicht). Trost führt dazu, dass Vertrauen wieder erweckt wird, man Zutrauen (zurück-)gewinnt. Diese seelische Stärkung kann ich mir nicht selbst verschaffen. Dazu brauche ich einen, der mich tröstet, der mir zu innerer Festigkeit (zurück-)verhilft. Diesen Trost will der uns schenken, dem wir das anheim stellen dürfen, was uns schmerzt und traurig macht. Der Trost Gottes kann erfahrbar werden. Vermittelt werden kann er durch Menschen, Seelsorger und Freunde, die mit uns zu Gott gehen, die uns Raum geben für das, was uns beschäftigt und was in uns ist – und uns so Gottes Trost sagen, bringen, zeigen.

„Menschlich hat uns Gott erschaffen, solange wir aber ständig auf Übermenschliches aus sind, werden wir unmenschlich bleiben" (Eckstein, S. 72).

Wir können anfangen, für den anderen zu beten (Fürbitte)

„Einen Bruder, für den ich bete, kann ich bei aller Not, die er mir macht, nicht mehr verurteilen oder hassen. Sein Angesicht, das mir vielleicht fremd und unerträglich war, verwandelt sich in der Fürbitte in das Antlitz des Bruders, um dessentwillen Christus starb, in das Antlitz des begnadigten Sünders. Das ist eine beseligende Entdeckung für den Christen, der anfängt, Fürbitte zu tun. Es gibt keine Abneigung, keine persönliche Spannung oder Entzweiung, die nicht in der Fürbitte, was uns betrifft, überwunden werden könnte" (Bonhoeffer, Gemeinsames Leben, S. 73).

Faktoren, die das Vergeben beeinflussen

– Wie schlimm war das Unrecht für mich?

Das Ausmaß des Unrechts hat großen Einfluss auf Dauer und Ablauf des Vergebungsprozesses. Je gravierender es ist, desto schwieriger ist es für die meisten von uns, zu vergeben.

– Tut es dem anderen Leid?

Das Eingeständnis seiner Schuld und/oder echte Reue über die Folgen seines Verhaltens können es leichter machen, ihm zu vergeben. Wenn der Täter keinerlei Einsicht hat und seinen Fehler nicht zugibt, fällt das Vergeben schwerer.

– Ist es absichtlich geschehen?

Wenn jemand uns absichtlich verletzt hat, empfinden wir das Unrecht und den Schmerz tiefer, als wenn es ein Versehen war. Somit beeinflusst auch die Intention des anderen unseren Weg hin zur Vergebung.

– Wie oft wurde ich verletzt?

Weiterhin beeinflusst die Häufigkeit, mit der wir unter dem Unrecht zu leiden hatten, unser Empfinden und damit Art und Dauer des Vergebungsprozesses.

– Wie eng ist meine Beziehung zu dem, der mir etwas angetan hat?

In unserer Bewertung der Situation macht es einen Unterschied, ob ich in einer tiefen, verbindlichen Beziehung zu dem anderen stehe oder ob ich keine gemeinsame Geschichte mit ihm habe. Meine eigene Motivation, die Beziehung wiederherzustellen, wird deshalb unterschiedlich groß sein.

– Wann sehe ich den „Täter" wieder?

Ein persönlicher Kontakt in der Zeit des Ringens um Vergebung kann den weiteren Verlauf beeinflussen. Wird ein Wiedersehen geplant, ist der Zeitpunkt dafür von entscheidender Bedeutung. Wir müssen prüfen, ob das Treffen für zumindest eine der beiden Seiten eine Überforderung darstellt.

Die Vergebung an sich hängt nicht von der Beantwortung all dieser Fragen ab. Sie sollten jedoch im Gespräch über den zu vergebenden Anlass nicht übergangen werden (vgl. dazu Rosenak & Mack Harnden, S. 192-194).

Vergeben bedeutet nicht, dem Täter wieder vertrauen zu müssen

Vergeben kann ich unabhängig vom Verhalten des andern. Vertrauen hingegen ist eine Haltung, die vom Verhalten meines Gegenübers abhängig gemacht werden sollte. Vertrauen ist nur angebracht bei Vertrauenswürdigkeit. Wenn das Vertrauen in einer Beziehung schwerwiegend verletzt wurde oder gar verloren gegangen ist, kann seine Wiederherstellung lange Zeit dauern und sich über den Vergebungsprozess hinaus erstrecken. So kann z. B. im Fall eines Ehebruchs nicht vom hintergangenen Ehepartner erwartet werden, sofort wieder bedingungslos und ohne jegliches Hinterfragen vertrauen zu können. Ohne Vergebung kann eine Beziehung nicht wiederhergestellt werden. Allerdings baut eine Beziehung auch auf gegenseitigem Vertrauen auf und setzt somit ein gewisses Maß an Vertrauenswürdigkeit des anderen voraus. Wir können also weder von uns noch von anderen verlangen, dass aufgrund von Vergebung nun ein besonders intensives Vertrauensverhältnis bestehen müsste. Manchmal kann es ratsamer sein, erst einmal auf Abstand zu gehen und abzuwarten, ob der andere neues Vertrauen rechtfertigt, denn wir müssen, ja wir sollen uns ja nicht verletzen und kaputtmachen lassen.

Vergeben bedeutet nicht, dem anderen (wieder) nahe sein zu müssen

Vergeben heißt, innerlich frei zu werden von dem, was ich gegen den anderen habe. Versöhnung bedeutet, das, was vorher zwischen den beiden Beteiligten stand, hat keine Bedeutung mehr, es ist geklärt und muss die Beziehung nicht weiter belasten. Wenn auf diese Art der Konflikt und die Verletztheit „still geworden" sind, dann können beide sich neu fragen, inwieweit sie ihre Beziehung künftig leben wollen. Versöhnung bedeutet nicht automatisch, ganz eng zusammenrücken zu müssen, zu den besten Freunden zu werden oder sich ständig sehen zu wollen. Die Klärung von Beziehungsproblemen kann auch dazu führen, dass man sieht, dass eine engere Beziehung nicht gewünscht, ein Zusammenarbeiten eher schwierig, eine gewisse Nähe weitere Verletzungen, Missverständnisse und Schwierigkeiten mit sich bringen würde. Vergebung macht uns innerlich frei, sachlich und angemessen entscheiden zu können, wie es mit einer Beziehung weitergehen kann. Gerade, wenn wir mit jemandem wirklich nicht zurechtkommen, ist es wichtig, innerlich frei von den bestehenden Schwierigkeiten nach vorne schauen zu können. Der andere wird mitbekommen, ob ich weiter gegen ihn bin und mich in Bitterkeit und mit Vorwürfen abwende oder ob eine Trennung in beiderseitigem Einvernehmen geschieht. Nicht alle Menschen passen gut zueinander und empfinden ihr Miteinander als Ergänzung und Bereicherung. Wir setzen uns teilweise selbst unnötig unter Druck, wenn wir von Versöhnung bzw. von uns erwarten, mit einem anderen dann immer in Nähe und Harmonie zusammensein zu müssen. Im Neuen Testament wird z. B. ganz selbstverständlich geschildert, dass Paulus und sein Begleiter Barnabas sich aufgrund von Meinungsverschiedenheiten wegen ihres „Assistenten" Timotheus, den Paulus als Erschwernis empfindet, Barnabas aber gerne weiter dabeihaben möchte, trennen (vgl. Apostelgeschichte 15,36-41). Das lähmt sie nicht für ihren weiteren Dienst, beide arbeiten weiterhin für das gleiche Ziel und sind auf diese Weise wohl „effektiver" eingesetzt als vorher miteinander.

Wir müssen nicht vergessen

Vergeben heißt nicht, das Geschehene vergessen oder aus unserer Erinnerung streichen zu müssen. Das können wir gar nicht. Im Gegenteil: Oft sind solche schwierigen Wegstrecken und das, was wir dabei lernen, Schätze in unserer Biographie, von denen wir selbst und andere später zehren können. Vergessen müssen wir also nicht, aber unsere Erinnerung wird sich verwandeln. Wir sehen nicht mehr das Übel, sondern das, was Gott daraus gemacht hat. Nicht das Böse hat das letzte Wort, sondern Gott.

„Im Jahr 1865 war der alte General Wrangel wegen der Haltung Bismarcks Österreich gegenüber so erbost, dass er offen an den König telegraphierte: ‚Bismarck gehört an den Galgen.' Dadurch war natürlich das langjährige Freundschaftsverhältnis der beiden gründlich zerstört. Als sich in den Kriegen gegen Dänemark und Österreich Bismarcks Politik glänzend bewährt hatte, schämte sich der General bitterlich. Nun traf sich's, dass er eines Tages an der

königlichen Tafel an des Kanzlers Seite seinen Platz erhielt. Bis-
marck tat, als kenne er den alten Herrn nicht. ,Mein Sohn', wandte
sich Wrangel an ihn, ,kannst du nicht vergessen?' Ein schroffes
,Nein' erhielt er zur Antwort. Verlegen starrte Wrangel eine Weile
vor sich hin. Dann begann er wieder: ,Mein Sohn, kannst du nicht
vergeben?' ,Von ganzem Herzen', lautete nun die Antwort, und Bis-
marck streckte ihm die Hand zur Versöhnung hin" (Baun, S. 655).

Das sehen, was es durch Vergebung zu gewinnen gilt

Früher dachte ich, Vergebung ist nicht nur ein Schlussstrich unter einen Konflikt, sondern auch unter eine Beziehung. Mit der Vergebung ist die eigene Pflicht getan und der andere kann mir für alle Zukunft den Buckel herunterrutschen. Mit dem eigenen Verzicht auf Genugtuung ginge der Verzicht auf eine neue, gute Beziehung einher, so dachte ich. Wer so denkt, geht völlig an dem vorbei, was Vergebung eigentlich bewirken kann. Nicht ein Punkt, sondern ein Doppelpunkt soll gesetzt werden: Ich vergebe dem anderen, damit wir eine neue Beziehung zueinander eingehen können. Diese Chance zu sehen hilft, sich auf einen Weg zu machen, der zunächst mit verzichten beginnt, bei dem aber viel gewonnen werden kann: Versöhnung!

Es geht beim Vergeben nicht um einen detaillierten, zwanghaften Abarbeitungsprozess von Unrecht, sondern um einen lebendigen Heilungsprozess der Beziehung zwischen mir und dem anderen und zwischen mir und dem lebendigen Gott. Es geht nicht um eine Liste von Punkten, die wir ,abhaken' müssen, sondern um einen Weg, der uns in die Freiheit führt. Gott befreit uns durch seine Vergebung nicht nur von Schuld, sondern will uns mit Liebe für ihn und Liebe und Erbarmen für andere erfüllen. Diese weiterzugeben kann zu einer großen Freude werden, wenn wir selbst von dieser Liebe erfüllt sind.

Kapitel 29

Den Blick erweitern ...

„Eigentlich finden wir das Wort ‚Vergebung‘ im tiefsten Sinne als un-passend, weil es verletzen kann, indem es unterscheidet zwischen dem, der vergibt, und dem, der die Vergebung empfängt. In der wahren Liebe dagegen werden beide einander so begegnen, dass sie in gleicher Weise zueinander drängen. Im letzten Sinne ist christliche Vergebung nichts anderes als ein gemeinsames Leben unter der Vergebung Gottes. "

N. N. Soe*

Vergeben heißt, den Blick erweitern. Nicht nur der andere, auch wir selbst sind auf Vergebung angewiesen. Vor Gott kann keiner von uns über dem anderen stehen. Nur weil Gott uns vergibt, können wir mit ihm leben. Nur weil er uns vergibt, kann er uns annehmen, wie wir sind – mit und trotz allem, was seinem Willen und Wesen widerspricht. Nur weil Gottes Vergebung ein Versöhnungsangebot ist, können wir mit ihm Gemeinschaft haben. Versöhnung beginnt damit, dass Gott sich mit uns versöhnt. Jesus ist für unsere Schuld gestorben, das ist die Grund-lage. Jesus hat aber nicht nur meine Schuld auf sich genommen, sondern auch alle Schuld, die an mir geschehen ist. Die Vergebung Gottes gilt ja nicht nur mir, sondern in gleicher Weise jedem, der sie annimmt. Jesus hat die Sünde und Schuld der ganzen Welt auf sich genommen. Dazu gehört nicht nur das Unrecht, das wir getan haben, sondern auch das, das uns angetan wurde. *„Siehe, das ist Gottes Lamm, das die Sünde der Welt hinwegnimmt (trägt)"* (Johannes 1,29). Für alles, was an Bösem ge-schieht, hat er den Ausgleich geschaffen, damit kein Mensch von Gott getrennt bleiben muss. Wenn wir das Übel des anderen in dessen Leben festschreiben wollen, erkennen wir nicht an, dass auch für ihn die Mög-lichkeit der Vergebung Gottes besteht. Dann wollen wir gar nicht, dass

---

* zit. nach Donsbach, S. 15

es aus der Welt geschafft wird. Dann wird es in der Welt bleiben und sich bei uns und beim anderen auswirken.

„In einem Gottesdienst in München sah ich ihn, den früheren SS-Mann, der vor der Tür zum Duschraum in Ravensbrück Wache gestanden hatte. Er war der erste unserer wirklichen Kerkermeister, den ich seit damals wiedersah. Und plötzlich war das alles wieder lebendig – der Raum voll spottender Männer, die Kleiderhaufen, Betsies vom Schmerz gezeichnetes Gesicht. Als die Kirche sich leerte, kam er strahlend und sich verbeugend auf mich zu. „Wie dankbar bin ich Ihnen für Ihre Botschaft, Fräulein", sagte er. „Mir vorzustellen, dass er, wie Sie sagen, meine Sünden abgewaschen hat!" Er streckte die Hand aus, um meine zu schütteln, aber ich, die ich in Bloemendaal den Menschen so oft gepredigt hatte, dass sie vergeben müssten, ließ meine Hand herunterhängen. Selbst als die bitteren Rachegedanken in mir kochten, erkannte ich, dass das Sünde war. Jesus Christus war für diesen Mann gestorben; wollte ich mehr verlangen? „Herr Jesus", betete ich, „vergib mir und hilf mir zu vergeben." Ich versuchte zu lächeln, bemühte mich krampfhaft, meine Hand zu heben. Ich konnte es nicht. Ich fühlte nichts, nicht den kleinsten Funken Wärme oder Erbarmen. Und so hauchte ich wieder ein stummes Gebet. „Jesus, ich kann ihm nicht vergeben. Schenke mir deine Vergebung." Und als ich seine Hand nahm, geschah etwas ganz Unglaubliches. Von meiner Schulter herunter, an meinem Arm entlang und durch meine Hand schien ein Strom von mir auf ihn überzugehen, während in meinem Herzen eine Liebe zu diesem Fremden aufloderte, die mich fast überwältigte. Und so entdeckte ich, dass die Heilung der Welt weder von unserer Vergebung noch von unserer Güte abhängt, sondern allein von seiner. Wenn er uns sagt, dass wir unsere Feinde lieben sollen, dann schenkt er uns mit dem Gebot die Liebe selbst." (Ten Boom, S. 237)

Wir müssen das Übel gar nicht (auf uns) nehmen. Jesus hat es schon auf sich genommen. Das Übel an Jesus zu übergeben ist ein Schritt des Vertrauens. Etwas loslassen fällt dann schwer, wenn ich nicht weiß, was damit passieren wird. Wenn er aber auch die Schuld des anderen an mir gesühnt hat, weiß er um ihre Schwere und das, was sie kaputtgemacht hat. Hier hilft uns wieder unsere deutsche Wortbedeutung: Vergeben heißt, etwas an jemanden abgeben. Wie wir unsere Sorgen auf ihn werfen dürfen, so auch das Übel, das Leid und den Schmerz (darüber). Letztlich gehört ja das, womit andere uns das Leben schwer machen, zu den Sorgen, die wir haben. *„All eure Sorge werft auf ihn, denn er kümmert sich um uns"* (1. Petrus 5,7). Wenn wir das tun, nutzen wir die Möglichkeit, die Jesus uns eröffnet hat, um das Übel, die Schuld aus der Welt zu schaffen. Wir müssen uns dem Übel nicht alleine in den Weg stellen, wir können damit auch gar nicht allein fertig werden. Nur über das Kreuz konnte und kann es besiegt werden. Mit dem Übel, das uns angetan wurde, werden wir nur fertig, wenn wir es ans Kreuz bringen. Das tun wir, indem wir es Gott anheimstellen und dafür eintreten, dass auch der andere die Schuld zum Kreuz bringen kann. Dann wird es endgültig besiegt sein und aus der Welt geschafft.

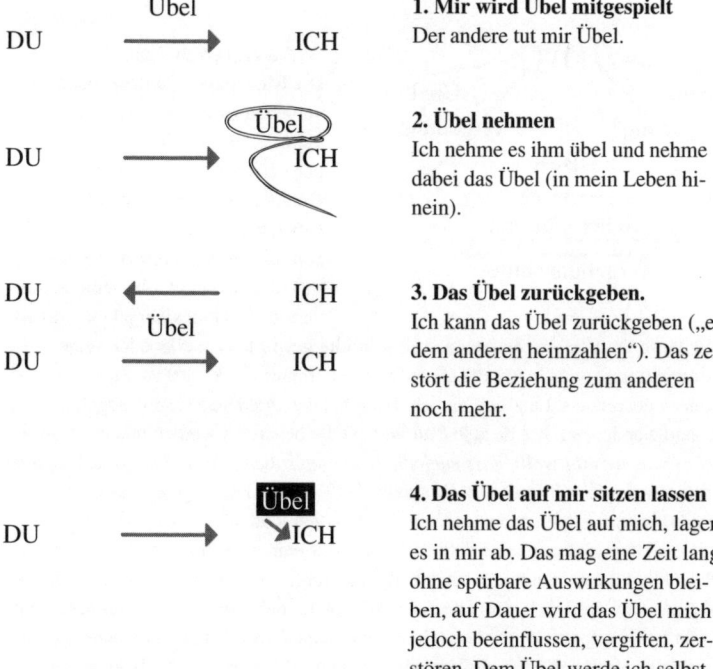

1. Mir wird Übel mitgespielt
Der andere tut mir Übel.

2. Übel nehmen
Ich nehme es ihm übel und nehme dabei das Übel (in mein Leben hinein).

3. Das Übel zurückgeben.
Ich kann das Übel zurückgeben („es dem anderen heimzahlen"). Das zerstört die Beziehung zum anderen noch mehr.

4. Das Übel auf mir sitzen lassen
Ich nehme das Übel auf mich, lagere es in mir ab. Das mag eine Zeit lang ohne spürbare Auswirkungen bleiben, auf Dauer wird das Übel mich jedoch beeinflussen, vergiften, zerstören. Dem Übel werde ich selbst auf Dauer nicht Herr.

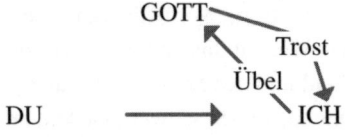

5. Anheimstellen

Wir können das Übel Gott anheimstellen. Das können wir im Vertrauen
tun, dass Gott, der gerechte Richter,
uns Recht verschaffen will. Dies
kommt einer Blickerweiterung
gleich, denn wir sehen nun nicht mehr nur uns selbst und nicht mehr nur uns und den
anderen, sondern beziehen Gott ein.

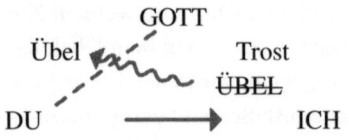

6. Schuld an mir ist Schuld vor Gott

Schuld an mir, seinem Geschöpf, ist
Schuld vor ihm, meinem Schöpfer.
Das ist Trost für mich. Gott hat ver-
sprochen, sich für mich und mein
Recht einzusetzen. Ich kann das Übel nun „ver-geben". Es steht dann nicht mehr
zwischen mir und dem anderen, sondern zwischen ihm und Gott.

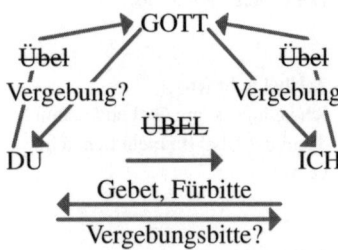

7. „Vater, vergib ihm …"

Die Bitte, dass Gott dem anderen
vergeben möge, ist das Ziel des An-
heimstellens. Das Übel ist erst dann
ganz aus der Welt geschafft, wenn
Gott dem anderen seine Schuld vergeben hat.

Darum werde ich bitten, wenn ich
möchte, dass Gott mir meine Schuld
vergibt. In Gottes Vergebung, die ich
ja genauso brauche wie der, der an mir schuldig geworden ist, erlebe ich seine
Barmherzigkeit und Gnade, die nie aufhört und immer wieder neu ist. Sie reicht auch
für den anderen aus. Letztlich bin ich damit bei der „goldenen Regel" angekommen:
Behandle andere so, wie du selbst an ihrer Stelle behandelt werden möchtest. Jesus:
*„Alles nun, was ihr wollt, dass euch die Leute tun sollen, das tut ihnen auch. Das ist
das Gesetz und die Propheten"* (Matthäus 7,12). Wenn ich möchte, dass Gott mir
vergibt, warum sollte ich das anderen vorenthalten wollen?
Gott wird dem anderen seine Schuld vergeben, wenn er sie einsieht und bekennt.
„Herr, führe ihn an den Punkt, an dem du ihm vergeben kannst." Wenn der andere da
ankäme, wäre das Übel, samt all seinen Spuren, komplett aus der Welt, es hätte seine
Macht total verloren. Wenn der andere seine Schuld vor Gott erkennt, dann wird er
eventuell sogar mich noch um Verzeihung bitten. Das würde echte, beidseitige Versöhnung bedeuten.

Darum geht es: sich nicht gegen Gott zu stellen, der doch möchte, dass seine Gnade und Rettung jedem Menschen (auch und gerade dem, der mir Übles getan hat!) zuteil werden kann. Wir können es nicht bewirken, dazu muss der andere seine Schuld erkennen und sie Gott bringen, aber wir können dieses Anliegen Gottes aufnehmen und unterstützen, anstatt durch übel nehmen dagegen anzugehen. Gott will das Übel nehmen. Wir lassen ihn Richter sein, indem wir uns nicht selbst zum Richter aufschwingen. So kann Gerechtigkeit geschehen, wenn wir unsere Klagen dem gerechten Richter zur Bearbeitung anvertrauen. Dies ist unser Teil, unserer Mitwirken, am göttlichen Vergebungsangebot. Wir müssen dabei nicht auf Gerechtigkeit verzichten. Gott richtet gerecht und bei ihm ist all das Übel am besten aufgehoben. Er allein kann es überwinden. Er allein wird durch das Übel nicht zu neuem Übel herausgefordert. Er steht über dem Bösen.

Wenn wir das Übel nicht mehr nehmen, können wir anfangen, das zu nehmen, was Gott uns geben möchte, dann kann etwas Neues wachsen. So kann in unserem Herzen der Wunsch entstehen, dass dem anderen Gnade widerfahren möge, dass er Gottes Vergebung erlebt und selbst frei und leicht und neu wird. Das ist das Ziel des Weges der Vergebung: dass mir und dem anderen die Schuld genommen wird. Dieser Weg kann weit sein, aber jeder Weg beginnt mit dem ersten Schritt.

Kapitel 30

Böses mit Gutem überwinden

„Die Liebe zu Gott bahnt mir den Weg zum Nächsten."

Charles de Foucauld*

Zum Abschluss wollen wir uns mit den Worten des Paulus an eine Zusammenfassung der neutestamentlichen Sicht von Vergebung machen:

> *„Vergeltet niemand Böses mit Bösem. Seid auf Gutes bedacht* [wörtl.: vorherbedenkend] *gegenüber jedermann. Ist's möglich, so viel an euch liegt, so habt mit allen Menschen Frieden. Rächt euch nicht selbst, meine Lieben, sondern gebt Raum dem Zorn Gottes; denn es steht geschrieben: ,Die Rache ist mein; ich will vergelten', spricht der Herr. ,Vielmehr, wenn deinen Feind hungert, gib ihm zu essen; dürstet ihn, gib ihm zu trinken. Wenn du das tust, so wirst du feurige Kohlen auf sein Haupt sammeln.' Lass dich nicht vom Bösen überwinden, sondern überwinde das Böse mit Gutem"* (Römer 12,17-21).

Diese Passage bringt auf den Punkt, was mit Vergebung gemeint ist, ohne dass der Begriff selbst auftaucht. Dabei können wir uns an die verschiedenen Wortbedeutungen von vergeben im Deutschen erinnern. Fünf Schritte markieren den Weg:

1. Dem Bösen nicht (mehr) Raum geben (nicht übel nehmen): vergeben = nicht (aus) nutzen

„Vergeltet niemand Böses mit Bösem. Seid auf Gutes bedacht gegenüber jedermann." Bei unseren deutschen Wortbedeutungen heißt vergeben auch „nicht (aus)nutzen", in diesem Falle ist gemeint, das Böse des

---

* zit. nach Stein, S. 130

anderen nicht als Gelegenheit zu nehmen, selbst etwas für sich aus der Situation herauszuholen und gegen den anderen vorzugehen. Das ist die Alternativstrategie, mit der wir das, was ohnehin schon an Übel in der Welt ist, nicht vermehren, sondern ausbremsen, in seiner negativen Wirkung und Wirksamkeit entschärfen. Wenn wir verstehen, dass wir mit Vergeltung den Teufelskreislauf des Bösen in Gang halten und damit selbst zum Werkzeug des Bösen werden, dann wird Vergeben zu etwas Aktivem, zu einer Strategie, bei der wir nicht lediglich dulden oder nachgeben bzw. den Kürzeren ziehen, sondern unsere eigenen Ziele verwirklichen. Vergeben heißt, einen aktiven Beitrag zum Guten zu leisten, das Böse zu überwinden (wie es dann in Vers 21 heißt). Durch unsere Absage an das Böse leisten wir automatisch einen Beitrag an der Verwirklichung von Gottes gutem Willen auf dieser Erde. Die Gesinnung bzw. das Ziel ist wichtig: das Gute. Das, was dem entspricht, der allein gut ist (vgl. Markus 10,18).

2. Versöhnungsbereit sein: Vergeben = einen Anspruch aufgeben
„Ist's möglich, so viel an euch liegt, so habt mit allen Menschen Frieden." Frieden, Versöhnung können wir nicht machen, denn dazu muss auch der andere bereit sein. Wir können den Frieden jedoch aktiv verhindern, indem wir unseren Beitrag dazu verweigern. Paulus fordert uns auf, das zu tun, was in unserer Macht liegt, und das ist sehr viel. Soweit es von uns abhängt – diese Einschränkung ist nötig –, können wir unseren Teil zum Versöhnungswerk beitragen und nicht länger dem im Weg stehen, was Gott hier auf Erden aufrichten möchte: sein Friedensreich. Wenn wir Böses nicht vergelten, sondern auf Gutes bedacht sind, dann wird der andere viel leichter von sich aus Schritte auf uns zugehen können.

3. Verzicht auf Rache: vergeben = verzeihen, verzichten
„Rächt euch nicht selbst, meine Lieben . . ." Wir werden aufgefordert, uns nicht selbst zu rächen. Wir sollen auf Rache verzichten und nicht gegen den anderen vorgehen, um uns unser Recht selbst zu verschaffen. Wörtlich übersetzt könnte man sagen: *„Gebt nicht Übel gegen* [anti] *Übel"* (vgl. Baader, Bd. 2, S. 650 u. 94). Wir müssen nicht gegen-reagieren, dem Übel nicht widerstreben, weil Gott für das Recht, auch für

unser Recht, eintritt. Würden wir den anderen bekämpfen, wären wir nicht auf Gutes bedacht, sondern würden das Böse nur vermehren. Wir würden den Kreislauf der Rache nur weiter ankurbeln und immer neuen Unfrieden stiften.

4. Abgeben an Gott: vergeben = an jemanden abgeben, weggeben

„... *sondern gebt Raum dem Zorn Gottes* ...“ Normalerweise fällt es uns schwer, ja es scheint manchmal unvorstellbar zu sein, auf unser vermeintliches Recht zu verzichten. Deshalb ist es so wichtig, dass der Verzicht auf Rache kein Verzicht ins Leere, ins Nichts ist. Recht bleibt Recht, Unrecht bleibt Unrecht. Ich werde nicht übersehen oder zu kurz kommen. Vielmehr darf ich den Blick weg von meinem Recht(-haben) auf Gott selbst lenken. Ich darf die ganze Situation, das Böse, das meinen Lebensweg kreuzte und beschwerte, an ihn vergeben. Er hat versprochen, das Recht zu wahren. „*Denn Gottes Zorn wird vom Himmel her offenbart [enthüllt] über alles gottlose Wesen [Verunehrung] und alle Ungerechtigkeit der Menschen, die die Wahrheit durch Ungerechtigkeit niederhalten*“ (Römer 1,18).

Mit dem Verzicht, mich zu rächen, gebe ich dem gerechten Zorn Gottes Raum.

> „*Warum tust du so, als musstest du kleines Menschlein für Recht und Ordnung sorgen, während doch ein ganz anderer die Sorge dafür übernommen hat: ,Mir gehört die Rache, ich bin es, der vergelten wird' spricht der Herr*“ (De Boor, S. 297).

5. Dem anderen Gutes wünschen und tun: vergeben = verschenken, austeilen

„... *sondern vielmehr, wenn deinen Feind hungert, gib ihm zu essen;*“ Nicht nur auf Rache verzichten und sie Gott überlassen, sondern aktiv werden, sich dem anderen zuwenden, selbst wenn er uns feindlich gesonnen ist, das meint Vergebung. Wir können auf ihn zugehen, für ihn sein und ihm Gutes tun. Hier zitiert Paulus das Alte Testament: „*Hungert deinen Feind, so speise ihn mit Brot, dürstet ihn, so tränke ihn mit Wasser, denn du wirst feurige Kohlen auf sein Haupt häufen, und der Herr wird dir's vergelten*“ (Sprüche 25,21.22).

Mit dem Bild von den feurigen Kohlen wird Paulus wohl kaum das ägyptische Ritual gemeint haben, *„bei dem man sein Vergehen dadurch büßte, dass man eine Schüssel mit brennenden Kohlen auf dem Haupt trug. Paulus geht es um etwas anderes: Wer seinem Feind mit Freundlichkeit begegnet, kann dadurch u. U. sein Herz erweichen und so das böse Wollen in ihm überwinden"* (Guthrie & Motyer, S. 294).

Mir gefällt die folgende Interpretation dieser Aussage am besten, denn sie illustriert, was es heißt, mit Gutem zu überwinden: Im Zusammenleben der Dorfgemeinschaften war es die Aufgabe jeweils eines Dorfbewohners, über Nacht das Feuer zu hüten. In den Hütten wurde es gelöscht, damit die Leute dort schlafen konnten, ohne einen Siedlungsbrand zu riskieren. Der Feuerwächter gab für alle anderen auf die Glut Acht und sorgte einerseits dafür, dass das Feuer nicht erlosch, andererseits, dass nichts passierte und alle anderen sich ohne Sorgen zur Ruhe begeben konnten. Dieser Wächter ging am nächsten Morgen mit seiner Pfanne von Haus zu Haus und verteilte „auf jedes Haupt" eine glühende Kohle, das heißt, er gab jedem Haushalt etwas von seiner kostbaren Glut, damit sie ihr eigenes Herdfeuer wieder neu entfachen konnten. Stellen wir uns vor, wie die Menschen morgens, als es noch kühl und klamm war, auf diesen Mann gewartet haben. Sie brauchten seine Kohlen, damit es bei ihnen wieder warm werden konnte. Der Feuerwächter konnte austeilen, denn ihm genügt ja ein einziges Stück Glut, um ein Feuer für sich zu machen – und wenn es bei den anderen Feuer gab, konnte er sich dort immer wieder Glut holen –, solange es nicht verlöschte war immer für alle genug da.

Für uns heißt dieses Bild, dass wir den Menschen wie ein Feuerwächter werden. Wir können austeilen von dem, was Gott uns an Gutem, Wärmendem gegeben hat und immer wieder gibt. Wir sollen nicht nur eine Kohle an den anderen geben, sondern sie „häufen", d. h. ihm reichlich schenken. Die Voraussetzung dafür ist, dass unser Feuerchen brennt und nicht ausgeht. Aber wenn wir mit Gott verbunden sind, dann gelten uns ja immer wieder, jeden Tag neu, seine Liebe und Barmherzigkeit. Wir müssen nichts weitergeben, was wir nicht selbst empfangen haben. Aber das, was wir von Gott bekommen, dürfen wir austeilen! Es wird für alle Menschen ausreichen, mit denen wir es zu tun haben, wir brauchen damit nicht zu geizen. *„Was von uns als an Christus Glaubenden* *erwartet wird, ist nicht Aktion für Gott, sondern Reaktion auf Gottes Aktion"* (Eckstein, S. 53).

Es geht eben nicht um eine „Anti-Haltung", um die Gegenreaktion auf das Böse. Wir können „pro", für den anderen sein. Wir müssen uns nicht zu seinem Feind machen lassen, sondern können ihm Gutes tun. Gottes Liebe ist die stärkste Macht der Welt, sie wird früher oder später alles und jeden überwinden. Darauf dürfen wir hoffen und schon jetzt vertrauen. Es geht nicht darum, andere klein zu machen, sondern sie zu lieben.

Das Bild lädt uns ein, die Wärme, die wir bei Gott finden, mit anderen zu teilen. Wir dürfen die Gelegenheiten nutzen, dass etwas von diesem Guten in das Leben anderer Eingang findet. Wenn sie so ,angewärmt' werden, wird es ihnen leichter fallen, sich zu öffnen: für Gottes Liebe, für uns, für andere. Das ist der Weg der Versöhnung. So bauen wir mit am Reich Gottes – nicht nur mit Worten – und es wird sich ausbreiten. So kann nach und nach der „ganze Teig durchsäuert werden" (vgl. Matthäus 13,33). Gott wird gute Früchte im Leben anderer daraus entstehen lassen. Das macht Paulus mit dem letzten Vers dieses Abschnittes deutlich: *„Nicht sei besiegt von dem Üblen, sondern besiege in dem Guten das Üble"* (Römer 12,21 nach Baader, S. 651).

Im Guten bleiben, d. h. in Verbindung mit Gott das Übel in dieser Welt überwinden. Allein schaffen wir das nicht, müssen es auch gar nicht. Gott ist für uns da, und wenn er für uns ist, wer kann da gegen uns sein (vgl. Römer 8,31 u. 38f). Deshalb können wir es wagen und kreativ werden, Wege zu entdecken, wie neues Leben, neues Miteinander – soweit es an uns liegt – möglich werden können, um nicht dem Bösen das letzte Wort zu lassen. Vergeben heißt, den anderen (wieder) lieben (lernen), ihm Gutes wünschen und, soweit möglich, ihm Gutes tun. Gott ist mit uns. Seine Liebe soll sich in unserem Leben ausdrücken. Wenn wir uns auf sie einlassen und sie immer tiefer kennen lernen, werden wir liebe-voll.

Versöhnung ist mehr als ein Wort

„Gottes Liebe sucht nicht das Liebenswerte, sondern sie schafft es."

Martin Luther*

Mein Wunsch ist, dass Sie durch dieses Buch neue Hoffnung und neues Vertrauen gewonnen haben, dass Wege der Vergebung und Versöhnung für uns alle offen und gangbar sind. „Versöhnung ist mehr als ein Wort": Gott hat sich in Jesus mit uns versöhnt und wir dürfen Versöhnung leben und anderen dazu verhelfen. Dahin können wir kommen, wenn wir den Weg der Vergebung von Herzen beschreiten. Diesen Weg müssen, ja können wir nicht ohne Jesus gehen. Mit ihm werden Veränderungen möglich, auch da, wo keine menschliche Hoffnung mehr ist und wir schon aufgegeben haben.

Nicht: *„Wie du mir, so ich dir"*, sondern *„Wie Gott mir, so ich dir!"* – Lassen Sie sich von Gottes Barmherzigkeit berühren. Wenn wir uns ihr immer wieder öffnen, wird das hineinstrahlen in unsere Familien, Freundschaften und Gemeinden. An einer neuen Art der Beziehungen zwischen uns und an unserem ernsthaften Ringen darum werden Menschen erkennen, dass der Gott der Liebe in, um und mit uns ist. Dazu segne uns alle der Gott des Erbarmens, des Trostes und des Friedens.

---

* zit. nach apropos: grüße, o. S.

Literatur

ADAMS, Jay E.: 70 x 7: das Einmaleins der Vergebung. Gießen: Brunnen-Verlag, 1992

AMD (Arbeitsgemeinschaft Missionarische Dienste): Entschuldigung! Brennpunkt Gemeinde. Impulse für missionarische Verkündigung und Gemeindeaufbau. 5, September/Oktober 2001 (54. Jhg.), Stuttgart: AMD

Apropos: grüße: Leben – lieben. Ein Bildkartenbuch mit 15 Fotos. Lahr: Johannis, o. J.

BAADER, F. H.: Die Geschriebene: DaBhaR-Übersetzung aus dem Masoretischen Text. Schömberg: 1990, 2. Gesamtausgabe (2 Bände)

BAADER, EH.: Wortbetrachtungen. Band 2. Schömberg: 1990, 2. (erweiterte) Ausgabe, 1996

BAAR, Hanne: Das Übel im Leib: Konsequenzen von Nichtvergeben. In: Befreiende Wahrheit. Zeitschrift für Seelsorge und Christliche Therapie. Wiesbaden: PJ-Verlag, Heft Nr. 3, September 1994, S. 44-46

BARTH, Karl: Die Kirchliche Dogmatik. Erster Band: Die Lehre vom Wort Gottes, Zweiter Halbband. Zollikon-Zürich: Evangelischer Verlag AG, 1960 (5. Aufl.)

BEZZENBERGER, G. E. Th. (Hrsg.): Freiheit und Bindung. Vier Schriften Martin Luthers. Kassel: Omega Verlag, 1983

ERD, Peter (Hrsg.): Funken der Liebe. München: Verlag Peter Erd, 1990

BONHOEFFER, Dietrich: Nachfolge. Gütersloh: Chr. Kaiser Verlag, 1994 (2. Aufl.)

BONHOEFFER, Dietrich: Gemeinsames Leben. München: Chr. Kaiser Verlag, 1961 (10. Aufl.)

BAUN, Friedrich: Er ist unser Leben: Beispiel- und Stoffsammlung für die Verkündigung. Stuttgart: J. F. Steinkopfverlag, 1937 (4., neubearb. Aufl.)

BRAUN, Gerhard: Thema: Beichte und Vergebung. In: Brennpunkt Seelsorge 2000/6, November-Dezember. Reichelsheim: Christen in der Offensive e. V., S. 112-120

BUBER, Martin: Das Buch der Preisungen, verdeutscht von Martin Buber. Köln; Ölten: Jakob Hegner Verlag, 1967

BUBER, Martin & Rosenzweig, Franz: Die fünf Bücher der Weisung, verdeutscht von Martin Buber in Gemeinschaft mit Franz Rosenzweig. Köln; Ölten: Jakob Hegner Verlag, 1967

CUNNINGHAM, Loren: Vergebung bringt Heilung. In: Der Auftrag. Heft 2, Januar-März 1982 (Heilung der Persönlichkeit). Huriach: Jugend mit einer Mission, 1982, S. 12-15

DE BOOR, Werner: Der Brief des Paulus an die Römer, erklärt von Werner de Boor. Wuppertaler Studienbibel, Reihe: Neues Testament. Wuppertal: R. Brockhaus Verlag, 1980 (8. Aufl.)

DIETZFELBINGER, Ernst: Das Neue Testament: Interlinearübersetzung griechisch-deutsch. Neuhausen-Stuttgart: Hänssler-Verlag, 1990 (4. Aufl.)

DIX, Nelly: Joseph der Träumer. Erzählungen nach dem Alten Testament. Berlin: Union Verlag, 1964

DONSBACH, Helmut: Vergeben ... nicht nur eine Frage des guten Willens. Gießen; Basel: Brunnen Verlag, 1998 (2. Aufl.)

DRÖGEMÜLLER, Adolf: Theologische Grundzüge einer Christlichen Beratung und Therapie. IGNIS-Werkstattblätter Nr. 1. Kitzingen: IGNIS-Akademie für Christliche Psychologie, o. J.

ECKSTEIN, Hans-Joachim: Du liebst mich – also bin ich. Gedanken-Gebete-Meditationen. Neuhausen-Stuttgart: Hänssler, 1993 (6. Aufl.)

EKG: Evangelisches Kirchengesangbuch – Ausgabe für die Evangelisch-Lutherischen Kirchen in Bayern und Thüringen. München: Evangelischer Presseverband für Bayern e. V., 1995 (2. Aufl.)

ENGELI, Manfred: Versöhnung ist ein Angebot Gottes: Manfred Engeli (CH) im Gespräch mit Joachim Kix. In: Befreiende Wahrheit, Zeitschrift für Seelsorge und Christliche Therapie. Wiesbaden: PJ-Verlag, Heft Nr. 5, Juni 1995, S. 31-35

FRIELINGSDORF, Karl: Dämonische Gottesbilder. Mainz: Matthias Grünewald Verlag, 1992

GEISTER, Cornelia: Die Quelle, aus der Qualität fließt. In: Baustellen der Hoffnung. Reichelsheim: Offensive Junger Christen (OJC), 1990, S. 50-55

GIERTZ, Bo: Das Fundament bibelorientierter Seelsorge. In: Brennpunkt Seelsorge. Beiträge zur biblischen Lebensberatung, 2001-5, Reichelsheim: Christen in der Offensive e. V., S. 143-145

GORITSCHEWA, Tatjana: Das Beben der Seele vor den Toren des Himmels. Beichte – Möglichkeit zu geistlichem Wachstum. In: Brennpunkt Seelsorge 2000/6, November-Dezember. Reichelsheim: Christen in der Offensive e. V., S. 124-125

GRÜN, Anselm: „Christus judex" – versus „Christus medicus". In: AMD (Arbeitsgemeinschaft Missionarische Dienste): Entschuldigung! Brennpunkt Gemeinde. Impulse für missionarische Verkündigung und Gemeindeaufbau. 5, September/Oktober 2001 (54. Jhg.), Stuttgart: AMD, S. 180-183

GUARDINI, Romano: Der Herr: Betrachtungen über die Person und das Leben Jesu Christi. Würzburg: Werkbund Verlag, 1949

GUARDINI, Romano: Tugenden: Meditationen über Gestalten sittlichen Lebens. Würzburg: Werkbund Verlag, 1963

GUARDINI, Romano: Vom Sinn der Gemeinschaft. Zürich: Verlag der Arche, 1950

HARZ, Angela: Die Bedeutung des Vergebens: Eine empirische Untersuchung. Diplomarbeit. Universität Hamburg: Fachbereich Psychologie, 1991 (unveröffentl.)

HERZFELD, Donatha: Kann oder muss man sich selbst vergeben? Vordiplomarbeit im Rahmen der Christlichen Psychologie. Kitzingen: IGNIS-Akademie für Christliche Psychologie, 1999 (unveröffentl.)

HUMMEL, Sigrid & v. Ungern-Sternberg, Melanie: Gemeinschaft wagen: Die Neuherstellung menschlicher Gemeinschaft in Christus. In: Befreiende Wahrheit – Zeitschrift für Seelsorge und Christliche Therapie. Wiesbaden: PJ-Verlag, Heft Nr. 10, April 1997, S. 60-67

JÄKEL, Cornelia: Vergebung. Diplomarbeit im Rahmen der Christlichen Psychologie. Betreuer: Joachim Kix, Dipl.-Psych., und Matthias Schlagmüller, Dipl.-Psych. Kitzingen: IGNIS-Akademie für Christliche Psychologie, 1999 (unveröffentl.)

JEREMIAS, Joachim: Die Gleichnisse Jesu: Kurzausgabe. München; Hamburg: Siebenstern Taschenbuch Verlag, 1969 (3. Aufl.)

KAISSLING, Maria: Freude der Buße: Beichten – ein altes Heilmittel der Seelsorge neu entdecken. In: Zimmerling, Peter (Hrsg.): Beichte: Ermutigung zum Neuanfang. Moers: Brendow Verlag, 1988, S. 19-27

KIX, Joachim: Ist es „vergeblich"?: Eine Einführung in das Schwerpunktthema „richtig vergeben". In: Befreiende Wahrheit – Zeitschrift für Seelsorge und Christliche Therapie. Wiesbaden: PJ-Verlag, Heft Nr. 3, September 1994, S. 20-30

LANCZKOWSKI, G.: Versöhnung. In: Galling, Kurt, u. a. (Hrsg.): Die Religion in Geschichte und Gegenwart: Handwörterbuch für Theologie und Religionswissenschaft. Tübingen: Verlag Mohr, 1986 (3. Aufl.), Sp. 1367-1379

LEWIS, C. S.: Über Vergebung. In: Internationale katholische Zeitschrift „Communio", 7. Jahrgang, 5. Heft, September/Oktober 1978, S. 416-418

LINN, M. und D. SJ: Beschädigtes Leben heilen. Graz; Wien; Köln: Styria Verlag, 1983

LUTHER, Martin: Der große Katechismus – Die schmalkaldischen Artikel. Neuhausen-Stuttgart: Hänssler-Verlag, 1996 (Band 1 der Calwer Luther-Ausgabe)

LUTHER, Martin: Der kleine Katechismus. München: Evangelischer Presseverband, o. J.

LUTHER, Martin: Theologie des Kreuzes. Herausgegeben von Georg Heibig. Stuttgart: J. F. Steinkopfverlag, 1962

MALM, Markus: Warum ist Karin nicht glücklich? Wie Grenzen unser Leben zur Entfaltung bringen. In: Aufatmen, Winter 2001/2002, S. 9-12

MANN, Thomas: Joseph und seine Brüder. Berlin: S. Fischer Verlag, 1975

MAURINA, Zenta: Dostojewskij. Menschengestalter und Gottsucher. Memmingen, Maximilian Dietrich Verlag, 1952

MELZER, Friso: Das Wort in den Wörtern: Die deutsche Sprache im Dienste der Christus-Nachfolge. Giessen; Basel: Brunnen Verlag, 1997 (3. Aufl.)

MELZER, Friso: Die christliche Wortschaft der deutschen Sprache. Lahr: Ernst Kaufmann Verlag, 1951

NITSCHE, Walter: Heilende Vergebung. Berneck: Schwengeler Verlag, 1995 (Sonderausgabe)

OFFENSIVE JUNGER CHRISTEN (Hrsg.): Christus-Nachfolge und Kultur: Festschrift zum 90. Geburtstag von Dn Dr. Friso Melzer am 27. Februar 1997. In: OJC Anstiftungen zu gemeinsamem Christenleben; Nr. 166, Januar-Februar 1997. Reichelsheim: Christen in der Offensive e. V., S. 9-40

POLEDNITSCHEK, Thomas: Die Götzen der Scham. In: Deutsches Allgemeines Sonntagsblatt Nr. 21, 1994

RIENECKER, Fritz: Das Evangelium des Matthäus, erklärt von Fritz Rienecker. Wuppertaler Studienbibel, Reihe: Neues Testament. Wuppertal: R. Brockhaus Verlag, 1985 (13. Aufl.)

ROSENAK, C. M. & Mack Harnden, G.: Forgiveness in the psychotherapeutic process: clinical applications. In: Journal of Psychology and Theology. Vol 11, No. 2; 1992, S. 188-197

SCHAEFFER, Francis: Wie können wir denn leben? Aufstieg und Niedergang der westlichen Kultur. Neuhausen-Stuttgart: Hänssler-Verlag, 1985 (2. Aufl. als TELOS-Taschenbuch Nr. 438)

SCHAFFER, Ulrich: Ich will dich lieben – Mediationen über die Liebe. Wuppertal: Brockhaus Verlag, 1977 (4. Aufl.)

SCHEWE, Claudia: „Die Rache ist mein . . ." Zur Heilung bei Missbrauch gehört echte Gerechtigkeit. In: Befreiende Wahrheit. Zeitschrift für Seelsorge und Christliche Therapie. Wiesbaden: PJ-Verlag, Heft Nr. 4, Februar 1995, S. 19

SEAGREN, Barry: Forgiveness: „Joseph and his brothers". L'Abri Lectures No 10, Sermon at the International Presbyterian Church, 14.3.1993

SOLDAN, Wolfram: „Ich kann nicht vergeben, obwohl ich will – was tun?" In: Befreiende Wahrheit. Zeitschrift für Seelsorge und Christliche Therapie. Wiesbaden: PJ-Verlag, Heft Nr. 3, September 1994, S. 34-38

SPIESS, Jürgen (Hrsg.): Nicht klüger, sondern neu. Von der Versöhnung. Porta Zeitschrift der Studentenmission in Deutschland (SMD) – Akademikerarbeit – Nr. 48, Marburg, S&W Druckerei und Verlag GmbH, Marburg, 1991

STEIN, Claudia: Die Problematik postmoderner versus christozentrischer Identität. Diplomarbeit im Rahmen der Christlichen Psychologie. Betreuer: Joachim Kix und Dr. Peter Hübner, Kitzingen: IGNIS-Akademie für Christliche Psychologie, 1999 (unveröffentl.)

STOTT, John: Aufforderung zu geistlicher Leiterschaft. In: Brennpunkt Seelsorge. 2000-2/3. Reichelsheim: Christen in der Offensive e. V., S. 41-49

TAUSCH, Reinhard: Verzeihen: Die doppelte Wohltat. In: Psychologie Heute, April 1993, S. 20-26

TEN BOOM, Corrie & Sherrill, J. & E.: Die Zuflucht. Wuppertal: R. Brockhaus Verlag, 1997 (18. Taschenbuchauflage)

THIELIKE, Helmut: Das Bilderbuch Gottes: Reden über die Gleichnisse Jesu. Stuttgart: Quell-Verlag, 1957

THOMPSON, Dr. Bruce & Barbara: Wiederherstellung der Persönlichkeit. Solingen: Verlag Gottfried Bernard, 1993

TOLSTOI, Leo: Wahrheit will gefunden werden: Aufzeichnungen eines Gottsuchers. Zürich; Düsseldorf: Benziger Verlag, 1998

VOGT, Fabian: Luxus Sünde. Ein neugieriger Besuch im Fegefeuer. In: AMD (Arbeitsgemeinschaft Missionarische Dienste): Entschuldigung! Brennpunkt Gemeinde. Impulse für missionarische Verkündigung und Gemeindeaufbau. 5, September/Oktober 2001 (54. Jhg.), Stuttgart: AMD

v. UNGERN, Melanie: Überlegungen zum Wesen der Vergebung Gottes: Hausarbeit im Grundkurs Theologie im WS 1997/98. Würzburg: Bayerische Julius-Maximilians-Universität, 1998 (unveröffentl.)

v. UNGERN-STERNBERG, Nina: Praxisprojekt Gottesdienst. Predigttext Matthäus 18,21-35. Würzburg: Thomaskirche am 22. Oktober 1997 (unveröffentl.)

WAITZMANN, Martin: Vom Befreiungsdienst Gottes. Der Freiheitsbegriff der Bibel. In: Befreiende Wahrheit. Zeitschrift für Seelsorge und Christliche Therapie. Nr. 11 (Juli 1997), Kitzingen: IGNIS-Akademie für Christliche Psychologie, S. 74-82

WHITMAN, Mitchell: Sexuelle Gewalt gegen Kinder: Ein Leitfaden für christliche Seelsorger, therapeutische Begleiter und Mitarbeiter in Kirche und Diakonie. Reichelsheim: Deutsches Institut für Jugend und Gesellschaft, Christen in der Offensive e. V. 1993

WICKERT, Ulrich: Der Ehrliche ist der Dumme. Hamburg: Verlag Hoffmann und Campe, 1994

WITTIG, Josef: Glauben und Leben. Weisheiten und Weisungen des Dieners und Schreibers Gottes Josef Wittig. Berlin: Verlag A. W. Hayn's Erben, 1959 (2. ergänzte (West-)Auflage)

WITTIG, Josef: Meine „Erlösten" in Buße, Kampf und Wehr. Herausgegeben von Großdechant Franz Jung. Münster: Selbstverlag des Herausgebers, 1989

YANCEY, Philip: Gnade ist nicht nur ein Wort. Wuppertal: R. Brockhaus Verlag, 1999

ZIMMERLING, Peter (Hrsg.): Beichte: Ermutigung zum Neuanfang. Moers: Brendow Verlag, 1988

Lexika und Wörterbücher

BAUER, Walter: Wörterbuch zum Neuen Testament: Griechisch-Deutsches Wörterbuch zu den Schriften des Neuen Testaments und der übrigen christlichen Literatur. Berlin: Verlag Alfred Töpelmann, 1958 (5. Aufl.)

THEOLOGISCHES BEGRIFFSLEXIKON ZUM NEUEN TESTAMENT. Herausgegeben von Coenen, Lothar; Beyreuther, Erich; Bietenhard, Hans. o. O.: R. Brockhaus Verlag, 1993 (l. Sonderausgabe)

DUDEN: Das Herkunftswörterbuch. Etymologie der deutschen Sprache, Mannheim; Leipzig; Wien; Zürich: Dudenverlag, 1997 (Der Duden; Bd. 7)

DUDEN: Das Stilwörterbuch. Mannheim; Leipzig; Wien; Zürich: Dudenverlag, 1988 (Der Duden; Bd. 2)

DER GROSSE DUDEN: Sinn-verwandte Wörter. Vergleichendes Synonymwörterbuch. Mannheim: Bibliographisches Institut AG Dudenverlag, 1964 (Der Große Duden; Bd. 8)

DUDEN: Die sinn- und sachverwandten Wörter. Synonymwörterbuch der deutschen Sprache. Mannheim; Leipzig; Wien; Zürich: Dudenverlag, 1997 (Der Duden; Bd. 8)

DUDEN: Redewendungen und sprichwörtliche Redensarten. Idiomatisches Wörterbuch der deutschen Sprache. Mannheim; Leipzig; Wien; Zürich: Dudenverlag, 1998 (Der Duden; Bd. 11)

FOHRER, Georg, u. a. (Hrsg.): Hebräisches und aramäisches Wörterbuch zum Alten Testament. Berlin; New York: De Gruyter-Verlag, 1971

GESENIUS, Wilhelm: Hebräisches und aramäisches Handwörterbuch über das Alte Testament. Berlin; Göttingen; Heidelberg: Springer Verlag, 1962 (17. Aufl.) [Reprint der Ausgabe von 1915]

GUTHRIE, Donald & Motyer, J. Alec: Kommentar zur Bibel. AT und NT in einem Band. Wuppertal: R. Brockhaus Verlag, 1992 (l. Sonderaufl.)

JENNI, Ernst & Westermann, Claus: Theologisches Handwörterbuch zum Alten Testament (THAT), Band I und Band II. München; Zürich: Gütersloher Verlagshaus, 1984

JERUSALEMER BIBELLEXIKON: Herausgegeben von Kurt Henning. Neuhausen-Stuttgart: Hänssler-Verlag, 1989

KITTEL, Gerhard (Hrsg.): Theologisches Wörterbuch zum Neuen Testament. (11 Bände). Stuttgart: Verlag W. Kohlhammer, 1942

KLUGE, Friedrich (Hrsg.): Etymologisches Wörterbuch der deutschen Sprache. Berlin; New York: de Gruyter, 1995 (23., erw. Aufl.)

LEXIKON ZUR BIBEL: Herausgegeben von Fritz Rienecker. Wuppertal: R. Brockhausverlag, 1992 (3. Sonderaufl.)

LUTHER, Ralf: Neutestamentliches Wörterbuch: Eine Einführung in Sprache und Sinn der urchristlichen Schriften. Gütersloh: Gütersloher Verlagshaus, Haus Mohn, 1989 (6. Aufl. d. Taschenbuchausg.)

Bibelstellen-Register

Zur Vertiefung / Exkurse / Zusammenfassungen